La DGS

Pablo Alcántara

La DGS

El palacio del terror franquista

ESPASA

Imágenes de interior: Museo de Historia de Madrid; © Oronoz/Album; © UtCon Collection/Alamy/ACI; © Prisma/Album; © Zoom Historical/Alamy/ACI; © MUNDO GRAFICO/EFE; Archivo procedente de la Biblioteca Nacional de España; © EFE; © Comunidad de Madrid-Archivo Regional de la Comunidad de Madrid; © Teodoro Naranjo Domínguez/Archivo ANC/Album; La Vanguardia; © Paul Hanna/Reuters y Cortesía de © Nerea Fulgado/La Comuna, presxs y represaliadxs del Franquismo
Iconografía: DAU, Grupo Planeta

Espasa es un sello editorial de Editorial Planeta, S. A.
Avda. Diagonal, 662-664, 08034, Barcelona (España)
www.espasa.com
www.planetadelibros.com

Primera edición: mayo de 2024

Depósito legal: B. 7.186-2024
ISBN: 978-84-670-7239-6
Preimpresión: Safekat, S. L.
Impresión y encuadernación: Huertas, S. A.
Printed in Spain - Impreso en España

PEFC Certificado
Este libro procede de bosques gestionados de forma sostenible
PEFC
PEFC/14-38-00305
www.pefc.es

Este libro está dedicado a mi hermana Alba, de la que tan orgulloso me siento. A mi chica, Isabel, por hacer juntos el camino. A mis abuelas, Julia y Ana, y a mis tíos, Miguel y Juli.

A los luchadores antifranquistas y a los que han luchado y luchan por cambiar las cosas. En especial, a mis camaradas Manolo Franco y Javier Plaza, que nos dejaron, aunque su ejemplo nos sigue marcando.

A Julio Pacheco, por conseguir ser el primero en testificar sobre las torturas de la BPS franquista ante los tribunales españoles. El primero de cien.

A Anita Sirgo, porque a golpe de tacón nos enseñó el valor de luchar por la libertad y transformar la sociedad.

Hacedle fotos, tomadle las huellas.
Miradle bien los dientes.
Si se resiste, rompedle la cabeza.
La rutina de siempre.

BARRICADA, «Oveja negra»

Una pedrada en la Puerta del Sol mueve ondas concéntricas en toda la laguna de España.

RAMÓN GÓMEZ DE LA SERNA

Índice

Prólogo
Los símbolos que imprimen el carácter de una ciudad

Dicen que los edificios dan personalidad e imprimen carácter a las ciudades. Probablemente sea cierto, ya que, cuando viajamos a ciertos sitios, siempre buscamos esas arquitecturas representativas que los definen. Si, además, a esto le sumamos la carga simbólica e histórica que muchos de esos lugares tienen, a partir de esas piedras podremos aproximarnos al devenir de un país entero.

Sin embargo, no todos los edificios tienen detrás una historia solemne, e incluso muchos esconden momentos oscuros de los que difícilmente se puede estar orgulloso. Así, por ejemplo, en 2008, aprovechando el viaje que hice a Moscú, visité la Lubianka, sede del actual Servicio Federal de Seguridad (FSB), un edificio que fue testigo de los sucesos más terribles de la historia de la Unión Soviética y de la represión que se ejerció contra todo tipo de oposición. Allí pude ver la estatua dedicada a Félix Dzerzjhinsky, fundador de la checa de diciembre de 1917, antecedente del KGB (Comité para la Seguridad del Estado), que contrastaba con el simple monolito, trasladado desde el campo de trabajo de Solovkí (en el archipiélago Solovetsky, en el mar Blanco), que se había colocado para recordar a las víctimas de la represión ejercida por la Policía política soviética.

Si viajamos a Berlín y nos desplazamos hasta la calle Niederkirchnerstrasse, veremos la zona en la que los nazis ubicaron la sede de su Policía política, la Gestapo, responsable de miles de asesinatos entre 1933 y 1945. Actualmente, el lugar alberga un memorial y un museo que nos aproximan a aquella terrible etapa de la historia contemporánea y a lo que significaron los crímenes del nazismo en la Europa del siglo XX.

Podríamos alargarnos páginas y páginas hablando de las diversas Policías políticas que existieron en la Europa del autoritarismo y del totalitarismo (la OVRA italiana, la PIDE portuguesa, la Securitate rumana, la Stasi de la RDA...), y analizando el tratamiento que con el paso de los años se ha dado a sus centros de detención y tortura. No es mi intención hacerlo, aunque sí quiero dejar caer esta cuestión para valorar en su justa medida el trabajo del autor de este libro.

Pablo Alcántara Pérez forma parte de ese colectivo de jóvenes historiadores que tienen la valentía y el arrojo de tratar cuestiones que hasta ahora nadie se había atrevido a estudiar. De hecho, sus aportaciones se han plasmado ya en dos grandes trabajos llamados a ser referencias en el campo de la investigación del antifranquismo. En 2020, la Fundación Federico Engels publicó *La lucha contra el franquismo en Asturias,* donde, a través de documentos, testimonios y una extensa bibliografía, el autor reconstruye la lucha contra la dictadura en uno de los principales centros históricos del movimiento obrero español. No defrauda la obra, en tanto en cuanto responde a la intención básica de cualquier trabajo historiográfico local: las conclusiones deben servir para poder extrapolar el debate a otros espacios geográficos. Esto lo consiguió con nota.

Otra aportación notable fue su tesis doctoral —calificada *cum laude* en 2020—, que la editorial Espasa decidió con acierto transformar en libro y publicar en 2022 con el título de *La Secreta de Franco. La Brigada Político-Social durante la dictadura.* Esta obra consagró a Pablo como uno de los historiadores de referencia sobre la violencia política y represiva del franquismo, además de situarlo como el primero que de manera científica abordaba la cuestión de la Policía política de dicho régimen. Así pues, no es de extrañar que sea él quien construya por vez primera la historia del edificio que albergó la sede de la Dirección General de Seguridad (DGS). Hay que decir también que el magisterio que ejercieron historiadores de la talla de Fernando Hernández Sánchez o Álvaro Soto, que fueron sus directores de tesis, algo ha tenido que ver con tan magnífico resultado.

En mi caso, como investigador del movimiento obrero, siento una tranquilidad enorme al saber que estas nuevas generaciones de historiadores están dispuestas a abordar con solvencia, sentido científico y compromiso temáticas tan complejas.

Es importante poner en valor el presente trabajo historiográfico sobre el edificio de la DGS. La violencia política en nuestra historia contemporánea ha sido tratada por historiadores como Eduardo González Calleja, Juan Avilés Farré o Ángel Herrerín, cuyos ejes de investigación han sido, básicamente, la represión de las víctimas y la reconstrucción de los consejos de guerra que llevaron a los paredones de fusilamiento y a las prisiones a todos los que se opusieron al golpe de Estado de julio de 1936. Evidentemente, este tema ha tenido un valor excepcional para reconstruir nuestra historia. Sin embargo, el campo de investigación de Pablo Alcántara no es ese, sino que entronca con los estudios que esta nueva generación de historiadores están realizando sobre los victimarios y los centros en los que estos operaban.

El presente trabajo, como el anterior sobre la Brigada Político-Social, se une a las obras realizadas por otros investigadores, como Fernando Jiménez Herrera, Alejandro Pérez-Olivares o Víctor Aparicio Rodríguez, que en distintas épocas (los dos primeros en la Guerra de España y el primer franquismo, y el tercero en los años de la Transición democrática) han puesto los ojos en cuestiones poco o nada conocidas. Esta labor historiográfica posee un alto valor, porque nos ha servido para descubrir otros prismas de la historia que hasta ahora estaban difuminados. Pero es que incluso, en el caso de Pablo, su trabajo tiene una proyección de carácter internacional. Al haber sido el primero que trabajó sobre la Brigada Político-Social (BPS) y, ahora, sobre la historia del edificio que albergó la sede de aquella Policía política, sitúa sus investigaciones a la altura de las de otros historiadores que han estudiado las políticas represivas a través de los policías o agentes colaboradores que las ejercieron, como es el caso de José María Faraldo o David Alegre. De manera que la obra de Pablo se convierte en una pieza esencial en los estudios de la represión y de sus agentes protagonistas.

El esquema de la obra que el lector tiene en sus manos es clásico: un trazado lineal de la historia del objeto de estudio, desde sus orígenes hasta la actualidad, con un asombroso manejo de fuentes primarias y secundarias. Además, dado que para las épocas más recientes hay testimonios que aún se conservan, el autor no ha dudado en incluirlos para enriquecer todavía más la narración.

Pero esta obra no trata solo la historia de un edificio —hoy sede del Gobierno autonómico en Madrid—, sino la de aquellos que lo habitaron: los políticos que diseñaron las fuerzas de orden público o represivas, los policías que formaron sus estructuras y los presos que sufrieron la represión. El entorno de formación político-represiva que aquí se describe también nos habla de la necesidad que teníamos de abordar una historia global de las fuerzas policiales españolas que carece de investigaciones científicas recientes.

Llegados a este punto, me permito enganchar con la primera parte de este prólogo: mientras Moscú y Berlín poseen memoriales que recuerdan esos edificios donde se ejerció aquella terrible violencia indómita (parafraseando al profesor Julián Casanova), en Madrid no se puede decir lo mismo, al menos en lo referente a la DGS.

Durante el franquismo, que es el periodo más extenso que analiza este libro, se torturó y se mató de forma impune a militantes e integrantes de las organizaciones opositoras al régimen. En la sede de la Dirección General de Seguridad fue asesinado el socialista Tomás Centeno el 20 de febrero de 1953. Diez años después sufrió torturas el comunista Julián Grimau, que fue arrojado por una de las ventanas del edificio y fusilado el 20 de abril de 1963. Unos meses más tarde también sufrieron torturas los jóvenes Francisco Granados Gata y Joaquín Delgado Martínez, que fueron condenados a muerte de forma exprés y agarrotados el 17 de agosto de 1963 en la prisión de Carabanchel (otro edificio del que haría falta escribir su historia). Son solo cuatro ejemplos de los miles de torturados y detenidos de los cuales hoy no existe, en el lugar donde tuvieron lugar los hechos, nada que los recuerde. Ese deber democrático que tanto cuesta conseguir en nuestro país.

Por lo menos, hoy tenemos un libro, este de Pablo Alcántara, que viene a llenar un vacío historiográfico. Para mí es un honor poder prologar esta obra que está llamada a ser de referencia. Solo me queda felicitar a su autor, quien, además de ser un gran investigador, es también un buen amigo.

Julián Vadillo Muñoz
Profesor de la Universidad Carlos III de Madrid

Presentación
La Real Casa de Correos de la Puerta del Sol, lugar de memoria de la represión franquista

El franquismo fue un régimen en el que la violencia política y la represión estuvieron presentes desde el primer momento. La idea de que hubo una posguerra de «duras» represalias y un tardofranquismo más «blando» es falsa, ya que las persecuciones, las detenciones, las torturas, los fusilamientos y las penas de muerte fueron una constante durante sus casi cuarenta años de existencia.

El aparato policial, junto con los militares, que dirigieron a las fuerzas de orden público y a la justicia —con los consejos de guerra y el Tribunal de Orden Público (TOP)—, la Policía Armada y, sobre todo, la Brigada Político-Social (BPS), fueron básicas para poner en marcha la represión contra la oposición antifranquista.

La BPS dependía de la Dirección General de Seguridad (DGS), creada en el siglo XIX, aunque fue durante el franquismo cuando adquirió sus mayores cotas de poder. No solo ejerció la violencia contra obreros, estudiantes, intelectuales y artistas antifranquistas, sino contra todos aquellos que no se amoldaban a los parámetros de la moral nacional católica (homosexuales, mujeres que abortaban, que celebraban el carnaval o que se ponían bikinis en la playa).

Desde 1939 hasta 1983 —aunque algunas dependencias policiales se mantuvieron hasta 1991—, la sede de la dirección policial estuvo en un edificio muy reconocido por la mayoría de los españoles de entonces y de ahora: la Real Casa de Correos, en la Puerta del Sol, esa plaza madrileña donde se celebra la llegada del Año Nuevo. Sin embargo, para miles de personas el lugar tiene un significado mucho menos festivo, pues representa malos tratos, miedo, torturas, terror y muerte. Para quienes estuvieron allí detenidos durante la dictadura y la Transición, la Real Casa de Correos era un «oscuro caserón» y «un lugar sombrío», tal y como me manifestaron en las entrevistas que les hice; incluso la cárcel les parecía un «alivio» en comparación con los calabozos del palacio de la céntrica plaza.

Actualmente, el edificio es la sede de la Comunidad de Madrid, y la Puerta del Sol ha recuperado el papel de lugar de reivindicación, protesta y lucha que tuvo desde sus inicios. Comuneros, antifranceses, liberales, republicanos, obreros, socialistas, comunistas, anarquistas…, todos ellos ocuparon dicho espacio para reivindicar avances y cambios sociales, lo que la convirtió en el lugar de referencia para cualquier manifestación de carácter político durante la Edad Moderna y los primeros tiempos de la Contemporánea.

El franquismo intentó borrar ese legado mediante la represión y el traslado de su ceremonial a otros lugares emblemáticos de la capital, como la plaza de Oriente, y convirtiendo uno de sus edificios más representativos en un lugar de terror. Fue con el regreso de las libertades cuando el legado reivindicativo volvió a florecer.

En la Real Casa de Correos hay placas en honor de los que lucharon contra los franceses el 2 de mayo de 1808, de las víctimas del atentado del 11 de marzo de 2004 y de los miles de muertos por la Covid-19. Sin embargo, no hay nada que recuerde a aquellos que fueron torturados y asesinados durante la dictadura de Franco y la Transición a la democracia. Ni una leve mención que los recuerde.

Cada vez se escuchan más voces —no solo de víctimas del franquismo— que piden que el edificio se convierta en un lugar de memoria, como ya ocurre en países como Portugal, con el Museo do Aljube, donde torturaba la PIDE de la dictadura salazarista, o Argentina, con la Escuela Mecánica de la Armada (ESMA).

La identificación del palacio de la Real Casa de Correos —sede primero del Ministerio de la Gobernación y después de la DGS— con la represión vivió su momento álgido durante el franquismo. Este libro tiene como objeto dar a conocer lo que ocurrió en ese edificio desde que se inauguró en el siglo XVIII hasta nuestros días, centrándonos en las historias de todos esos trabajadores, universitarios, artistas e intelectuales que fueron torturados y maltratados —incluso asesinados— por las fuerzas de orden público durante los cuarenta años de dictadura y los primeros de la Transición

En los últimos tiempos se han publicado importantes trabajos sobre la represión franquista y la violencia política a lo largo de la historia de España. Sin embargo, sobre el epicentro de terror que fue la Real Casa de Correos no existe ninguno hasta la fecha. Con este libro pretendo rellenar ese vacío historiográfico, para seguir avanzando en la comprensión de la represión franquista y de la violencia política y policial. También quiero honrar la memoria de las víctimas que sufrieron torturas en el céntrico edificio; su historia no puede caer en el silencio y el olvido, sino que debe reivindicarse. Las voces que nos recuerdan que allí se torturaba y asesinaba siguen resonando en la Puerta del Sol y sus alrededores. Y mi deseo es que sean escuchadas.

1

Los orígenes de la Puerta del Sol, de la Real Casa de Correos y de la Policía (720-1847)

Sí, han leído bien. Vamos a tratar mil años de historia en unas decenas de páginas. Y no hablaremos de la historia de cualquier lugar, sino de la de uno de los edificios más importantes de la capital de España. Pero ¿para hablar de la Puerta del Sol y de la Real Casa de Correos, construida en el siglo XVIII, hace falta remontarnos tantos años atrás? En mi opinión, sí. Sin entender la importancia de Madrid en la época medieval, durante el Antiguo Régimen y en los albores de la contemporaneidad, no se puede comprender el significado de la Puerta del Sol ni por qué se erigió en ella un edificio tan representativo de lo ocurrido en España en los últimos dos siglos.

Como dijimos en la presentación, todos los españoles saben bien dónde está la Puerta del Sol. Cualquiera que haya visitado Madrid, seguramente ha entrado en ese espacio irregular que conforma el centro neurálgico de la capital o, si no, lo habrá visto por televisión algún 31 de diciembre, ya que desde ahí se retransmiten las campanadas de fin de año. Como escribió Ramón Gómez de la Serna, «la Puerta del Sol resume, por su abigarramiento y greguería, el carácter de España»[1]. Pero ¿cuándo empezaron a tener relevancia la Puerta del Sol y la Real Casa de Correos, y qué papel han desempeñado a lo largo de nuestra historia?

La raíz medieval de Madrid

A diferencia de lo que sucede con otras ciudades españolas (Toledo, Astorga, Tarragona, Barcelona, Gijón, Alcalá de Henares…), los orígenes de Madrid no se remontan a las épocas romana o visigoda. Aunque en los últimos años se han encontrado restos romanos en el barrio de Carabanchel, en el sur de la capital, la idea más aceptada es que el nacimiento de Madrid se produjo durante la ocupación musulmana del siglo VIII. De hecho, hay dos teorías sobre el origen del nombre de la ciudad: una preislámica, que dice que Madrid viene de *Matrice*, que significa «madre de aguas», y otra —la más apoyada por la comunidad científica— que afirma que proviene del árabe *Mayrit*, que significaría «lugar madre»[2].

Sobre el origen musulmán de la capital de España los expertos también manejan varias hipótesis. La primera entronca con una rebelión de mozárabes en Toledo y con los enfrentamientos que en 852 mantuvieron el emir Mohamed I y las tropas del rey asturiano Ordoño I. La victoria del primero hizo que en la Marca Media —demarcación territorial que empezaba en los nacimientos de los ríos Duero y Tajo y terminaba en el Guadiana— se crearan fortificaciones para controlar los ataques de leoneses y castellanos provenientes de Guadarrama y Somosierra. Otra teoría relaciona la construcción de la ciudad con el noble Mundhir ibn Huray ibn Habil, de la familia hispanomusulmana Banu Habil, que controlaba dicho territorio. La tesis es que el noble construyó el emplazamiento no tanto para repeler los ataques de los reinos cristianos del norte —con los que tenía buenas relaciones—, sino para hacer frente a las rebeliones que habitualmente se producían en Toledo, que era el enclave principal de la Marca Media. Una tercera hipótesis sostiene que, antes de la fortificación de la zona, ya existía un emplazamiento musulmán, probablemente construido por Mohamed I pero independiente del emirato, que controlaría toda la región[3].

El caso es que la ciudad sufrió en varias ocasiones las incursiones cristianas. Así, por ejemplo, en el año 860, Ordoño I tomó Talamanca de Jarama, localidad situada a las puertas de Madrid, y se sabe que en esos años se acabaron de construir el alcázar árabe, donde actualmente está el Palacio Real, y una muralla en lo que hoy es la catedral de la Almudena. Sin embargo, esta construcción defensiva no impidió la toma cristiana del enclave. Primero lo hicieron Ramiro II (931) y Fernando I (1047), y después Alfonso VI, entre los años 1083 y 1085, en su paso hacia la toma de Toledo. En 1089 se celebraron en Madrid las primeras Cortes castellanas (itinerantes), momento a partir del cual la localidad comenzó a configurarse como ciudad.

En 1202 se redactó el fuero que definía a Madrid como urbe[4]. Tanto es así que en esa carta se habla por vez primera de una «policía urbana», si bien no con el significado que tiene en la actualidad, ya que atendía las tareas de limpieza y la recogida de basuras. Sabemos que en aquella época —comienzos del siglo XIII— había diferentes figuras que se encargaban del orden público y de la justicia en la villa. Estaban los fiadores, o *fioeles,* que actuaban como secretarios de ayuntamiento, aunque también dirimían pleitos; los pesquidores, que eran los jueces instructores de lo criminal; los sayones, que se encargaban de redactar las citaciones judiciales y de ejecutar los embargos; los andadores, que llevaban los avisos judiciales por toda la villa; los porteros de maza, que vigilaban los edificios y protegían a los reyes y a los personajes relevantes del municipio; los porteros de vara, que se dedicaban a hacer rondas por las calles con los alcaldes, y los alguaciles, que se encargaban de hacer cumplir las órdenes impuestas por el ayuntamiento. Si dichas órdenes no se respetaban, por lo general se imponían penas de carácter pecuniario —multas—, aunque también se aplicaban castigos corporales, como rapar el pelo, cortar una oreja, una mano o un pie, demoler la casa del reo, lanzarlo por la ventana, encerrarlo hasta que muriera de hambre o ahorcarlo. En otros fueros se decía que al detenido se le podía cortar la cabeza, sacarle los ojos e incluso arrojarlo por un precipicio[5].

Pese a la abundancia de cargos «municipales», no bastaban para mantener a raya a golfos, forajidos y desertores. Por ello, varios grupos de propietarios se unieron para organizar su propia defensa. Los primeros en hacerlo fueron los dueños de colmenas en los montes, que crearon la Hermandad de Colmeneros y Ballesteros de Toledo, Talavera y Ciudad Real, una corporación de carácter gremial, privada y civil en la que figuraba el «cuadrillero», que se encargaba de perseguir a los malhechores[6]. Posteriormente se fundaron hermandades de carácter religioso, político, económico y social, que permitieron la afirmación del poder urbano frente al de los nobles y eclesiásticos, un claro síntoma de la importancia que las ciudades adquirieron en la Baja Edad Media.

En 1476, en las Cortes de Madrigal, los Reyes Católicos fundaron la Santa Hermandad para unificar a todos estos grupos y crear un marco jurídico de orden público en todos sus territorios. La Santa Hermandad se dedicaba a buscar delincuentes de todo tipo. Iban vestidos de verde y llevaban una vara del mismo color. No recibían salarios, sino que se les recompensaba cada vez que realizaban alguna detención. Finalmente, por motivos económicos y por el descenso en el número de crímenes, el 29 de julio de 1498 el Consejo de la Santa Hermandad fue abolido[7].

La primera vez que se mencionan dos calles de la Villa de Madrid en un documento fue en 1152. Fue gracias a un privilegio real otorgado por la Corona de Castilla en Toledo. Se trata de la calle de la Puerta de Guadalfajara (actual calle Mayor), que constituía la principal arteria de la ciudad, y la calle del Arco de Santa María hasta Puerta Cerrada (calle del Sacramento). Otro gran eje era la «calle Real» (calle de Segovia), que aparece mencionada en otro privilegio real en 1203. En un primer momento, la zona de la Puerta del Sol eran los arrabales. Sin embargo, poco a poco, y a raíz del crecimiento de la calle Mayor, la plaza se convirtió en el centro de la ciudad[8].

Como explica Sergio Claudio González, la Puerta del Sol posee una larga historia de acontecimientos que la han convertido en un centro de expresión colectiva[9]. De hecho, uno de los primeros textos en los que se habla de este lugar, del historiador y jurista del siglo XVII Antonio de León Pinelo, tiene que ver con una de las primeras revoluciones de la Edad Moderna en suelo hispano. Nos referimos a la guerra de las Comunidades de Castilla contra Carlos I (1520 y 1521). Dice así:

> Con ocasión de las Comunidades, para asegurarse esta Villa de los bandoleros y comuneros que infestaban la tierra, hizo un foso por la parte en que hoy está el Hospital de la Corte y fabricó allí un castillo en que, por estar al Oriente, o porque fue voluntad del que ordenó la obra, se pintó encima de la puerta que servía de entrada común de Madrid por aquella parte[10].

Esta es una de las principales hipótesis sobre el origen del nombre de la plaza. El cronista Juan López de Hoyos defendía que dicho origen podía estar en que «ella está al oriente y en naciendo el sol parece ilustrar y esparcir sus rayos por aquel espacio». Aun así, también hay teorías que dicen que en la Puerta del Sol nunca hubo una puerta y, de hecho, ninguna de las hipótesis mencionadas ha podido demostrarse al cien por cien[11].

De lo que no hay duda es de la importancia de Madrid y de la Puerta del Sol en los acontecimientos de la revuelta de los comuneros. Así, por ejemplo, en junio de 1520, Juan Zapata, regidor de la ciudad, anunció la rebelión que se estaba produciendo en toda la geografía castellana contra el monarca y, poco después de que la villa fuera tomada, se unió a las tropas de Juan Padilla para auxiliar a los rebeldes segovianos. Este alcalde se convirtió en uno de los principales estrategas de los comuneros: estuvo en las principales batallas y en la fatídica retirada en Torrelobatón, preludio a la derrota final en Villalar el 24 de abril de 1521. El 28 de octubre se confirmó su sentencia de muerte —aunque finalmente no fue ejecutado— y su residencia fue arrasada[12].

La creación del Estado moderno y la ampliación de la burocracia con los Austrias mayores obligaban a que se fijara una capital, ya que el traslado de la Corte de un lugar a otro suponía un importante gasto para la Hacienda. Por ello, en 1561, Felipe II decidió instalarla en Madrid. No hay ningún documento oficial que señale el motivo de la elección, aunque pueden indicarse dos. El primero es de carácter político, ya que Madrid era una ciudad de realengo donde el poder de la nobleza y de la Iglesia era débil frente al rey (en comparación con lugares como Toledo o Valladolid), lo que significaba que su elección no causaría recelos en otras villas. Al rey no le agradaba Toledo porque había sido una de las ciudades más rebeldes en la guerra contra su padre y por la cantidad de conversos judaizantes que allí había. Además, la humedad del río Tajo lo atormentaba por su incipiente gota, lo que pudo también influir en su decisión. Que la capital estuviera en el centro del territorio hispano era fundamental, y este requisito lo cumplía Madrid a la perfección. Además, el clima era seco y en verano los aires de la sierra de Guadarrama refrescaban el lugar.

Pero también había un motivo de carácter económico, ya que Madrid tenía las mejores condiciones para crecer y desarrollarse: abundancia de aguas, tierras fértiles y bien trabajadas, caza abundante y comunicaciones relativamente fáciles con las ciudades importantes de su entorno. Además, disponía del antiguo alcázar musulmán, que había sido utilizado por los Reyes Católicos y Carlos I como residencia cuando se encontraban en la ciudad y que identificaría como palacio real de la Monarquía Hispánica. Por todo ello, Madrid se convirtió en la capital del reino y, salvo el periodo comprendido entre 1601 y 1606, cuando Felipe III la trasladó a Valladolid, nunca ha dejado de serlo[13].

Crece Madrid y crecen las revueltas sociales

A partir de entonces, Madrid sufrió un crecimiento espectacular que la llevó a convertirse en una de las ciudades más pobladas de Europa. De las 72 hectáreas que ocupaba su perímetro durante el reinado de Carlos V (cifra que aumentó a 134 con Felipe II) pasó a 282 en 1600; los 2.250 inmuebles que había al poco tiempo de declararse la capitalidad aumentaron hasta 7.590 a comienzos del siglo XVII, y de los cuarenta y cinco mil habitantes que había en 1575, a los más de cien mil en la época de Felipe III. Rápidamente se transformó en la urbe ideal para burócratas, comerciantes, embajadores, clérigos, soldados, prostitutas… y para todo aquel que intentara prosperar en la Corte. Obviamente, el aumento de la población también hizo que los problemas sociales y de orden público se agravaran, sobre todo cuando las cosas no venían bien dadas y la falta de alimentos se generalizaba[14].

Durante los reinados de los Austrias menores (Felipe III, Felipe IV y Carlos II), Madrid fue el centro de las revueltas. Hubo conflictos de carácter xenófobo —por la presencia de extranjeros en la Corte—, laborales y económicos, siendo estos últimos los más habituales. Anteriormente, en Madrid habían tenido lugar muertes extrañas y asesinatos de personajes importantes de la Corte, como el del conde de Villamediana, Juan de Tassis y Peralta, poeta amigo de Góngora que escribió poemas satíricos contra el monarca (Felipe IV) y su valido, el conde-duque de Olivares, y de quien se decía que tenía un *affaire* con la reina Isabel de Borbón. El caso es que, en la noche del 21 de agosto de 1622, un asesino a sueldo lo mató de un ballestazo mientras paseaba con su carroza por la calle Mayor. Aunque nunca se supo con certeza quién estaba detrás del suceso, se sospechaba que el promotor era alguien de las más altas instancias…[15]

Pero, volviendo a los problemas económicos como causantes de revueltas sociales, debemos señalar la guerra con Portugal, que en 1640 se rebeló contra la Monarquía Hispánica para recuperar su independencia. El conflicto se extendió hasta 1668 y produjo serios quebrantos para la Hacienda pública española. Así, por ejemplo, en 1661 entró en circulación una moneda especial, el vellón, destinada a financiar el conflicto, que provocó una subida generalizada de los precios y una gran escasez de mercancías. Para resolver el problema, se bajó a la mitad el valor de la moneda, lo que hizo que los precios subieran aún más y que se produjeran situaciones de acaparamiento y especulación de productos tan básicos como el pan.

Como consecuencia, se sucedieron las revueltas en la capital y se distribuyeron pasquines en los que podía leerse: «Si no muere el rey, que muera el reino». Felipe IV decidió suspender todas sus actividades públicas hasta que el orden se restableciera y pidió al presidente del Consejo de Castilla, el conde de Castrillo, que ordenara la distribución de víveres en las zonas más afectadas por la escasez económica. El parche apaciguó los ánimos momentáneamente, pero ni mucho menos hizo que los motines desaparecieran. Así, el 17 de junio de 1665, tras la derrota de las tropas españolas en Vila Viçosa (Portugal), los madrileños, que se concentraron en la explanada del Alcázar, volvieron a dirigir su ira contra el monarca, sus ministros y la familia real.

Para intentar controlar la situación, en 1670, ya bajo el gobierno de Carlos II, se creó un cuerpo militar especial, la Coronelía, conocido popularmente como «la Chamberga», que se enfrentó a las tropas regulares que se encontraban en Madrid y que llevó a cabo actos de pillaje por toda la villa. En el verano de ese año, el conflicto entre los chambergos y los alcaldes de la ciudad llevó a la protesta masiva de la población, que gritaba: «¡Viva el rey, muera el mal gobierno!». Se juzgó y se castigó a los chambergos que habían cometido delitos y, finalmente, el cuerpo fue disuelto en 1677.

Tres años después, en 1680, hubo otro intento de reforma monetaria para reducir la inflación. El vellón, que era la moneda más usada por las clases populares, llevaba años depreciándose y, además, los regidores de la ciudad acopiaban moneda y pan para especular. Estos excesos fueron denunciados por un comerciante, Marcos Díaz, ante el rey, tras lo cual recibió amenazas de muerte y fue víctima de una agresión —a manos de unos enmascarados— que terminó causándole la muerte. El suceso provocó de nuevo la movilización social, hasta el punto de que el entierro del fallecido se convirtió en una masiva manifestación de protesta. Carlos II se escondió en su palacio y para calmar los ánimos ordenó a la Inquisición que realizara un auto de fe en el que murieron en la hoguera algunos herejes. Además, destituyó a varios regidores y al gobernador del Consejo de Castilla.

Al final de su reinado, Carlos II vivió otra revuelta en la capital, el motín de los Gatos, el 28 de abril de 1699, también motivado por la carestía, la subida del precio del pan y la actitud altanera del corregidor de la ciudad, Francisco de Vargas, que ante los disturbios declaró: «Dé gracias a Dios de que no le cueste dos reales de plata [refiriéndose al pan]... Haced castrar a vuestros maridos para que no os hagan tantos hijos». La muchedumbre se concentró frente a la residencia real y Carlos II tuvo que salir para calmar los ánimos. El corregidor y el valido del monarca, Manuel Joaquín Álvarez de Toledo, fueron destituidos y sustituidos por el cardenal Portocarrero y Francisco Ronquillo, dos seguidores de la posterior causa borbónica en la Guerra de Sucesión[16].

¿Jugó algún papel la Puerta del Sol en todo este embrollo? No demasiado. Durante la época austracista, la Plaza Mayor, que se empezó a construir durante el reinado de Felipe II y fue finalizada por Felipe III en 1619, era el centro neurálgico de la capital. Allí estaban los principales mercados y allí se realizaban los autos de fe de la Inquisición, así como las ceremonias más importantes de la familia real y de la Iglesia. Sin embargo, poco a poco la Puerta del Sol comenzó a adquirir relevancia gracias a la construcción de distintos edificios públicos y religiosos, que la convirtieron en el lugar de paseo y de comercio por excelencia, y donde los robos, la delincuencia y la prostitución campaban a sus anchas.

La Puerta del Sol como centro neurálgico de la Villa de Madrid

Los primeros edificios de importancia que se construyeron en la Puerta del Sol fueron el Real Hospital de la Corte y la iglesia del Buen Suceso. Sobre el primero algunos investigadores señalan que fue erigido en 1438, aunque lo más probable es que se construyera en 1489, bajo el mandato de los Reyes Católicos, para que acudieran a él los criados de la familia real y los soldados sin recursos. Durante los reinados de Carlos I y Felipe II se realizaron mejoras en la enfermería y se añadió una nueva iglesia, la del Buen Suceso —la Virgen del Buen Suceso era una de las devociones más señaladas de los madrileños—, cuyas obras finalizaron en 1628. Los dos edificios sufrieron problemas de abandono y tuvieron que ser restaurados en varias ocasiones.

En 1547, en la calle Mayor, entre las calles del Correo y Espartero, se fundó el convento de San Felipe el Real, de la orden de los agustinos descalzos. La gran popularidad de este edificio se debió a que en la lonja alta que lo rodeaba —llamada «las gradas de San Felipe»— se dieron cita durante dos siglos los desocupados de la villa. Lugar de reunión de pícaros y soldados, en este «mentidero» se comentaba la actualidad y se planeaban intrigas de todo tipo. El tercer edificio importante de la plaza por aquellas fechas fue la iglesia y convento de la orden de los Mínimos de San Francisco de Paula, a los que, en 1616, se añadió la capilla de La Soledad como anexo.

También fueron famosas las fuentes. En 1630 se construyó la conocida como «La Mariblanca», cuyos chorros de agua salían por unas máscaras de bronce rodeadas de escudos de armas de la villa y cartelas de mármol blanco. En la parte superior, unas tazas rebosaban el agua que unas arpías arrojaban por los pechos entre los escudos. Todo el conjunto, de cerca de cinco metros, estaba coronado por una peana sobre la cual se alzaba una alegoría de la fe[17].

En 1656, el cartógrafo portugués Pedro Texeira realizó un plano de la ciudad de Madrid —es uno de los mapas más antiguos que existen de la villa— en el que la Puerta del Sol ya aparece en el centro. A lo largo de los siglos XVI y XVII, la plaza fue desplazando a la Plaza Mayor como lugar de encuentro público y social. En 1568 tuvo lugar la primera procesión de La Soledad, en la iglesia de la Victoria, a la que acudieron más de dos mil penitentes. Y hubo más procesiones, como la de los Ajusticiados, en la que se trasladaban los restos de los reos muertos en la ciudad hasta el hospital de Antón Martín, o las del Viernes de Pasión y del Domingo de Resurrección. En 1570, Ana de Austria, esposa de Felipe II, entró por la Puerta del Sol, motivo por el cual la plaza fue engalanada con arcos y grandes figuras.

Pero en este lugar también se concentraban las prostitutas de la capital. Durante el reinado de Carlos I, la «mancebía pública» se encontraba en el arranque de las calles Mayor y Arenal, donde actualmente se ubica la confitería La Mallorquina. La ramería más importante era la de Las Soleras. En 1551 se trasladó esta actividad a la llamada Cava de la Puerta del Sol, donde está ahora la parroquia de Nuestra Señora del Carmen y San Luis Obispo. Era habitual que acudieran a ellas los soldados que partían después a Flandes o a América.

Ante tal profusión de actos «inmorales», los monjes del Convento de San Felipe se quejaron al rey Felipe IV, que pidió ayuda a la Inquisición. Tras varios debates, el consultor del monarca, fray Pedro Zarzo, declaró que «las mancebías públicas y vigiladas con cuidado por el gobierno y sujetas a ciertas reglas, son útiles a la buena moral, a la salud pública y al bienestar del reino», palabras duramente reprimidas por la Inquisición. Aunque desde el Concilio de Trento la prostitución estaba prohibida —las prostitutas eran consideradas como «seres viles»—, las autoridades solían hacer la vista gorda, sobre todo por el negocio que generaba. Aun así, en 1608 se creó en Madrid una cárcel para mujeres, conocida como La Galerna, para retener a las vagabundas y a las mancebas[18].

La construcción de la Real Casa de Correos

Como vemos, durante el reinado de los Austrias, la Puerta del Sol pasó a ser uno de los núcleos principales de la ciudad, pero será con los Borbones y, sobre todo, con la creación del Estado liberal, en el siglo XIX, cuando la plaza se convierta en la zona central del espacio político-administrativo del reino.

Tras la Guerra de Sucesión (1701-1714), Felipe V fue coronado rey de España. Propulsor de una política centralista similar a la francesa, que suponía la eliminación de derechos y privilegios a Cataluña, Aragón, Valencia y Baleares mediante los Decretos de Nueva Planta, el monarca aprobó diversas medidas dirigidas a embellecer la ciudad de Madrid. En 1734, el Real Alcázar sufrió un pavoroso incendio y al año siguiente se iniciaron las obras de construcción del Palacio Real, que se terminó treinta años después.

Pero fueron Fernando VI y, sobre todo, Carlos III los encargados de cambiar el aspecto arquitectónico de la ciudad. Durante sus reinados se construyeron edificios tan emblemáticos como la Real Casa de la Aduana, cerca de la Puerta del Sol, o la Real Casa de Correos, situada en el lugar más céntrico.

Desde el siglo XVI, la familia Tassis, de origen belga, se encargaba del servicio postal en Italia, en el Sacro Imperio Romano y en los territorios hispánicos. La sede central estaba en Bruselas y trabajaban en el servicio cerca de veinte mil trabajadores. En Madrid, las oficinas centrales se encontraban en el palacio de Oñate, cuya fachada daba a la calle del Arenal. Sin embargo, con la llegada de los Borbones se quiso centralizar el servicio y ponerlo en manos del Estado, para lo cual, en 1743, se aprobó la reglamentación de las oficinas centrales de correos.

En 1747 se creó el cargo de superintendente general de Postas, Correos y Estafetas, dependiente del Ministerio de Estado, y se hizo necesario construir un edificio público que albergara la sede de la red postal del reino. El 29 de septiembre de 1750, Fernando VI promulgó una real orden para erigir un edificio destinado a ello, con «la comodidad y decencia correspondiente» y una «hermosura, amplitud y circunstancias proporcionadas a los fines expresados»[19].

El primer encargado del proyecto fue el arquitecto Ventura Rodríguez, quien ya había participado en el diseño de obras tan importantes como la Real Capilla del Palacio Real. En 1752 fue nombrado director de la Sección de Arquitectura de la Real Academia de Bellas Artes de San Fernando, tras lo cual Fernando VI —por real orden de 1 de julio de 1756— le confirió la tasación y compra de las casas de la Puerta del Sol en cuyo suelo se ubicaría el nuevo edificio.

El 24 de agosto de ese año, Ventura Rodríguez presentó un primer proyecto de «delineación de la nueva Casa de Correos que se ha de construir en esta Corte». Propuso dos modelos: el primero, que fue el elegido, era una figura regular concebida para dar grandiosidad y armonía a la zona. La idea era reunir dos manzanas de calle en un único solar, suprimiendo la calle intermedia y abriendo una travesía posterior, con lo que se obtenía un perímetro rectangular con una fachada principal en uno de los lados largos del rectángulo que miraría a la Puerta del Sol. En el segundo proyecto, aunque el patio y sus portales se disponían regulares, la fachada hacía quiebros respecto a la calle. En 1758 y 1760, el arquitecto envió los dos proyectos definitivos para su aprobación.

Finalmente, en el edificio, que tendría tres plantas, se abrió una nueva puerta en la calle de Carretas que conducía directamente al patio. Por otra parte, el ancho de la doble crujía lateral se modificó, lo que implicó un nuevo replanteamiento del número de columnas en las pandas del claustro. Además, se diseñó una gran escalera de doble tramo al final del eje de acceso, a la que se llegaba atravesando el patio del edificio[20].

Tras la muerte de Fernando VI en 1759, llegó desde Nápoles el rey Carlos III. En comparación con la urbe italiana que había logrado construir —con el majestuoso teatro de San Carlos y las excavaciones en Pompeya—, el Madrid que el nuevo monarca encontró no era más que «una *burgata* africana». Por ello, rápidamente se puso manos a la obra e ideó una política urbanística centrada en cuatro aspectos esenciales: el embellecimiento de la villa, definiendo paseos y alamedas; el desarrollo de infraestructuras, ampliando el alcantarillado, empedrando las calles e iluminándolas; la construcción de edificios oficiales, y el arreglo de la zona del Paseo del Prado y aledaños.

Con la llegada del nuevo rey, que contrató arquitectos franceses e italianos para llevar a cabo sus planes de remodelación urbanística, Ventura Rodríguez cayó en desgracia, hasta el punto de ser desterrado a Valladolid. El rey decidió entonces poner el proyecto en manos del francés Jaime Marquet[21], un arquitecto muy reconocido en los círculos aristocráticos de París, donde coincidió con el duque de Alba, entonces embajador español en Francia. En 1752, este se trajo a Marquet a España, e inmediatamente empezó a trabajar, al servicio de la Casa Real, en diversas remodelaciones urbanísticas y en la conservación del Parque del Buen Retiro.

En enero de 1760, Marquet fue nombrado director de las obras del palacio de Aranjuez, de marcado estilo barroco, y unos meses después el rey le encargó que dirigiera las obras de la Real Casa de Correos. El arquitecto francés conservó el plano rectangular del edificio, pero, en el interior, dibujó dos patios porticados sobre un zócalo de piedra en el que se levantaban tres pisos. En el eje medio de la fachada se abría la puerta de acceso principal con un arco de medio punto. Encima del acceso aparece un Hércules con la piel de león, y a los dos lados, dos vanos con rica decoración. En la puerta del edificio se aprecian cuatro cabezas de león con pesadas argollas sostenidas por la boca. Finalmente, sobre la puerta, un frontón triangular en cuyo tímpano se ven el escudo real, leones y trofeos.

El edificio, de marcado desarrollo horizontal, hallaba su contrapunto en los ejes verticales. Se coronaría por un antepecho de ladrillo y piedra que subrayaría su horizontalidad. El interior conservaría los patios con sus frentes de gruesos pilares. Por causas que se desconocen, Marquet no llegó a configurar la escalera que se suponía tenía que ser trazada con la magnificencia que caracterizaba toda la construcción, pero creó un espléndido edificio de servicio público valiéndose de elementos formales tomados de la arquitectura palacial francesa[22].

Sobre la construcción y ejecución del edificio no tenemos muchas noticias. Se han encontrado referencias al empedrado de la calle de Carretas en documentos fechados el 13 de febrero de 1764 y el 24 de junio de 1765, en los que figura Marquet realizando la tasación, y se sabe que se derribaron treinta viviendas para llevar a cabo el proyecto.

En los últimos años se ha escrito —en libros y en diferentes artículos de prensa, aunque no he podido encontrar ningún testimonio documental— sobre un episodio paranormal ocurrido durante la construcción del edificio… Que un francés fuera el arquitecto encargado de un proyecto tan importante no resultó del agrado de muchos habitantes de la ciudad, sobre todo por lo que implicaba la injerencia extranjera en los asuntos internos. Por ello comenzaron a correr rumores de presencias fantasmagóricas y de ruidos extraños en la zona, e incluso cesaron los trabajos para averiguar qué ocurría. Sin embargo, los golpes se acentuaron, los andamios siguieron moviéndose, las dependencias de la obra se quedaban a oscuras y una voz de ultratumba decía: «Debéis parar las obras, pues tal casa que estáis levantando pertenece al infierno, que para concebirla se ha llamado a un endemoniado arquitecto francés, despreciando la valía del buen amigo Ventura Rodríguez». El capataz de la obra no logró que los obreros volvieran al trabajo y fue necesario que un sacerdote realizara un exorcismo para poder continuar. Según las crónicas, el éxito fue tal que el cura formó parte de la cuadrilla hasta que las obras se dieron por concluidas. Aun así, por lo que parece, todo tenía que ver con el sentimiento antifrancés que caracterizaba a los madrileños de la época[23].

Una vez acabada, en 1778, la Real Casa de Correos recibió numerosas críticas por su complicada distribución. Algunos atribuyen el defecto a la imposición del conde de Aranda, capitán general y gobernador del Consejo, que ordenó instalar en el edificio un retén de la Guardia Real. En realidad, la Puerta del Sol se estaba convirtiendo en un lugar de frecuentes protestas y, aunque el objetivo inicial de la Real Casa de Correos fuera coordinar el servicio postal, también empezó a configurarse como lugar de organización de unas incipientes fuerzas de orden público[24].

El motín de Esquilache y otras revueltas populares

En 1760, la Puerta del Sol se había engalanado para recibir a Carlos III. Los balcones se decoraron con guirnaldas y los madrileños lanzaron pétalos de flores al nuevo rey. Fue entonces cuando, según el propio monarca, comenzó su amor por Madrid. Sin embargo, con él llegó un séquito de intelectuales y políticos franceses e italianos que coparían los altos cargos del Estado, situación que seis años después desembocaría en el famosísimo motín de Esquilache, otra movilización que tuvo a la Puerta del Sol como testigo principal[25].

Desde hacía varios años, el conjunto de España sufría el azote de las malas cosechas. En la capital, además, la colocación de más de dos mil farolas a las ya existentes hizo que el precio del aceite subiera notablemente y que, como consecuencia, numerosas viviendas populares se quedaran a oscuras por no poder pagar las velas para iluminarse. También se habían encarecido algunos alimentos básicos, como la carne, el vino y el pan[26]. La gota que colmó el vaso llegó el 23 de marzo de 1766. Trece días antes, el político italiano Leopoldo de Gregorio y Masnata, marqués de Esquilache, publicó un bando en el que se prohibía el embozado con capa larga, montera, sombrero de tres picos o gorro calado, así como cualquier otro embozo que cubriera el rostro, para combatir el anonimato en los desórdenes públicos que se produjeran en la capital[27]. La población se negó a acatar la orden, ya que la mencionada vestimenta era una tradición.

El Domingo de Ramos, en torno a las cuatro de la tarde, dos ciudadanos vestidos con las prendas prohibidas cruzaron la plaza de Antón Martín. Varios soldados les dieron el alto e intentaron detenerlos, pero una muchedumbre armada salió a protegerles. Los amotinados asaltaron el cuartelillo que había en la plaza y se apoderaron de fusiles y sables. Llegaron a juntarse unas dos mil personas, que se dirigieron a la mansión del político italiano, en la calle Mayor. Durante la marcha se destruyeron miles de farolas y se quemó un retrato de Esquilache. Y todo ello en los alrededores de la Puerta del Sol… Los soldados y la Guardia Valona —un cuerpo formado por soldados de la Valonia católica, en los Países Bajos, que se creó en la época de los Austrias—, odiada por los madrileños, abrieron fuego contra los manifestantes y una mujer murió de un disparo, lo que enardeció aún más los ánimos.

Un sacerdote se erigió en representante de los amotinados para trasladar sus demandas a Carlos III: 1) que el marqués de Esquilache abandonara el país; 2) que los puestos del Gobierno del reino lo ocuparan políticos españoles; 3) que la Guardia Valona se disolviera; 4) que el precio de los productos básicos bajara; 5) que la Junta de Abastos desapareciera; 6) que los soldados se retiraran a sus cuarteles; 7) que se permitiese el uso de la capa larga y del sombrero de ala ancha, y 8) que el rey dijera públicamente que todas estas peticiones se aceptaban. Finalmente, el monarca salió a un balcón del Palacio Real, aceptó las reivindicaciones de los amotinados y envió a Esquilache a Italia, donde trabajó como embajador hasta su muerte.

Además del referido motín, hubo otros altercados, como, por ejemplo, el que se produjo ante la supuesta marcha de la familia real de Madrid a Aranjuez. Más de treinta mil personas se rebelaron, saquearon almacenes y liberaron a los presos de las prisiones. Finalmente, el rey firmó una carta en la que aceptaba las peticiones de los amotinados y la situación se calmó[28].

También hubo conflictos de carácter gremial y laboral. En 1771, por ejemplo, los aprendices de herradores formaron piquetes en sus talleres para pedir mejoras laborales y poder celebrar asambleas de su gremio en la Puerta de Toledo. También organizaron protestas los zapateros, los canteros o los sastres[29].

Las primeras fuerzas de orden público

El caso es que, como resultado del motín de Esquilache, se decidió mantener la Guardia Real en la Casa de Correos, al tiempo que se realizaron los primeros intentos de crear una fuerza de orden público que controlara y acallara las protestas populares.

En aquel momento, en Europa se discutía sobre el papel de la Policía. Según el modelo francés —fue el que se impuso tras la Revolución francesa—, sus únicas funciones debían ser las de garantizar la seguridad de las personas y los bienes, mientras que en Alemania se proponía que también realizara tareas recaudatorias para la Hacienda. En España, el orden público tenía tres pilares fundamentales. El primero era la justicia, que en Madrid recaía en la Sala de Alcaldes de Casa y Corte y en las demás provincias en los corregidores. En 1604, Madrid se dividió en cuarteles y distritos, al frente de los cuales estaban un alcalde (juez) y unos oficiales (alguaciles) que se encargaban de hacer las rondas, de inspeccionar los establecimientos públicos y de controlar a los transeúntes. Esta justicia se encargaba sobre todo de la seguridad dentro de las poblaciones, y como ayuda en estos menesteres, en 1739 se creó una fuerza armada llamada «inválidos hábiles», formada por personas que, aun habiendo perdido algún miembro, seguían siendo útiles para prestar servicios.

El segundo pilar era el Ejército, que se enfrentaba a los delincuentes más peligrosos, esto es, los contrabandistas y los bandoleros, para lo cual se fundaron las Milicias Provinciales. Por último, estaban las Policías regionales, entre las que destacaban los Mossos d'Esquadra en Cataluña, que desempeñaban sus servicios únicamente en su territorio, dependiendo de la Capitanía General y de la Audiencia. Las tareas de estos cuerpos eran investigar los delitos que se cometieran, controlar a la población forastera y vigilar los espectáculos y los establecimientos públicos.

Tras lo ocurrido en el motín de Esquilache, Carlos III quedó muy preocupado y quiso reestructurar los tres ejes fundamentales del orden público. Para ello ordenó al conde Aranda, entonces presidente del Consejo de Castilla, que modificara la estructura interna de la justicia. Se crearon dos figuras de relevancia: el alcalde de cuartel y los alcaldes de barrio. El 2 de octubre de 1766 se firmó una real cédula por la cual se atribuía a los justicias ordinarios —jueces de primera instancia encargados de las investigaciones y pesquisas iniciales— la investigación de los casos de motín, de desorden popular o de desacato a los magistrados. El alcalde de cuartel, que tenía plena jurisdicción para mantener el orden, disponía de dos escribanos, cuatro alguaciles y dos porteros. También contaba con una partida de «inválidos hábiles» que realizaban las rondas para apoyar a la autoridad y que podían detener a los delincuentes.

Sin embargo, el alcalde de barrio fue la figura más innovadora. Era elegido por los vecinos y su trabajo consistía en realizar un registro de todos los habitantes de la zona; controlar las posadas y mesones públicos, las tabernas y las casas de juego; detener a los delincuentes, hacer cumplir los bandos sobre alumbrados y limpieza, y vigilar a vagos y mendigos. Sin embargo, este trabajo no estaba profesionalizado y quien lo desempeñaba no recibía ninguna remuneración, por lo que debía combinar sus obligaciones públicas con los negocios privados u otros trabajos. Además, quien lo desempeñaba era un vecino más que podía sufrir represalias de manos de los otros vecinos[30].

En cuanto a las Policías regionales, el modelo catalán se extendió a otras partes del país. Su finalidad era claramente represora, dejando en un segundo plano la labor investigadora de la delincuencia común. En Castilla nacieron la Compañía Suelta de Castilla la Nueva (Vallecas) y la Compañía de Guardabosques Reales (Aravaca); en Andalucía, los Escopeteros de Getares y las Compañías de Infantería Fija de la Costa de Granada; en Valencia, la Compañía de Fusileros o Miñones, y en Aragón, la Compañía de Fusileros de Aragón[31].

Para legitimar la actividad de estas fuerzas de orden público, ocho años después del motín de Esquilache se promulgó la «pragmática sanción, en fuerza de ley, por la qual [sic] se prescribe el orden con que se ha de proceder contra los que causen bullicios o conmociones populares», conocida popularmente como «Ley de Asonadas» y considerada por algunos investigadores como una de las primeras leyes de orden público promulgadas en nuestro país.

En dicha normativa se declaraba que, para mantener la tranquilidad, a los que provocaran bullicios no se les aplicaría ningún fuero ni privilegio; que los alcaldes debían vigilar la distribución de pasquines y detener a quienes los repartieran; que serían cómplices todos los que copiasen o leyesen esos papeles «sediciosos»; que si dichos papeles iban contra las Fuerzas Armadas, los jefes militares de distrito actuarían, y que cuando se iniciara una revuelta los alcaldes publicarían un bando explicando que los participantes serían castigados con penas de cárcel.

Además, los curiosos que se acercaran a los tumultos deberían volver a sus casas; se cerrarían tabernas, casas de juego y oficinas públicas, y se vigilarían los templos religiosos para que los bulliciosos no entrasen en ellos. Los amotinados que se retiraran después de la publicación del bando serían indultados, excepto los autores del bullicio, y si mantenían sus pretensiones, se recurriría a la fuerza y se los encerraría en la cárcel. Bajo esta normativa se llevaron a cabo registros domiciliarios sin garantías, se firmaron órdenes de destierro arbitrarias y se celebraron juicios y se dictaron sentencias sin prueba alguna. En definitiva, se ejerció una justicia criminal que no dudaba en aplicar la máxima severidad[32].

Con el objetivo de reforzar la seguridad pública, el 30 de marzo de 1782 se creó la Superintendencia General de Policía de Madrid, que ni mucho menos puede compararse con la Policía de hoy en día. Aquella se dedicaba a tareas de limpieza viaria y urbanística, y tenía la potestad de juzgar a delincuentes y sancionarlos, aunque, pese a las diferencias, sí podemos considerarla un antecedente de la Policía actual, aunque solo para Madrid y su Rastro. Su objetivo prioritario era detectar movimientos que pudieran atentar contra el orden absolutista establecido.

El primer superintendente fue Bernardo Cantero de la Cueva, corregidor de la ciudad, que tenía bajo su mando un portero de vara y seis alguaciles. Su papel se hizo relevante cuando comenzaron a llegar noticias del proceso revolucionario que se estaba produciendo en Francia, ante lo cual se ordenó vigilar las noticias que se difundían y los pasquines que se distribuían. Por problemas de competencia con la Sala de Alcaldes de Casa y Corte, en 1792 se suprimió la Superintendencia, y su principal valedor, el conde de Floridablanca, que era secretario de Estado, fue sustituido[33].

Y, mientras tanto, ¿qué sucedía en la Real Casa de Correos? La verdad es que no había otra actividad dentro de sus muros que no fuera la relacionada con el servicio postal. De hecho, al poco de construirse el edificio, el abad y geógrafo francés Nicolle de La Croix escribió una obra en la que se dice lo siguiente:

> Ningún edificio se ha hecho en Madrid y casi en el mundo que haya sido tan criticado como la Real Casa de Correos en la Puerta del Sol, y es tan original su arquitectura que hasta ahora ninguno ha podido entender a qué orden pertenece: lo cierto es que tiene la

desgracia de no gustar a nadie, y que con lo que se gastó, se pudo haber construido otro que hubiera sido útil y adornado en su sitio, que es lo principal de la Corte[34].

Esta idea cambiaría en los albores del siglo XIX con la construcción del Estado liberal. Como asevera Juan Pro, la invasión napoleónica y la Guerra de la Independencia (o «guerra contra el francés») hicieron que la estructura de gobierno de la monarquía española se viniera abajo y que, como consecuencia, hubiera que reconstruir todo de nuevo. Se inició así un proceso largo y complejo —que abarcó prácticamente toda la centuria— en el que se produjeron cambios significativos también en las estructuras represivas[35].

El levantamiento del 2 de mayo de 1808

En 1807, con la presión napoleónica de fondo, la monarquía de Carlos IV, dirigida por su valido Manuel Godoy, estaba a punto de desmoronarse. El 30 de octubre de aquel año, en el conocido como complot de El Escorial, el monarca denunció y detuvo a su hijo, el futuro Fernando VII, por conspirar para arrebatarle el trono. Mientras, se firmó el tratado de Fontainebleau, con el que se decidía la invasión franco-española de Portugal, aliado de Gran Bretaña. Al poco tiempo, el 13 de diciembre, Godoy reavivó la Superintendencia General de Policía para vigilar a los conspiradores y evitar cualquier disidencia política, aunque ya era demasiado tarde.

El 25 de enero de 1808, los detenidos por el complot de El Escorial fueron absueltos por falta de pruebas. Con fuerzas renovadas, la noche del 17 al 18 de marzo, los seguidores de Fernando VII volvieron a intentar la conspiración, esta vez en Aranjuez. La jugada les salió bien y consiguieron que Godoy fuera detenido. Napoleón se dio cuenta entonces de la debilidad de la monarquía española y, de hecho, de inmediato, Fernando se puso al servicio del emperador francés, que pidió a los reyes españoles una reunión urgente para tratar los asuntos internos del país. El encuentro se produjo en Bayona: entre el 4 y el 5 de mayo, Fernando VII rechazó la corona española a favor de su padre, que a su vez abdicó en Napoleón. El francés nombró a su hermano, José Bonaparte —entonces rey de Nápoles—, rey de España, y a partir de ese momento se convertiría en José I[36].

Mientras tanto, en Madrid, Joaquim Murat, uno de los principales apoyos de Napoleón —era comandante de las tropas francesas y gobernador de Madrid—, aceptó la tarea de trasladar discretamente a los últimos miembros de la familia real borbónica hasta Bayona. Sin embargo, la marcha fue de todo menos tranquila. El escritor militar Emilio Tamarit describió así lo sucedido:

> A cada paso ocurrían desagradables escenas en que casi siempre salían mal parados los franceses; la ansiedad era ya general, y el rumor más leve bastaba para agrupar en la Puerta del Sol o cualquiera otro punto un inmenso gentío: ofendida la multitud por los repetidos insultos y humillaciones que sufría de los franceses, parecía ya inevitable la lucha que estos querían eludir desplegando un imponente aparato militar, a cuyo efecto pasaba Murat a su ejército continuas revistas; pero al volver el sábado 1 de mayo de una de ellas, y al pasar por la Puerta del Sol, fue silbado y escarnecido por el numeroso concurso que allí se agolpaba, y aun cuando por el momento aparentó despreciar estos insultos, no dejó de jurar en su interior una venganza tan innoble como su alma[37].

La Puerta del Sol jugó un papel clave en los acontecimientos del día siguiente. Todo empezó en la plaza de la Armería, junto al Palacio Real, donde las tropas francesas recogieron al último miembro de la realeza española, el infante Francisco de Paula. Un guarnicionero se asomó al balcón y dio la voz de alarma, lo que provocó que, a las nueve de la mañana, centenares de personas, encabezadas por el maestro Blas de Molina, se acercaran al carruaje del chico y comenzaran a zarandearlo. Murat mandó un batallón de granaderos a la plaza de Oriente, donde cargaron y mataron a una decena de personas.

La multitud comenzó a concentrarse para pedir la caída de las autoridades. Hasta tres mil personas se agolparon en la Puerta del Sol, frente a veinte mil soldados franceses, con los batallones de mamelucos como avanzadilla. La lucha se prolongó durante dos horas. Según cuenta Tamarit, cada casa de la plaza «se convirtió en un fuerte», y las calles Mayor, Montera y Carretas estaban llenas de gente. En la Casa de Correos se encontraba la comisión militar, dirigida por el general Grouchy, que se encargaba de comandar a las tropas francesas y que después dictó las sentencias de muerte contra los madrileños insurrectos.

Mientas intentaban apaciguar la resistencia en la plaza, las tropas de Murat se dirigieron hacia la Puerta de Toledo y la Puerta de San Vicente. Caudillos populares, dirigiendo a las tropas de vecinos, intentaron impedir que los batallones franceses salieran a pelear. De las tropas españolas, solo el cuartel de Monteleón, con veinte artilleros, cuarenta miembros del Cuerpo de Infantería y ochenta paisanos, hizo frente al Ejército.

En realidad, fue una revuelta eminentemente popular. A las cinco de la tarde se acabaron las hostilidades. Hubo entre cuatrocientos y quinientos madrileños muertos, y unos doscientos heridos. Al día siguiente, ochenta personas fueron fusiladas por los franceses, en una escena que quedó inmortalizada en el famoso cuadro de Francisco de Goya titulado *Los fusilamientos del 3 de mayo.* Por el lado francés hubo cien bajas y mil heridos.

El carácter de aquel levantamiento popular sigue produciendo debates a día de hoy. Para el historiador Eduardo Calleja, en la revuelta coincidieron varias circunstancias, como «la respuesta popular espontánea a una situación política que se rechazaba, la conjura militar y el rumor de una insurrección proyectada por los aristocráticos fernandinos»[38]. Sea como fuere, todos estos hechos desembocaron en la coronación de José I como rey de España y, por tanto, en el primer intento de crear un Estado liberal a manos de los afrancesados, que pretendían importar las medidas y los valores de la Revolución francesa, aunque mediante una «revolución desde arriba».

Su principal obra fue la promulgación del Estatuto de Bayona de 1808, un texto que muchos investigadores consideran la primera Constitución de España. Con dicho Estatuto se creó un departamento dedicado exclusivamente a la seguridad del Estado, el Ministerio de Policía General, ya que, como dijimos anteriormente, hasta entonces la seguridad y el orden público dependían de los tribunales de justicia y del Consejo de Castilla. Asimismo, se abolió la Inquisición —que se había encargado de la vigilancia de la propaganda revolucionaria y de los disidentes liberales—, lo que permitió que el nuevo ministerio se dedicara exclusivamente a «todas las medidas que haya que tomar para mantener el buen orden y la tranquilidad pública». Sin embargo, el Ministerio de Policía General duró poco tiempo, hasta mayo de 1813, y apenas tuvo actividad.

El levantamiento de Madrid del 2 de mayo hizo que otras poblaciones también se rebelaran. Se crearon Juntas Supremas por todo el país —en zonas como Asturias, Valencia, Aragón y Sevilla— para enfrentarse a los franceses. Sin embargo, fue Cádiz la ciudad que asumió un papel decisivo al ser allí donde se promulgara la Constitución de 1812, de marcado carácter liberal. En la nueva Carta Magna se hablaba de la necesidad de crear una Secretaría de Gobernación del Reino para la Península e Islas adyacentes, cuyas competencias serían velar por «la tranquilidad pública, el buen orden, la seguridad de las personas y sus bienes», y ejecutar las leyes aprobadas por el Gobierno. Para ello, las Cortes aprobaron un nuevo cargo, el jefe político, una especie de agente provincial que trabajaría a las órdenes del poder ejecutivo. El artículo 356 de la Constitución decía que «habría una fuerza militar nacional permanente, de tierra y de mar, para la defensa exterior del Estado y la conservación del orden público», es decir, la conocida como «Milicia Nacional»[39].

El absolutismo persigue la disidencia

Sin embargo, tras el final de la Guerra de la Independencia y la derrota francesa, todos estos proyectos se fueron al traste. En marzo de 1814 Fernando VII regresó a España y, en la Puerta del Sol, se le leyó la Constitución de Cádiz, aunque, posteriormente, en mayo de ese mismo año, la rechazó en el mismo lugar. A partir de entonces, como afirmó Ángel Fernández de los Ríos en su guía sobre Madrid, la Puerta del Sol se convirtió «en el gran teatro de la vida pública». De hecho, fue en esta plaza donde, en 1820, las tropas del coronel Riego proclamaron la validez de la Constitución de 1812, dando comienzo al Trienio Liberal.

Precisamente, el primer Código Penal de España se aprobó en este periodo. Se diferenciaban dos tipos de delitos: los que se producían contra la sociedad, es decir, contra la seguridad interior, y los que se realizaban en prejuicio de los particulares, esto es, contra la tranquilidad y el orden público. En otras palabras: la esfera pública se encargaría de proteger la propiedad privada. También se promulgó un Reglamento Provisional de Policía, que establecía que sería esta autoridad la encargada de vigilar las casas públicas, las fondas y los cafés. Igualmente, haría los padrones y emitiría pasaportes[40].

Aun así, no fue hasta 1824, con la derrota de la Milicia Nacional frente a los Cien Mil Hijos de San Luis y la vuelta del absolutismo, cuando se estructure la Policía española moderna. Diez años antes, en agosto de 1814, se habían aprobado una serie de normas dirigidas a acabar con la presencia de ladrones, contrabandistas y bandoleros en el mundo rural[41], y en 1815, Fernando VII había creado un Ministerio de Seguridad Pública —dirigido por un militar— y un Reglamento Provisional de Policía que establecía que esta sería la encargada de perseguir a los afrancesados, a los masones y a los liberales. Fue en estos momentos cuando se puso en marcha una política represiva «con el fin de que desaparezca para siempre del suelo español hasta la más remota idea de que la soberanía reside en otro que en mi real persona». También en 1824 se creó la cédula de empadronamiento, llamada después «carta de seguridad», que permitía la entrada y la salida del país.

Finalizado el Trienio Liberal, Fernando VII volvió a reprimir con saña el menor atisbo de liberalismo. Para ello, en un primer momento se sirvió de dos de sus pilares fundamentales, el Ejército y la Iglesia. Así, en enero de 1824 surgieron las Comisiones Militares, que juzgaban tanto delitos comunes como políticos y, aunque apenas duraron un año y medio —desparecieron en agosto de 1825—, condenaron a mil noventa y cuatro personas, de las cuales más de la mitad lo fueron por motivos políticos —se podía ir a la cárcel por pertenecer a una sociedad secreta o por gritar «¡Viva Riego!», «¡Viva la Constitución!» o «¡Viva la libertad!»—, y ciento noventa y dos fueron sentenciadas a muerte. Respecto a la Iglesia, se intentó revitalizar la Inquisición, aunque apenas tuvo papel político y, finalmente, se disolvió en 1834[42].

Sin embargo, el monarca, receloso ante las autoridades militares (que se habían rebelado en varias ocasiones contra su gobierno e incluso le habían obligado a jurar la Constitución de Cádiz), decidió crear una autoridad civil para mantener el orden público y vigilar a los opositores políticos. Así, el 13 de enero de 1824 se estableció la Superintendencia General de Policía del Reino, que duró diez años y sirvió de modelo para las sucesivas estructuras policiales decimonónicas.

Desde el primer momento, sus objetivos estuvieron claramente establecidos: hacer padrones, expedir pasaportes, dar permisos de caza y pesca, vigilar mercados, plazas y calles; impedir tumultos, registrar vehículos, arrestar delincuentes y, sobre todo, perseguir a los enemigos políticos. Como se señala en uno de sus artículos, esta fuerza policial debía servir para «indicar los medios de reprimir el espíritu de sedición, de extirpar los elementos de discordia, y de desobstruir todos los manantiales de prosperidad». Principalmente, se centró en perseguir sociedades secretas, eliminar pasquines, impedir la lectura de periódicos extranjeros o contrarios al régimen, detener a personas vinculadas a grupos liberales y a masones. El director era un superintendente, residente en Madrid, aunque habría intendencias en todas las provincias, con unidades de caballería e infantería[43].

Para el historiador Jorge Ávila, no podemos considerar a la Superintendencia General de Policía del Reino como un antecedente directo de nuestra Policía actual, pues el carácter de aquella era «eminentemente político» y apenas tenía presupuesto. Sin embargo, como veremos a lo largo del libro, en todos los regímenes que se han ido sucediendo, la Policía ha sido utilizada no solo para perseguir a delincuentes comunes, sino para reprimir la disidencia política con mayor o menor intensidad. Por otro lado, la falta de presupuesto no era un problema exclusivo de las fuerzas del orden, sino del propio Estado liberal, que necesitó construir un enorme aparato recaudatorio para sufragar los gastos burocráticos[44].

La Policía fernandina

Como explicamos anteriormente, la Guerra de la Independencia supuso la ruptura del régimen absolutista. Aunque Fernando VII intentó recuperarlo —y en parte lo logró—, al final de su reinado no le quedó más remedio que buscar el apoyo de algunos liberales moderados para hacer frente a los sectores «duros» del absolutismo —como lo era la facción que lideraba su hermano Carlos María Isidro, o aquellos que apoyaron la denominada revuelta de los Agraviados de 1826, iniciada en Cataluña, pero seguida en otros territorios—. Finalmente, la burguesía, al ver la debilidad del monarca, y ante el temor que le producían los estallidos revolucionarios, se alió con los sectores reformistas —que también provenían del absolutismo—, con la antigua nobleza y con la Iglesia. Es importante subrayar que, en España, la burguesía no se erigió como una clase social revolucionaria, tal y como había sucedido en Francia años atrás, sino que prefirió pactar con los estamentos del Antiguo Régimen.

Esta fue una de las primeras ocasiones en que la Policía tuvo una duración considerable. Si bien su antecedente más directo era la mencionada Superintendencia General de Policía del Reino, la diferencia es que al frente de esta había militares y funcionaba con los criterios del Antiguo Régimen, mientras que las atribuciones de la nueva Policía fernandina —hasta un total de cuarenta y dos— fueron las mismas que ha mantenido la Policía hasta nuestros días.

Tanto es así que a los estamentos del Antiguo Régimen no les agradó la aparición de este nuevo aparato civil de orden público. La Iglesia, con el arzobispo de Granada a la cabeza, declaró que «con la instauración de la Inquisición, como desean todos los buenos, entonces sí será superflua la Policía». Sin embargo, sucedió todo lo contrario, y fue el Santo Oficio el que se quedó sin razón de ser. Por su parte, los militares aliados a la causa absolutista defendían el papel de las Comisiones Militares en la persecución de «conspiradores y sediciosos», y rechazaban que sus competencias se vieran limitadas por la existencia de la Policía. Aun así, en 1827, la Superintendencia quedó en manos del Ministerio de Gracia y Justicia, escapando de cualquier control militar o eclesiástico[45].

La nueva institución tampoco gozó del apoyo popular. De hecho, como afirmó Mariano José de Larra, la Policía se convirtió en «una de las instituciones más odiadas por el pueblo [...]. Muchos españoles vivían temerosos de ser víctimas de sus acciones, en particular, sabiendo la personalidad de quienes la dirigían», ya que no era extraño «el arrancar confesiones» mediante tortura o que inventasen conspiraciones contra el régimen «para anular enemigos». De hecho, se podía pasar hasta ocho días arrestado mientras se comprobaba la veracidad o la falsedad de una denuncia. Y aún más: en caso de conspiración contra el rey, la detención podía prolongarse hasta el infinito «para averiguar las ramificaciones de sus planes». Solo durante la regencia de Espartero, en 1840, el cuerpo se suprimió por un tiempo, aunque poco después regresó con el nombre de Policía de Seguridad[46].

La Policía en la época isabelina

Tras la muerte de Fernando VII (1833), durante las regencias de María Cristina (1833-1840) y de Espartero (1840-1843), y los primeros años del reinado de Isabel II, se consolidó el Estado burgués con el establecimiento del régimen parlamentario y del Consejo de Ministros. Anteriormente, en 1823, Fernando VII había intentado crear ministerios, pero duraron pocos meses, y no fue hasta 1833, diez años después, cuando se fundó el Ministerio de Fomento, con competencias en orden público y seguridad, y cuyo primer ministro fue Javier de Burgos.

En mayo de 1834, a este ministerio le quitaron las atribuciones políticas y policiales —se quedó solo con las de comercio, agricultura o transporte— y se creó una nueva cartera, la de Interior —también estaría dirigida por Javier de Burgos—, que en 1835 cambió su nombre por el de Ministerio de la Gobernación. Sus competencias se centraban en «los negocios relativos al Gobierno civil y a la administración interior», y se dedicaría a los aspectos más políticos del territorio, como el orden público, la supervisión de los poderes locales o la organización de las elecciones. Su labor en la consolidación del Estado era tan crucial que De Burgos se convirtió en el «hombre fuerte» del Gobierno, es decir, en la persona de confianza del presidente del Consejo de Ministros. No es casualidad que el de la Gobernación fuera el ministerio que más crecimiento experimentó a lo largo del siglo XIX, pasando de 3.763 empleados en 1837 a 99.255 en 1900 (un aumento de un 145 %), frente al 21 % que creció el funcionariado del Ministerio de Hacienda, por ejemplo.

Su primera sede se ubicó en el anterior palacio del Supremo Consejo de la Inquisición, en la calle de Torija 14. Parecía una señal del destino que a principios del siglo XIX los dos principales aparatos de control —la Inquisición en el Antiguo Régimen y el Ministerio de la Gobernación en el Estado burgués-liberal— ocuparan el mismo edificio[47] en la capital del país.

Además de la Policía, el ministerio controlaba otros dos cuerpos, uno civil y otro militar, encargados del mantenimiento del orden público. El primero recaía en las manos del subdelegado de Fomento, llamado a partir de 1847 gobernador civil, que actuaba en todas las provincias como un apéndice del aparato central del Estado. Sus funciones estaban relacionadas con la agricultura, la industria, el comercio, la minería, los ayuntamientos, la instrucción pública, las sociedades económicas, los hospitales, los establecimientos benéficos, las cárceles, las bibliotecas, los museos…, y su papel era el de vigilar a todos aquellos elementos que cuestionaran el poder del Gobierno, sobre todo en las ciudades[48].

Para el mundo rural se fundó un cuerpo que ha mantenido su denominación en sus más de ciento setenta y cinco años de historia, la Guardia Civil, creada por el duque de Ahumada en 1844 como «una fuerza especial destinada a proteger eficazmente a las personas y propiedades» en el campo. El problema de los bandoleros y los ladrones en los caminos hizo necesaria la creación de una fuerza encargada exclusivamente de dichos menesteres, que dependería de la jurisdicción militar. Fue tal su importancia que de los seis mil miembros que tuvo en el momento de su aparición se llegó a los diecinueve mil a finales del siglo XIX[49].

Estos cuerpos de orden público fueron los encargados de aplicar la política represiva de la regencia y de los primeros años del reinado de Isabel II. Con la excusa de la guerra contra los carlistas, el 12 de enero de 1835 se aprobó el estado de sitio en las provincias del norte, lo que permitió a las autoridades militares y civiles actuar a su libre albedrío para acabar con cualquier tipo de rebelión. Posteriormente, fueron utilizados en las diversas manifestaciones de militares y simpatizantes de la causa progresista, la rama radical del liberalismo enfrentada a la de los moderados.

El Ministerio de la Gobernación, debido a las nuevas revueltas, se traslada a la Real Casa de Correos

El 3 de agosto de 1836, la capital de España era ya uno de los principales focos del liberalismo y del progresismo[50], y la Puerta del Sol volvió a ser testigo de numerosas protestas. Dos años antes, en junio de 1834, una epidemia de cólera se extendió por la ciudad, motivo por el cual el Gobierno de Martínez de la Rosa decidió abandonar Madrid. Mientras tanto, un joven murió asesinado en la céntrica plaza a manos de unos mendigos, lo que desató la ira popular. El rumor que corría por las calles decía que los curas —muchos de ellos simpatizantes de la causa carlista— habían envenenado las aguas y provocado la epidemia. El sentimiento anticlerical y la subida de los precios de los alimentos hicieron el resto. A las doce del mediodía del 15 de julio, los manifestantes asesinaron en la Puerta del Sol a un joven exrealista y al celador de un convento de los jesuitas. Cientos de guardias urbanos y de miembros de la Guardia Real se congregaron en la plaza para gritar contra los frailes. Después se dirigieron al Colegio Imperial San Isidro, perteneciente a los jesuitas, donde mataron a siete frailes, y a las nueve de la noche asaltaron el convento de San Francisco el Grande. El 18 de julio se declaró el estado de sitio y varias autoridades policiales fueron sustituidas. Se expulsó a cuarenta milicianos del Ejército y, en total, sesenta y nueve personas fueron juzgadas, de las cuales dos recibieron condena de muerte. El balance de aquella trágica jornada fue de setenta y tres frailes asesinados y once heridos.

Dos años después, en 1836, varios oficiales del Ejército promovieron el denominado motín de La Granja a causa de la destitución como primer ministro del progresista Juan Álvarez Mendizábal, lo que obligó a la regente María Cristina a permitir la vuelta al Gobierno del ministro depuesto y a aprobar la Constitución de 1812, consensuada entre moderados y progresistas.

Ante la sucesión de revueltas, motines y algaradas, se hacía imprescindible la vigilancia y el control desde un lugar céntrico de los disidentes. Durante el Antiguo Régimen, las Secretarías de Despacho se encontraban en el mismo Palacio Real; sin embargo, el desarrollo del Estado liberal hizo que las diferentes sedes ministeriales se trasladaran a diferentes zonas de la ciudad. De manera que el nuevo eje del Gobierno transcurría desde la Carrera de San Jerónimo, donde se ubicaría el futuro Congreso de los Diputados, hasta la plaza de Oriente[51]. Y, en el centro, la Puerta del Sol, con la Real Casa de Correos como edificio principal. Sus primeras atribuciones como oficina central del servicio postal dieron paso a otras de orden público: allí se establecieron guarniciones reales y, posteriormente, albergó la sede de la Capitanía General y del Gobierno Militar. Es decir, el edificio se convirtió en uno de los símbolos del Estado, convirtiéndolo en objetivo clave de las tramas progresistas.

Puesto que la vía pacífica había resultado del todo insuficiente para acceder al poder, los progresistas decidieron recurrir a la insurrección popular. Dos tramas se gestaban en Madrid en 1835: una progresista, alentada por el teniente Cayetano Cardero, el diputado por Murcia Juan Paralea y el general Quiroga, y otra doceañista (así llamada porque pretendía reimplantar la Constitución de 1812), impulsada por políticos como el conde de Toreno, Francisco Martínez de la Rosa o el general Quesada. Ambas confluyeron en la noche del 17 al 18 de ese año, cuando se produjo el pronunciamiento de setecientos soldados del 2.º Batallón del VII Regimiento ligero de Aragón. El plan consistía en alzar toda la Milicia Urbana de Madrid y la mayor parte de la guarnición, detener a los ministros en sus casas, dar la alarma general y enviar una comisión para que hablara con la reina.

Los insurgentes tomaron la Real Casa de Correos, donde había militares acuartelados. El teniente Cardero lideró la ocupación con un grupo del 2.º Batallón y, gritando «¡Viva Isabel II y la libertad!», fueron recibidos por los miembros de la Milicia Urbana y de la guarnición de Castilla la Nueva. El ministro de la Guerra envió tropas para acabar con la revuelta, y los enfrentamientos se trasladaron a la calle Mayor, donde murieron un sargento y varios soldados insurrectos. Entre los realistas, ocho perdieron la vida. El ministro tuvo claro entonces que «la libertad y el Trono se sostenían a cañonazos contra los enemigos»[52].

A las ocho de la mañana, en el interior de la Real Casa de Correos cayó José de Canterac, hijo de militares franceses exiliados, que había formado parte de los ejércitos españoles durante las guerras de independencia americanas y que en aquel momento era capitán general de Castilla la Nueva. Finalmente, los amotinados salieron del edificio y se entregaron a las tropas de Llauder, capitán de los ejércitos de Cataluña, aunque su rendición fue condicionada. Poco después, en septiembre de 1835, los progresistas entraron en el Gobierno, con Mendizábal a la cabeza[53].

En 1840, el general Espartero asumió la regencia, hecho que provocó que el general Diego de León se rebelara contra el nuevo Gobierno y que un año después, en 1841, fuera fusilado en la Puerta de Toledo[54].

En aquel momento, los intelectuales y científicos consideraban ya a la Casa Real de Correos como uno de los edificios «más suntuosos que adornan el sitio más concurrido de Madrid»[55], y su centralidad se había mostrado eficaz en la práctica para acallar revueltas, motines y levantamientos populares y militares.

En 1847, el Ministerio de la Gobernación sufrió una reestructuración de calado: se le quitaron las atribuciones comerciales y de obras, que pasaron al Ministerio de Comercio, Instrucción y Obras Públicas, ya que, ante el aumento de los problemas de orden público, el Gobierno quería un departamento que se dedicara exclusivamente a ello. Su sede debía estar en un lugar reconocible y céntrico —para actuar lo antes posible—, de modo que en el mes de octubre se ordenó su traslado a la Real Casa de Correos[56]. Su relevancia será cada vez mayor y, como veremos, protagonizará buena parte de los acontecimientos clave de los dos siglos siguientes.

2

Del Ministerio de la Gobernación a la Dirección General de Seguridad (1847-1939)

Pese a que este capítulo no abarca ni un siglo de historia, es en él donde aparece por primera vez el principal objeto de estudio de este libro, la Dirección General de Seguridad. Son unas décadas marcadas por movilizaciones, revueltas, revoluciones, represión policial y torturas —al tiempo que se construye el Estado burgués—, de ahí que las fuerzas policiales desempeñaran un papel fundamental.

Cuando el Ministerio de la Gobernación español fue ubicado en la Real Casa de Correos —en la Puerta del Sol—, en España, como en el resto de Europa, se vivían momentos convulsos. Hablamos de los años conocidos como «primavera de los pueblos», un tiempo caracterizado por un sinfín de manifestaciones populares que recorrieron el continente y que hicieron que los regímenes de numerosos países, incluidos España y el reinado de Isabel II, se tambalearan.

En 1847 se produjeron altercados en Jijona, Aspe, Elda, Villena, Gijón, Llanes, Castro Urdiales, Vigo, Pontevedra, Santiago, León, Valladolid, Granada, Ronda, Úbeda, Sevilla… En esta última, por ejemplo, dos mil mujeres de la fábrica de tabacos se movilizaron al grito de «pan, mueran las autoridades, muera el jefe político». Al año siguiente, en Madrid, durante el 26 y el 27 de marzo, decenas de guarniciones populares formaron barricadas en las calles y se escucharon vivas a la Constitución progresista de 1837 y los primeros vivas a la República, lo que motivó que el presidente del Gobierno, Juan María Narváez, promulgara una Ley de Poderes Extraordinarios que le permitía suspender los derechos constitucionales. Las represalias contra los manifestantes se generalizaron y numerosos opositores —progresistas y demócratas— fueron detenidos. El 7 de mayo de 1848 fueron ejecutados ocho militares y cinco civiles, y otros setecientos fueron desterrados.

Para hacer frente a la represión, cientos de opositores se refugiaron en el campo, donde establecieron partidas de guerrilleros. Los que se quedaron en las ciudades se defendieron creando organizaciones políticas, como el Partido Demócrata, formado en 1849[1].

La Puerta del Sol fue testigo de muchos de estos altercados. El 27 de marzo de 1848 un grupo de manifestantes que provenía del barrio de Lavapiés intentó apoderarse del puesto de Policía de la plaza del Progreso y, en su huida, terminó concentrándose en Sol. Después avanzaron por la Carrera de San Jerónimo y construyeron barricadas —con adoquines— para defenderse de las tropas, capitaneadas por el general Concha. Los revolucionarios —unos cincuenta— se refugiaron en un teatro durante varias horas, hasta que, finalmente, las fuerzas del orden los obligaron a salir. Fue entonces cuando se decidió colocar guarniciones militares en la Puerta del Sol y aledaños[2].

La Vicalvarada

El rechazo a Isabel II iba en aumento en sectores cada vez más amplios de la población. En 1852, por ejemplo, el cura Merino (Martín Merino Gómez) intentó asesinar con un estilete a la monarca cuando esta salía de oír misa en la iglesia Virgen de Atocha. La reina recibió una cuchillada en el costado derecho que le causó una herida de unos quince milímetros de ancho. De no ser por las ballenas del corsé, el atentado habría sido mortal[3].

Dos años después tuvo lugar la conocida como La Vicalvarada, un levantamiento popular y militar que estuvo a punto de hacer caer a Isabel II. No fue así, pero los altercados lograron que se formara un nuevo Gobierno liderado por el general Espartero, que encabezó el denominado Bienio Progresista. La revuelta comenzó el 28 de junio de 1854, cuando las tropas del general O'Donnell se sublevaron en la localidad de Vicálvaro para pedir que se reinstaurara la Milicia Nacional, se suprimiera la Constitución moderada de 1845 y se amnistiara a los presos políticos.

La Puerta del Sol fue uno de los principales escenarios del conflicto. Don Luis Sartorius, conde de San Luis, entonces primer ministro, se preparó para hacer frente a la revuelta, para lo cual situó varios dispositivos militares —Guardia Civil— en la Plaza Mayor, contingentes de Infantería en la Real Casa de Correos, granaderos en la Aduana (hoy Ministerio de Hacienda), más guardias civiles en el Teatro Real, miembros del cuerpo de Ingenieros en el cuartel de San Gil y artilleros y guardias civiles en el cuartel de San Martín.

La mañana del 17 de julio de 1854, las calles de la capital se llenaron de pasquines pidiendo el levantamiento popular contra el Gobierno. Las multitudes asaltaron e intentaron incendiar las viviendas de Sartorius y de varios miembros de su Gabinete, así como el palacio de la reina madre, María Cristina de Borbón, conocido como el Palacio de las Rejas, un lugar muy odiado por los madrileños porque en él se gestaron numerosos negocios turbios. La guardia que protegía la residencia real abrió fuego contra los asaltantes, lo que intensificó la revuelta. El primer ministro se vio obligado a dimitir y fue sustituido por Fernando Fernández de Córdova.

Los amotinados se dirigieron a la Plaza Mayor y a la Puerta del Sol, donde se produjo una confraternización entre civiles y soldados.

Fernández de Córdova y la reina decidieron encargar al duque de Rivas la formación de un nuevo Gabinete, pero la situación era cada vez más tensa. La ciudad se llenó de barricadas e Isabel II empezó a ser consciente de que estaba acorralada. Fue entonces cuando se decidió que el antiguo regente, el general Baldomero Espartero, fuera nombrado presidente del Consejo de Ministros, junto con Leopoldo O'Donnell, que gozaba de gran popularidad y, por tanto, podría encauzar el proceso y mantener a Isabel II en el trono[4].

La Puerta del Sol se transforma

En los años anteriores Madrid se había transformado en todos los sentidos. Había dejado de ser Villa y Corte y por sus calles más céntricas ya no solo paseaban curas, aristócratas y prostitutas, sino que la ciudad se hallaba repleta de comerciantes, vendedores ambulantes, políticos y funcionarios. Tanto es así que a mediados del siglo XIX se tomó la decisión de reformar la principal plaza de la ciudad, que ya era la Puerta del Sol, para convertirla en el centro neurálgico civil de la capital. En este sentido, en 1855 se realizó una «Memoria» en la que se declaraba que la plaza, «aunque era verdadero centro de Madrid, conserva sin embargo todas las apariencias de un barrio estrecho que la desfigura y empequeñece». En efecto, las calles desembocaban en ella de una manera desigual, las casas eran «mezquinas» y no había tiendas espaciosas. Sin duda, la reforma del lugar era urgente.

Se presentaron cuatro proyectos. El primero consistía en recular las fachadas del norte de la plaza hasta colocarlas en línea recta con la Aduana y el palacio de Oñate, y abrir una calle en frente del Ministerio de la Gobernación que absorbiera las calles de Preciados y del Carmen. En el segundo se proponía crear una plaza de trescientos cuarenta pies frente al Ministerio de la Gobernación, lo que dejaría aislada la iglesia del Carmen. El tercero consistía en construir una plaza de seiscientos cuarenta pies, con los que la entrada de la calle del Arenal sería irregular, y, además, la calle frente al Ministerio de la Gobernación no estaría recta frente al ángulo derecho del edificio. Por último, en el cuarto proyecto se levantaría un edificio en el centro de la plaza. La memoria en su conjunto fue aprobada por la reina, el Ministerio de la Gobernación y el ayuntamiento[5].

Mientras se realizaban los distintos estudios urbanísticos se procedió al derribo de edificios. En 1842 se demolió el convento de San Felipe el Real, y en 1854, la iglesia del Buen Suceso y el Hospital de la Corte. Finalmente se optó por construir una plaza con planta rectangular, lo que, lógicamente, afectaba a los edificios del perímetro. El 1 de mayo de 1858 se demolieron treinta y una casas, y la mayor parte de los solares fueron adquiridos por el indiano Juan Manuel Manzanedo, que también compró la Casa del Cordero, al inicio de la calle Mayor. Tanto es así que muchos madrileños de la época llamaban a la Puerta del Sol «el patio de Manzanedo».

En 1860, bajo la dirección del ingeniero Lucio del Valle, se construyeron los nuevos edificios. Las obras finalizaron en el mes de junio, tras lo cual se instaló en el centro de la plaza una fuente majestuosa.

Mientras la Puerta del Sol sufría este radical lavado de cara, las manifestaciones populares no cesaron. El 7 de febrero de 1860 se celebró allí la victoria en la batalla de Tetuán contra las tropas marroquíes, motivo por el cual la reina Isabel II salió al balcón del Ministerio de la Gobernación para saludar a los allí congregados y pronunciar un discurso[6].

La antigua Real Casa de Correos pasó a ser el edificio más antiguo de la plaza. Al albergar la sede del Ministerio de la Gobernación, se dispusieron en las esquinas del recinto unas garitas con guarniciones militares destinadas a la vigilancia de la plaza, y en 1856, frente a la puerta principal del ministerio se colocó la famosa placa en la que puede leerse «kilómetro cero», origen de todas las carreteras radiales de España y de la numeración de las calles de Madrid.

Sin embargo, el cambio más icónico se produjo con la instalación del famoso reloj —el definitivo se colocó en 1865— que da las campanadas de Año Nuevo. En 1848 se instaló el primer artefacto, al que la prensa definió como «un reloj de pega»; en 1855 se puso el que hasta entonces había estado en la iglesia del Buen Suceso, pero daba mal las horas, y finalmente se optó por colocar el reloj construido por el español José Rodríguez Losada, que rápidamente se convirtió en un símbolo de la ciudad.

Que la Puerta del Sol se designara como lugar de referencia para celebrar el Año Nuevo también tuvo que ver con una protesta. En 1892 o 1896, según las fuentes, el alcalde de Madrid —José Abascal o Alberto de Alcocer— impuso una multa de cinco pesetas a quienes organizaran tumultos la víspera del Día de Reyes, que era la festividad navideña que entonces más celebraban los madrileños. Para saltarse la restricción, y también para protestar contra la medida, cientos de madrileños se concentraron en la Puerta del Sol el 31 de diciembre para recibir el Año Nuevo y, desde entonces, el gesto se convirtió en tradición. Unos años más tarde, entre 1906 y 1909, el país registró un importante excedente de uva que llevó al Gobierno a potenciar su compra y su posterior consumo al ritmo de las campanadas que marcaban la llegada del nuevo año[7].

Nuevas revoluciones y revueltas contra la monarquía

Pero nos estamos adelantando en exceso. Antes de que las uvas se convirtieran en una tradición nacional, la sociedad madrileña —y española— vivió importantes cambios. Como ya hemos avanzado, la monarquía de Isabel II estaba en horas bajas y las críticas de los sectores liberales, progresistas y republicanos cada vez eran más intensas, lo que hizo que también aumentaran las acciones represivas por parte del Gobierno contra estos sectores.

El Ejecutivo moderado de Ramón María Narváez insufló los ánimos en buena parte de las capas medias y bajas de la población, así como entre los intelectuales más cercanos al republicanismo, que decidieron intensificar sus críticas contra los Borbones y la Iglesia. El Gobierno decidió entonces prohibir las expresiones contra la monarquía y el Concordato. El profesor y catedrático Emilio Castelar se mostró crítico con el decreto gubernamental y fue expulsado, ante lo cual Juan Manuel Montalbán, rector de la Universidad Central de Madrid, se negó a tramitar el expediente de expulsión por entender que las autoridades gubernamentales se estaban entrometiendo en las labores de la Academia.

La situación dio lugar a la llamada Noche de San Daniel, o Noche del Matadero (9-10 de abril de 1865), en la que varios centenares de estudiantes se congregaron en el recinto universitario —situado en la calle de San Bernardo— para protestar contra la expulsión del catedrático y del rector de la universidad madrileña. Durante el día 10, la protesta se trasladó a la Puerta del Sol, donde llegaron a concentrarse dos mil estudiantes. Los efectivos militares y policiales —unos mil— se sintieron impotentes ante el aumento de la protesta y decidieron vigilar la casa del nuevo rector para protegerlo. En la Carrera de San Jerónimo y en los alrededores de la Puerta del Sol los estudiantes se movilizaron con «vivas a la democracia» y gritos contra el Gobierno. Finalmente, la Guardia Civil, con el apoyo de unidades de infantería y caballería, sofocó la revuelta, pero con tal dureza que hubo 14 muertos, 74 heridos y 114 detenidos[8].

Sin embargo, el movimiento de oposición a Isabel II y su Gobierno siguió creciendo y la Puerta del Sol continuó siendo el lugar donde se focalizaban la mayoría de las protestas. Asimismo, algunas fondas cercanas, como la Fontana de Oro (que Galdós describe en su obra homónima), y cafés, como el de Correos o el Imperial, se convirtieron en centros del debate político. A estos lugares llegaron las noticias de la destitución del general Narváez como presidente del Gobierno y de la asunción del poder por el general

O'Donnell, de la Unión Liberal, que pretendía incorporar en su Gabinete a los progresistas, liderados por el general Prim. Este se negó y en solo un año, 1866, protagonizó dos pronunciamientos contra la reina.

El primero tuvo lugar el 3 de enero, en Villarejo de Salvanés, aunque la idea era sublevar a los regimientos de otras zonas, como Aranjuez o Leganés. Sin embargo, el Gobierno detuvo de inmediato a los cabecillas del motín, dejando prácticamente sin efectivos las columnas que se dirigían a Madrid, que poco a poco fueron desertando. El general Isidoro de Hoyos recibió plenos poderes para reprimir a los que se habían rebelado, aunque esto no impidió que unos meses después, el 22 de junio, Prim volviera a intentarlo, esta vez desde dentro de la ciudad, concretamente en el cuartel de San Gil, próximo al Palacio Real. Aunque la sublevación estaba prevista para cuatro días después, el descontento de los militares respecto a la política de ascensos y nombramientos hizo que se adelantara. Unos mil militares se amotinaron y, tras reunirse todos en la Puerta del Sol, marcharon hacia el Palacio Real para tomarlo. Las fuerzas gubernamentales los reprimieron y el levantamiento fue sofocado. Se produjeron numerosas detenciones y sesenta y seis personas fueron fusiladas. La reina deseaba todavía más castigos, pero O'Donnell se negó y le dijo que «podía llegar hasta su alcoba», tras lo cual fue destituido como presidente del Gobierno y sustituido de nuevo por Narváez. Prim se marchó al exilio, pero el aislamiento de la reina era cada vez más evidente[9].

El Ministerio de la Gobernación, en la Real Casa de Correos, era un lugar clave para los revolucionarios. De hecho, el edificio fue atacado por las fuerzas rebeldes, aunque la guardia allí apostada defendió el puesto. Desde las calles de la Montera, Carmen y Preciados se realizaron disparos de cañón sobre la plaza y la casa ministerial[10], aunque, finalmente, la rebelión fue sofocada.

En realidad, fue con la revolución de 1868, conocida como La Gloriosa, cuando el edificio fue tomado y se logró expulsar a una reina que, como dijimos, cada vez estaba más acorralada. Las sucesivas crisis económicas, la falta de derechos democráticos, el poder excesivo de la monarca —que ponía y deponía presidentes y ministros a su antojo— y la corrupción hicieron que cada vez más sectores se unieran para acabar con su reinado.

En 1866 se firmó el Pacto de Ostende, entre el Partido Progresista y el Partido Democrático, para hacer caer a Isabel II. Un año después falleció el general O'Donnell y al siguiente murió Narváez, los dos grandes apoyos de la reina. El 18 de septiembre de 1868, mientras la familia real veraneaba en San Sebastián, el brigadier Juan Bautista Topete se sublevó —en la fragata Zaragoza— en la bahía de Cádiz, donde se encontraba el general Prim, líder del Partido Progresista, que venía de Londres, junto con Manuel Ruiz Zorrilla y Práxedes Mateo Sagasta.

Al día siguiente se unió a ellos el general Serrano, que había heredado el liderazgo de la Unión Liberal y, por tanto, se situaba en la oposición a Isabel II. Tomaron la capital gaditana y, mediante el manifiesto «España con honra», con el que se pedía un cambio político radical, la rebelión se extendió por toda la geografía española. Los ayuntamientos y las guarniciones militares crearon las famosas juntas militares[11], que ayudaron a que, diez días después, las tropas del general Serrano vencieran a las isabelinas en la batalla de Alcolea en Córdoba. Isabel II se exilió a Francia y, el 3 de octubre, Prim llegó a Madrid y tomó la Real Casa de Correos, desde donde dio un discurso a la multitud en el que habló de la necesidad de «la unión y la firmeza para consolidar el triunfo de la revolución»[12].

El nacimiento del movimiento obrero en España

Así comenzó el periodo conocido como «Sexenio Revolucionario», un tiempo en el que se hizo lo posible por encontrar a un nuevo monarca, que finalmente fue Amadeo I, aunque solo duró un par de años en el trono. Después se proclamó la Primera República, pero, entre medias, se elaboró una Constitución (1869) en la que por vez primera se recogían derechos como el de reunión, manifestación u organización. También se produjo la irrupción de los movimientos obrero y cantonalista, que provocaron cambios importantes en las fuerzas de orden público. Unos cambios que cristalizarían, sobre todo, en el periodo de la Restauración.

Para situar en su justa medida este proceso revolucionario es necesario entender el impulso capitalista que se dio en el país durante la segunda mitad del siglo XIX, fruto de las inversiones de empresas extranjeras y del apoyo de los Gobiernos a la burguesía vasca y catalana, que hizo que se abrieran industrias siderúrgicas y minas, y que se impulsaran sectores tan importantes como el textil. Aunque el campo aglutinaba a la mayoría de la masa laboral —dos terceras partes—, a finales del siglo XIX se vivió un aumento de la «proletarización», lo que dio lugar al nacimiento en España del movimiento obrero.

Los primeros estallidos de protesta obrera surgieron durante el Trienio Liberal, con la quema de telares en Alcoy en 1821, a imitación de los movimientos luditas* de Gran Bretaña. Hechos similares ocurrieron en 1823 en Campodrón y en 1835 en Barcelona, donde se quemó la fábrica El Vapor. Precisamente fue en la Ciudad Condal donde se dieron los primeros casos de asociacionismo. Así, en 1838, varias comisiones de obreros barceloneses intentaron reunirse con el capitán general, Ramón de Meer y Kindelán, para conseguir su legalización.

---

* Este movimiento surgió en Inglaterra a principios del siglo XIX y estaba conformado por artesanos que, a modo de protesta, destrozaban las nuevas máquinas porque les quitaban el puesto de trabajo. Su nombre viene por Ned Ludd, un personaje del que no se sabe si es real o no y que supuestamente, según cuenta la leyenda, fue el primero en destruir una máquina de hilar en el año 1779.

Por real orden del 28 de febrero de 1839, que permitía la formación de sociedades de socorro mutuo y ayuda, al año siguiente se creó la Asociación Mutua de la Industria Algodonera, que permitió la consolidación de agrupaciones textiles en Béjar o Valencia. También se fundaron clubes culturales, como la Velada de Artistas, Artesanos, Jornaleros y Labradores en Madrid. A su vez, se extendió la influencia del pensamiento de los llamados «socialistas utópicos», como Fourier o Saint-Simon, a través de teóricos como Flórez Estrada o Pi y Margall, y de periódicos como *El Porvenir* o *La Fraternidad*. Joan Muns, presidente de la junta de la Sociedad de Socorros Mutuos de Tejedores de Algodón, se convirtió en uno de los primeros líderes obreros reconocido.

Durante el reinado de Isabel II se crearon organizaciones que en la práctica funcionaban como sindicatos, aunque debían actuar en la clandestinidad —solo cuando gobernaron los progresistas, entre 1840-1843 y 1854-1856, pudieron actuar libremente—. Su objetivo era conseguir la libertad de asociación y mejoras laborales.

Durante del Bienio Progresista, entre julio y agosto de 1855, se fundaron el primer semanario obrero, *Eco de la Clase Obrera,* y la primera confederación de sociedades obreras, la Unión de Clases. En ese mismo año tuvo lugar en Barcelona la primera huelga general, en la que los obreros exigieron el reconocimiento del derecho de asociación, la limitación de la jornada laboral, la creación de jurados mixtos para solucionar los conflictos laborales y el derecho a ingresar en la Milicia Nacional, de la que estaban excluidos.

Todos estos movimientos estallaron durante la revolución conocida como La Gloriosa (1868), que provocó el destronamiento de Isabel II y su posterior exilio. Numerosos miembros de la Asociación Internacional de Trabajadores —la I Internacional— llegaron a suelo español, como fue el caso de Giuseppe Fanelli, seguidor del anarquista Bakunin, que formó núcleos de esta tendencia política en Barcelona, Valencia, Tortosa y Madrid.

En junio de 1870 se celebró el I Congreso Obrero en Barcelona, en el Teatro Circo, donde coincidieron las distintas corrientes que al final terminaron por dividir el movimiento obrero. En el congreso se aprobaron las tesis bakuninistas sobre el Estado, la familia y la religión, y se creó la Federación Regional Española (FRE).

En 1871, Paul Lafargue, yerno de Karl Marx, llegó a España para hacer de contrapeso a las ideas anarquistas e intentar que las tesis marxistas se impusieran en el movimiento obrero. En ese año se fundó el diario *La Emancipación*, de ideario marxista. El caso es que la ruptura entre anarquistas y marxistas se hizo notar también en nuestro país. En abril de 1872, tras el congreso celebrado en Zaragoza, la FRE se escindió en dos y varios miembros de la organización fueron expulsados. Fue entonces cuando se creó la Nueva Federación Madrileña, de marcada ideología marxista. Finalmente, la ilegalización de la I Internacional ese año provocó que sus miembros fueran perseguidos. La experiencia de la Primera República y de las revoluciones cantonales —que dieron algo de esperanza a los internacionalistas— se marchitó rápido[13].

LAS FUERZAS DEL ORDEN ADQUIEREN, POR LEY, UN CARÁCTER REPRESOR

Tras todos estos acontecimientos, y después de los golpes de Estado de los generales Pavía y Arsenio Martínez Campos y de la entronización de Alfonso XII (29 de diciembre de 1874), los políticos de la Restauración se dieron cuenta de que para acabar con la disidencia política y con el recién nacido movimiento obrero era necesario disponer de una estructura policial estable y moderna. En el mundo rural, la Guardia Civil había logrado mantenerse, pero en las ciudades hacía falta un cuerpo similar dedicado a la vigilancia y el control de la población.

Durante el reinado de Isabel II, el ámbito de la seguridad estaba dividido en dos ramas, una civil y otra militar, y así seguiría hasta 1986. Como vimos en el anterior capítulo, la Policía fernandina no gozaba de la aprobación del pueblo y de los intelectuales —debido a la represión ejercida contra ellos—, de ahí que la reina decidiera suprimirla y construir una nueva estructura policial desde cero. Primero, en 1844, se creó el ramo de Protección y Seguridad, aunque bajo los mismos postulados que las anteriores fuerzas de orden público: se restablecieron en sus puestos a los antiguos celadores y comisarios, y se mantuvo una distribución territorial idéntica. Tanto es así que en el decreto de su fundación se ponía de manifiesto que se trataba de una institución «dirigida a precaver y reprimir los actos que puedan poner en peligro las personas y los bienes de los ciudadanos». Para evitar las críticas, el reglamento establecía sanciones —y destituciones— a quienes se excedieran en sus funciones, como entrar en casas sin permiso de los propietarios o imponer multas excesivas. Sus tareas principales consistían en hacer rondas de día y de noche, velar por que se respetaran las órdenes de la autoridad, evitar disturbios y escándalos, y amparar la seguridad individual y los derechos de los ciudadanos[14].

Sin embargo, la situación política —tanto internacional como nacional— no permitió que se calmaran las aguas. A finales de la década de 1840 y principios de la de 1850, el Gobierno moderado de Narváez intentó crear una legislación moderna de orden público y mantener una estructura policial uniforme, aunque al leer los decretos al respecto se observa que la principal tarea de las fuerzas del orden pasaba por perseguir y evitar las movilizaciones sociales que en aquel momento se producían en diferentes lugares del país, sobre todo en Madrid.

En este sentido, el 17 de noviembre de 1847, el entonces ministro de la Gobernación de Narváez, Luis José Sartorius, aprobó el primer proyecto de ley de orden público del Estado liberal —su precedente era la mencionada «Ley de Asonadas» de Carlos III—, que supuso un intento de sistematización de las atribuciones policiales y militares en el ámbito de la seguridad. En dicho proyecto se aprecia con claridad la visión que los moderados tenían del orden público, un punto de vista que años después influiría en el planteamiento tanto de conservadores como de dictadores. Según la normativa, una simple reunión sería considerada una situación de guerra y, por tanto, las reuniones debían ser autorizadas por los jefes políticos o los alcaldes. Asimismo, se regulaban los estados excepcionales, donde la máxima autoridad la tendrían los militares. Es decir, los delitos políticos serían juzgados por las autoridades castrenses.

Esta concepción autoritaria del orden público, o «dictadura legal», como la definió el investigador Manuel Balbé, se pondrá de manifiesto en los diferentes decretos que se aprobaron tras los sucesos revolucionarios de 1848. El 28 de febrero se publicó una real orden «recomendando a los jefes políticos, con motivo de los recientes acontecimientos en Francia, la mayor vigilancia y represión de toda tentativa criminal». En marzo de ese año se aprobó una ley para autorizar al Gobierno a «suspender las garantías individuales» y dar cobertura legal a las medidas represivas que el Ejecutivo ya estaba llevando a cabo. Lo mismo ocurrió con la creación del Código Penal —hasta entonces se aplicaban las *Partidas* de Alfonso X, de época medieval—, en el que se tipificaron los delitos políticos, militares y de orden público[15].

Fue en esta época, a mediados del siglo XIX, cuando la estructura policial sufrió una transformación fundamental, sobre todo en la capital, al crearse la Jefatura Superior de Policía de Madrid. Su objetivo era la persecución política, ya que el organismo se fundó tras el amotinamiento del Regimiento España, el 7 de mayo de 1848, que dio lugar a la implantación del estado de sitio, al arresto de los amotinados y a la disolución del regimiento. En su decreto fundacional se lee que la misión del cuerpo era «vigilar muy de cerca y escrupulosamente a los que pretenden medrar en el desorden, y a los que se acogen a las grandes poblaciones para sustraerse a la acción de la autoridad». Además, el jefe de Policía asumía las funciones de orden público del jefe político, ya que «es imposible que se dedique a la infinidad de pormenores que una Policía bien entendida reclamara». También podía emitir bandos y órdenes gubernamentales, y bajo su supervisión estarían los comisarios, los celadores, los salvaguardias y la Guardia Civil. De hecho, fue en 1848 cuando los agentes de Protección y Seguridad de la capital pasaron a denominarse salvaguardias de Madrid, en una clara muestra de la importancia que tenía la vigilancia y el mantenimiento del orden público en la capital del país[16].

Sin embargo, la ineficacia administrativa y la continuidad de las protestas callejeras —con el intento de asesinato de Isabel II a manos del cura Merino como momento álgido— hicieron que en 1852 se llevaran a cabo nuevas transformaciones en la estructura policial. Las principales fueron la sustitución del ramo de Protección y Seguridad por el Cuerpo de Vigilancia y la aparición de la figura del inspector, encargado de supervisar a celadores y vigilantes, y de expedir licencias de armas, pases de radio y pasaportes. Los inspectores también debían vigilar las reuniones públicas que se celebraban en la calle y en los cafés, y contaría con el apoyo del comisionado especial de Vigilancia, un funcionario con potestad para perseguir a los delincuentes e inspeccionar las casas de juego. Para regularizar estas funciones se crearon los libros-registro, donde aparecían el nombre y la dirección de los vecinos, así como de las tiendas, los cafés y otros establecimientos públicos.

Durante el Bienio Progresista las cosas no cambiaron demasiado. Ante la creación de clubes políticos democráticos, como el Círculo de la Unión, el Gobierno de Espartero promulgó un decreto, el 29 de agosto de 1854, por el cual «se disuelvan todas las sociedades y reuniones políticas que bajo cualquiera denominación existan hasta que las Cortes resuelvan lo que estimen más conveniente sobre el principio de reunión y la forma de su ejercicio». Únicamente se permitían las reuniones electorales. El 12 de marzo de 1855 se emitió una real orden por la cual se encargaba a los gobernadores civiles la tarea de «reprimir y castigar con mano fuerte a los perturbadores del orden público». Tanto es así que a inicios del Bienio Progresista el jefe de Policía de Madrid, Francisco García Chico, murió a manos de las masas populares por usar la tortura y extralimitarse en sus funciones.

Lo cierto es que la reglamentación sobre las fuerzas del orden de la época permitía y promovía la represión indiscriminada. Fue lo que sucedió en 1855 con la ejecución del dirigente obrero José Barceló, tras acusarlo sin pruebas del asalto a la casa de campo de Tarrasa, a la que acudía la burguesía. Los trabajadores acudieron allí como protesta tras el despido de un grupo de hilanderas. La imposición de la pena capital al detenido, junto con la imposición de la ley marcial, hizo que en Barcelona se celebrara la primera huelga general de la historia de nuestro país. La ley marcial se mantuvo hasta el final del Bienio Progresista, e incluso se impuso también en Valencia en abril de 1856[17].

Con la vuelta al poder de Ramón María Narváez, y ante el aumento de la movilización popular con la creación de asociaciones democráticas, republicanas y obreras, la represión se acentuó y, de hecho, recibió una mayor cobertura organizativa y legal. En 1858 se fundó la Guardia Civil Veterana —en sustitución de la Guardia Urbana de Madrid—, un cuerpo de guardias civiles experimentados que, por su edad o sus patologías, deberían haber asumido tareas «tranquilas», como, por ejemplo, vigilar determinados edificios clave de la capital. Sin embargo, pronto se caracterizaron por llevar a cabo labores represivas y por su «gatillo fácil» cuando se enfrentaban a las protestas populares, circunstancia que hizo que la oposición a Isabel II aumentara considerablemente. Además, en el ámbito rural, y para hacer frente a la falta de recursos económicos, se decidió crear una Guardia Rural, sufragada por los ayuntamientos, con atribuciones similares a los de la Guardia Civil y dependiente del Gobierno central.

Como consecuencia de todo ello, en 1867 se promulgó la Ley de Orden Público, en cuyo preámbulo se exponía que «el orden público es la primera necesidad de los pueblos». En el artículo primero se explicaba que «toda manifestación pública que ofenda a la religión, a la moral, a la monarquía, a la Constitución, a la dinastía reinante, a los cuerpos colegisladores y al respeto debido a las Leyes» se consideraría un delito que debería ser castigado.

Asimismo, se distinguían tres tipos de estado: el normal, en el que primaría la autoridad gubernativa, que tendría la potestad de prevenir los delitos y de reprimirlos por medio de una «sección de orden público» provincial a cuyo mando estarán los gobernadores; el de «alarma», en el que la autoridad política debería informar a la militar y judicial de los delitos y reprimir cualquier reunión pública que «pueda producir alarma», y el «estado de guerra», en el que las autoridades militares serían las encargadas de controlar la situación. Resulta llamativo que en ninguna situación de las nombradas el Parlamento tuviera algo que decir[18].

En 1868, con la proclamación de La Gloriosa, esta legislación quedó derogada, si bien, con la llegada de Prim al poder un año después y la aparición de nuevos movimientos sociales, las fuerzas de orden público retomaron las mismas prácticas que en el reinado isabelino.

Tras la aprobación de la Constitución de 1869, que reconocía una serie de libertades, y la promulgación, en 1870, de una nueva Ley de Orden Público —que se mantuvo vigente hasta 1933—, que establecía dos tipos de estado, el de prevención y el de guerra —en el que actuarían los militares—, que debían contar con el visto bueno del Parlamento, el 31 de julio de 1871 el general Prim decidió modificar este último punto y permitir que las autoridades armadas declararan el estado de guerra sin necesidad de pasar por la autoridad civil en caso de que la situación lo requiriera.

Ese mismo año se creó el Cuerpo de Orden Público, que en la práctica mantuvo la misma estructura que en el periodo anterior. Hubo algún intento de constituir fuerzas al servicio del nuevo régimen, como los Voluntarios de la Libertad, pero todas fueron un fracaso, e incluso muchos de sus miembros se unieron a las revueltas, ya fueran republicanas o cantonales. Además, la reacción carlista, con una nueva guerra abierta, hizo que la autoridad militar se reforzara.

En definitiva, el Estado se seguía mostrando ineficaz en la tarea de mantener el orden público. Por ello, empresarios como Felipe Ducazal crearon bandas armadas privadas, como la llamada «partida de la porra», para actuar contra las nuevas organizaciones obreras, en un claro antecedente de lo que más tarde sería el pistolerismo patronal.

La Dirección General de Seguridad (DGS) se reinventa durante la Restauración

Durante la Primera República, el problema del orden público intentó subsanarse mediante la creación de una Policía Gubernativa y Judicial que actuaría en todo el territorio, una especie de Policía «apolítica» que gozara del apoyo popular. Sin embargo, el proyecto quedó en un cajón y movimientos como el carlista o el cantonal fueron reprimidos con «medidas extraordinarias», que dieron aún más poder a las Fuerzas Armadas y que desembocaron en el golpe de Estado del general Pavía de 1874[19].

Acabar con la inestabilidad política, marcada por las constantes rebeliones y revoluciones, se convirtió en la principal tarea de Alfonso XII y de Antonio Cánovas como máximo representante político. Con el apoyo de Práxedes Mateo Sagasta, antiguo ministro de la Gobernación en los primeros momentos del Sexenio Revolucionario, el nuevo sistema político que se constituyó se basaba en el «turnismo» entre conservadores y liberales, que accedían al poder gracias a una red caciquil que amañaba las elecciones. Se trataba de mantener la paz social a toda costa, para lo cual se recurría a la represión de cualquier tipo de disidencia política, ilegalizando organizaciones anarquistas, republicanas y marxistas, aunque a medida que el sistema se fue afianzando, algunas de ellas fueron permitidas.

Tras varios años de penurias y clandestinidad, el movimiento obrero se recompuso y surgieron asociaciones, como la Federación de Trabajadores de la Región Española (FTRE), de inclinación anarquista, que promovían la acción directa —la actuación de los trabajadores sin la participación de agentes externos— o la «propaganda por el hecho», que consistía en que los anarquistas tomaran pueblos para demostrar su fuerza y su poder de convocatoria. Esta última tendencia fue confundida después con las acciones violentas y los magnicidios que se ejercieron contra reyes, políticos y militares. Respecto al socialismo, tras varios intentos fallidos y la creación del diario *El Obrero,* en 1888 se constituyeron el Partido Socialista Obrero Español (PSOE) y la Unión General de Trabajadores (UGT)[20].

Ante tal panorama, el Estado debía reaccionar. Así, en 1886 se creó la Dirección General de Seguridad, aunque no era la primera vez… El 26 de marzo de 1858, con Isabel II y con Narváez en el Gobierno, se instituyó ese organismo y se reglamentó su estructura, con un director al mando, oficiales de Secretaría, y oficiales y auxiliares del Ministerio de la Gobernación[21].

El primer director de dicha institución, en 1858, fue Manuel Ruiz del Cerro, que trabajó como actor de teatro y como cajista en una imprenta durante el Trienio Liberal. De hecho, en una de las imprentas en las que prestó sus servicios se imprimía *El Zurriago*, uno de los periódicos de los liberales exaltados. Sin embargo, cuando el Trienio finalizó, Ruiz del Cerro se unió al guerrillero carlista Manuel Adame, *El Locho,* motivo por el cual fue detenido. Para evitar la horca se convirtió en delator de «masones y comuneros», prometiendo a Narciso de Heredia, entonces secretario de Estado, que le haría llegar una lista con los principales sospechosos de formar parte en organizaciones liberales.

Poco después actuó como infiltrado al servicio de Mariano Rufino González, entonces superintendente de Policía. Sus pesquisas permitieron que en 1823 la sociedad liberal secreta La Numantina, de la que formaba parte el escritor José de Espronceda, fuera desmantelada. Después se marchó a París, de nuevo a las órdenes de su protector, Narciso de Heredia, entonces embajador español en Francia, donde se encargó de vigilar las actividades de los liberales exiliados.

En 1836 fue nombrado subdelegado de Policía en Madrid. Negó sus tareas como «espía» infiltrado y aseguró que todo lo que se decía sobre él era falso. En 1847 fue nombrado intendente de la Policía y, finalmente, el 4 de abril de 1858, director general de Seguridad y Orden Público por «sus amplios conocimientos en el ramo». Sin embargo, la gloria le duró poco: en octubre de ese mismo año se clausuró la Dirección General de Seguridad y fue enviado a Canarias como gobernador civil[22].

Entre la DGS isabelina y la de la Restauración transcurrieron treinta años, pero las protestas, las revueltas y las movilizaciones populares siguieron marcando la vida política del país. Al contrario de lo que defiende cierta historiografía, la época de la Restauración ni mucho menos fue una época de tranquilidad política y, de hecho, la paz social fue impuesta por el Estado mediante la represión. El Ejército, al que en la teoría se intentaba alejar de estas cuestiones, recibió importantes atribuciones, como la dirección completa de la Guardia Civil —aunque, desde su creación, era un cuerpo militarizado, antes estaba en manos del Ministerio de la Gobernación—, la primacía de los gobernadores militares frente a los civiles cuando el Ejército intervenía en asuntos de orden público, o la potestad de constituir jurisdicciones especiales. Además, por la Ley de Enjuiciamiento Militar de 1886, los insultos a las Fuerzas Armadas o al Ejército se juzgarían a través de la justicia militar.

La intromisión militar en las fuerzas policiales

Durante la Restauración borbónica (1875-1931), el país, o parte de él, vivió numerosos estados de excepción. Tanto es así que en veinticinco de los cincuenta y seis años que duró el periodo, las libertades públicas estuvieron limitadas —un 45,6 % del tiempo, o un 38,6 % si omitimos la dictadura de Primo de Rivera—, ya fuera a través de la propia Constitución de 1876 o con las posteriores Leyes de Prensa (1883) y de Asociaciones (1887). También se produjeron detenciones masivas contra anarquistas, como los más de dos mil obreros y jornaleros que fueron apresados en 1883 por participar en las revueltas que se sucedieron tras los asesinatos e incendios llevados a cabo por La Mano Negra, una organización sobre la que a día de hoy se sigue debatiendo si existió de verdad o si fue un mero montaje policial[23].

En 1877 se crearon los Servicios de Vigilancia y Seguridad, primero en Madrid y después en todo el territorio nacional. El primero se encargaba de controlar los movimientos de la población mediante los padrones generales de vecindario y los registros de extranjeros y establecimientos públicos. El segundo se centraba en mantener el orden en las reuniones al aire libre y en lugares públicos, y en garantizar la libertad de circulación en la vía pública[24]. Para preparar a los miembros de este cuerpo y profesionalizar su trabajo se creó una «Guía para los Funcionarios y Agentes», donde se recogían los modos de actuación que un policía debía respetar, desde un punto de vista técnico y jurídico, ante situaciones como una detención o un cacheo. Sin embargo, esta cartilla quedó en papel mojado y las tácticas represivas policiales de siempre se siguieron aplicando[25].

Es en este contexto en el que la Dirección General de Seguridad vuelve a aparecer, con el objetivo de coordinar los servicios policiales en todo el país. Sin embargo, su vida fue muy corta y tan solo estuvo dos años en funcionamiento.

El 27 de octubre de 1886, el ministro de la Gobernación, Fernando León y Castillo, dio a conocer el reglamento del nuevo organismo, cuyo artículo primero manifestaba que «se encargará de la organización y ejecución de los servicios que comprende la Policía Gubernativa». Sus atribuciones eran las siguientes:

1. Entenderse directamente en todos los asuntos relativos a la seguridad pública y vigilancia con las autoridades del orden civil, judicial y militar.
2. Nombramiento o propuesta, según los casos, del personal de Seguridad y Vigilancia.
3. Imponer las correcciones reglamentarias en que incurra el personal por faltas graves en el servicio.
4. Inspeccionar asiduamente por sí o por medio de los inspectores generales los servicios del ramo en las provincias.
5. Determinar los modelos para los registros, libros y padrones indispensables al servicio.
6. Establecer y mantener las relaciones oficiales entre las oficinas y empleados del ramo y los de la Policía Municipal e Inspecciones administrativas de los ferrocarriles.

Se tomaron como modelo los Servicios de Vigilancia y Seguridad de Madrid. En el reglamento también se especificaba quiénes podían acceder al organismo: funcionarios activos o cesantes que hubieran estado en el Ministerio de la Gobernación durante, al menos, seis años; funcionarios de la rama judicial y jefes u oficiales del Ejército o de la Guardia Civil; licenciados en Derecho, que hubieran desempeñado cargos en el Ministerio de la Gobernación al menos durante cuatro años, y alcaldes, guardias o agentes del orden público. Respecto a la jerarquía, el esquema era el siguiente: un jefe superior, un director general, un subdirector general, dos inspectores generales, tres jefes del negociado —de primera, segunda y tercera clase—, dos inspectores y seis auxiliares[26].

Aunque, como dijimos, la intención de esta Dirección General de Seguridad era la de coordinar las actividades policiales en todo el territorio, pronto se demostró ineficaz, sobre todo por la intromisión de los militares en la estructura. El primer director fue el militar Antonio Dabán y Ramírez de Arellano (1844-1902), hijo de un capitán de infantería. La reina Isabel II le dio una plaza en la Academia Militar Naval de San Carlos, aunque después siguió su formación en el Colegio de Infantería. Participó como cadete en la guerra de África y, en apenas dos años y medio, alcanzó el grado de subteniente. Durante el reinado isabelino estuvo en varios batallones de cazadores en Madrid, Badajoz y Cataluña, alcanzando el grado de teniente, tras lo cual, en 1865, se encargó de la seguridad de la familia real. Durante La Gloriosa, estuvo al frente de una columna para reprimir una insurrección federalista en Cádiz, y durante el Sexenio Revolucionario se fue a Cuba a luchar contra los independentistas. En 1870 fue herido de gravedad, tras lo cual se le recompensó con el empleo de comandante. En 1873 se puso a las órdenes del general Martínez Campos para luchar contra los cantonalistas en Valencia y, posteriormente, participó en el pronunciamiento encabezado por dicho general, que permitió la vuelta de Alfonso XII a España. Después regresó a Cuba y, cuando volvió a la Península, ocupó varios cargos en el Ministerio de la Guerra[27]. En noviembre de 1886 fue nombrado director general de Seguridad, cargo que ocupó hasta el 8 de febrero del año siguiente, cuando se produjo su dimisión.

A Antonio Dabán lo sustituyó un civil, Cástor Ibáñez de Aldecoa, que había sido gobernador civil en Barcelona. La decisión no sentó nada bien en el estamento militar, que consideró el nombramiento «una campaña contra los generales, oficiales y soldados del Ejército». Los periódicos contraatacaron y criticaron la actuación del director anterior, diciendo de él que, tras tres meses en el cargo, «no se había emanado ninguna resolución» y que solo se sabía de su existencia «por el continuo trasiego de inspectores por la jefatura de orden público». En realidad, lo que aquellos artículos ponían de relieve era que el espíritu militar del general Dabán no era compatible con las funciones civiles que debían emanar de la Dirección General de Seguridad[28].

Estas desavenencias hicieron que, finalmente, en 1888, el organismo desapareciera. La revista *La Ilustración Nacional* dijo que la Dirección General de Seguridad «moría de puro inútil», aunque señaba que el pensamiento con el que fue concebida era «bueno», ya que había que organizar la Policía de una forma seria y eficiente. Sin embargo, la institución no se creó con gente nueva, sino con personas que venían «del sistema antiguo» y, por tanto, ignorantes de las particularidades de su oficio[29].

Las fuerzas del orden ante los primeros estallidos revolucionarios (anarquistas y socialistas)

No fue hasta 1912 —casi cuatro décadas después— cuando la idea de crear un servicio policial centralizado volvió a la palestra. En este periodo —finales del siglo XIX y principios del XX—, la actividad policial experimentó una suerte de perfeccionamiento, provocado por la aparición de nuevas organizaciones políticas y sindicales de carácter obrero y republicano. La Ley de Asociaciones de 1877 y la de de Reuniones de 1880, pese a sus evidentes restricciones, permitieron a numerosas asociaciones salir del letargo. Sin embargo, el aparato del Estado se guardaba ases en la manga para controlarlas y reprimir su influencia. Así, en la Ley de Reuniones, en su artículo 4, se decía que «a las reuniones públicas podían asistir las autoridades personalmente o mediante delegados»[30], una manera de controlar la disidencia contra el *statu quo*.

No era para menos. A finales del siglo XIX y principios del XX, el movimiento anarquista vivió una especie de renacimiento con la formación de diversas organizaciones y escuelas «racionalistas», así como con los levantamientos obreros que se produjeron hasta que se creó la Confederación Nacional del Trabajo (CNT). También apareció el fenómeno de la violencia en forma de atentados perpetrados por individuos que actuaban en nombre de la anarquía, si bien desde la mayoría de las organizaciones anarquistas se criticó esta forma de protesta.

En 1888 aparecieron grupos como la Federación de Resistencia al Capital o la Organización Anarquista de la Región Española, y también en estos años se fundaron órganos de expresión como *Tierra y Libertad, La Justicia Humana* o *La Revolución Social,* y revistas teóricas como *Revista Social* o *Revista Blanca,* con el objetivo de dar a conocer y extender las ideas del anarquismo.

En 1890 se oficializó el Primero de Mayo como Día del Trabajador. El 1 de mayo de 1886, cinco anarquistas de Haymarket (Chicago) fueron ejecutados tras participar en las revueltas organizadas para pedir la jornada de ocho horas y ser detenidos y juzgados por, supuestamente, lanzar una bomba. El movimiento anarquista quiso que, para conmemorar el suceso, el día 1 de mayo se convirtiera en una jornada reivindicativa de los derechos de los trabajadores y que se convocaran huelgas generales en las principales ciudades de España. Por su parte, los socialistas organizaron movilizaciones delante de los ayuntamientos de todo el país.

En esos años, Barcelona se convirtió en el epicentro del movimiento obrero y anarquista español. En diciembre de 1901, los obreros aserradores, mecánicos, caldereros y fundidores de la Ciudad Condal —se calcula que unos dieciséis mil— se pusieron en huelga ante la situación de paro que vivía el sector metalúrgico. Apenas dos meses después, el 17 de febrero de 1902, la conflictividad llegó a su punto álgido cuando, después de un mitin de apoyo a los huelguistas, se convocó un paro general que obligó a huir al gobernador civil y a poner al mando a la autoridad militar. Era la primera vez que en Europa se paralizaba de forma general una ciudad industrial y se estima que unos cien mil trabajadores fueron a la huelga y se manifestaron en las calles. La represión fue salvaje: hubo casi cien muertos, trescientos heridos y unos quinientos detenidos, entre ellos algunos dirigentes históricos del anarquismo español, como Anselmo Lorenzo.

Fue la falta de coordinación en las protestas la que llevó a los anarquistas a articular una organización obrera. El camino no fue fácil: en 1896 se fundó la Federación Resistencia al Capital-Pacto de Unión y Solidaridad; en 1900, el dirigente Francisco Tomás creó El Porvenir del Trabajo, que organizó un congreso en Barcelona al que asistieron 157 sociedades —con más de cincuenta mil afiliados— pertenecientes a la Federación de Sociedades de Resistencia de la Región Española, que desapareció en 1907. Finalmente, también en 1907, se creó la Federación Local de Solidaridad Obrera, en la que coincidieron los diferentes grupos anarquistas y la UGT. Aunque los dirigentes nacionales socialistas no la vieron con buenos ojos, las federaciones de la UGT de Andalucía, Galicia y Extremadura pidieron su incorporación.

La Semana Trágica de Barcelona

En julio de 1909 se produjo la llamada Semana Trágica de Barcelona. Para situarla en su justo contexto debemos mencionar el malestar provocado por la decisión del Gobierno de enviar a miles de reservistas —obreros en su mayoría, pues los hijos de los burgueses se libraban pagando— a luchar para mantener el protectorado marroquí en el norte de África. La situación dio lugar a movilizaciones en Madrid y Bilbao, y el 26 de julio comenzó una huelga general, de carácter espontáneo, en la Ciudad Condal, que se extendió a Sabadell, Tarrasa, Badalona, Mataró y Granollers. La organización Solidaridad Obrera apoyó el levantamiento, y al día siguiente, 27 de julio, se declaró el estado de guerra y Barcelona fue tomada por el Ejército. El 2 de agosto, la huelga ya estaba liquidada, pero la represión fue brutal: hubo cinco ejecuciones, 59 condenas a cadena perpetua y 175 destierros. Entre los ejecutados estaba el famoso pedagogo anarquista Francisco Ferrer i Guardia, cuya muerte provocó importantes movilizaciones a nivel internacional. El estallido popular y la violencia llevaron a los socialistas a abandonar Solidaridad Obrera, mientras los anarquistas, ante el aumento del asociacionismo obrero en todo el país, decidieron crear un organismo de carácter estatal. Así, en 1910 se constituyó la Confederación Nacional del Trabajo. *Solidaridad Obrera* fue el nombre que adoptó su principal órgano de expresión[31].

El anarquismo y el sindicalismo eran los movimientos que marcaban la pauta, y tanto republicanos como socialistas se mantuvieron a la sombra de aquellos. Entre los primeros, y después de la experiencia de la Primera República, hubo quienes también promovieron levantamientos, como Manuel Ruiz Zorrilla o Nicolás Salmerón, que lo intentaron, sin éxito, en Cataluña, Valencia, Zaragoza o Cartagena. En 1879 se creó el Partido Progresista Democrático, al que se incorporó otro famoso republicano de la época, Cristino Martos. Aun así, entre 1880 y 1886, Ruiz Zorrilla, mediante la Asociación Republicana Militar (ARM), promovió nuevos levantamientos republicanos en Asturias, Badajoz o La Rioja, pero todos fueron abortados.

En 1903, tras varios años de disgregación, escisiones y debates entre federalistas y centralistas, Nicolás Salmerón y Alejandro Lerroux unificaron el movimiento con la fundación de Unión Republicana, que también acabó disolviéndose. Lerroux creó entonces, en 1907, el Partido Republicano Radical, que, a pesar de su anticlericalismo, en ocasiones se opuso frontalmente al movimiento obrero. Por su parte, tanto el PSOE como la UGT —con núcleos importantes en Euskadi, Asturias y Madrid— también se mostraron críticos con el apoliticismo de los anarquistas, lo que provocó que, tras los hechos de la Semana Trágica, se unieran a los republicanos. Dicha unión permitió que en las elecciones de 1910 el socialista Pablo Iglesias fuera elegido diputado[32].

Asimismo debemos destacar el fenómeno del terrorismo, sobre todo vinculado a individuos que decían ser anarquistas. Los objetivos eran militares —como el atentado contra Arsenio Martínez Campos el 24 de septiembre de 1893—, gobernadores —como el intento de asesinato del gobernador civil de Barcelona, Ramón Larroca, en 1894—, agentes de Policía —como el atentado contra el teniente Narciso Portas el 4 de abril de 1897— o primeros ministros —como el asesinato de Cánovas el 8 de agosto de 1897—. También se atacaron domicilios de políticos, sedes patronales, teatros e iglesias. Por ejemplo, el 7 de noviembre de 1893, el anarquista Santiago Salvador atentó contra el Liceo de Barcelona, donde murieron veinte personas. El terrorista huyó, pero finalmente fue apresado. En prisión se arrepintió de su acción y se convirtió al catolicismo, aunque poco después volvió a retractarse y, finalmente, fue ejecutado mientras daba vivas a la anarquía.

El 7 de junio de 1896 estalló una bomba en la calle de los Cambios Nuevos, en la Ciudad Condal, durante la procesión del Corpus Christi. Murieron doce personas y fueron detenidos cuatrocientos militantes, entre los que se encontraban dirigentes anarquistas históricos, como Teresa Claramunt o Anselmo Lorenzo, que no habían participado en los hechos. Unos meses después se celebró un juicio sin garantías —los llamados «Procesos de Montjuic»— que terminó con la ejecución de cinco personas y la condena a dieciocho y veinte años de prisión de otras veinte, aunque nunca se llegó a averiguar quiénes fueron los autores del atentado[33].

Arrecian las críticas contra las fuerzas del orden

Ante la presión que el terrorismo ejercía en la sociedad, los diferentes Gobiernos decidieron aprobar leyes para castigar con más severidad a los autores de los atentados o a quienes los apoyaran, y en el Ministerio de la Gobernación —situado en la antigua Real Casa de Correos, en la Puerta del Sol— se gestaron diversos planes para perfeccionar el trabajo policial. Hasta 1886, tan solo la capital disponía de un cuerpo bien organizado y reglamentado, además de contar con un cuerpo de Policía Municipal. De hecho, Madrid consumía casi la mitad del presupuesto nacional en orden público, un sector en el que trabajaban 377 agentes de Policía, de los cuales trescientos estaban destinados a servicios especiales, como la protección de personalidades. En el resto del país había 1.565 funcionarios, una media de treinta y dos por provincia, a las órdenes de 146 inspectores. Barcelona solo contaba con 192 agentes.

Por todo ello, a finales del siglo XIX, la Policía era objeto de constantes críticas. Había corruptelas —como la de los famosos momios: personas que pertenecían al cuerpo y cobraban una nómina, pero que no prestaban ningún servicio[34]— y sus actuaciones estaban permanentemente en entredicho. Dada esta situación, en 1893, el ministro de la Gobernación, Venancio González y Fernández, envió una carta al ministro de la Guerra, José Luis López Domínguez, y a Alberto Aguilera, entonces gobernador civil de Madrid, para pedirles su opinión sobre esta cuestión.

Según el ministro de la Gobernación, la Policía era un cuerpo deficiente que carecía de disciplina para velar por «los intereses sagrados», motivo por el cual decidió establecer un reglamento que equiparara la Policía a las Fuerzas Armadas. Para ello se decidió que el Cuerpo de Seguridad tuviera un carácter cívico-militar, que estuviera mandado por jefes del Ejército y que quedara sometido a la jurisdicción de guerra. Además, los delitos de indisciplina serían castigados con severidad. El ministro pidió información a Aguilera sobre los costes de la Policía en Madrid, a lo que el gobernador civil contestó que los seiscientos agentes de Seguridad costaban un millón de pesetas, y los setecientos de la Guardia Civil, 738.000[35].

La Comandancia de la Guardia Civil también se mostró muy crítica respecto a la eficacia de los agentes de Seguridad, que solían pedir ayuda a la Benemérita cuando se producía algún tumulto en la capital. E incluso agentes del propio cuerpo, como el policía Waldo López Rodríguez, inspector en Barcelona, criticó que en la Policía había personas «con pocos escrúpulos, que no tienen condiciones para ser empleados» y actúan «con impertinencias y con malos modales», y que la Policía era odiada porque «un ciudadano honrado se va preso, vejado y denunciado por el mal procedimiento de un agente». Estaba claro que se necesitaba un reglamento que moralizase y remunerase adecuadamente al Cuerpo de Vigilancia para que fuera «ejemplo de honradez, lealtad y disciplina»[36].

El anarquismo como objetivo policial

El ministro de la Gobernación no suprimió el Cuerpo de Seguridad, pero, con el apoyo de los gobernadores civiles, decidió llevar a cabo tareas de vigilancia y represión aún más intensas contra las movilizaciones obreras. Por ejemplo, una de las primeras acciones coordinadas entre el ministerio, la Guardia Civil y la Dirección General de Seguridad fue la que se produjo en las minas de Río Tinto (Huelva) en febrero de 1888. El día 4, cientos de mineros se concentraron para protestar contra las miserables condiciones laborales que imponía la empresa inglesa Rio Tinto Limited Company. El Ejército y la Policía actuaron de inmediato, causando trece muertos y veinticinco heridos[37].

También se vigilaban de cerca las movilizaciones del Día del Trabajador. Así, en 1891, el subsecretario de Gobernación envió una carta al gobernador civil de Madrid para pedirle «vigilancia sobre los elementos obreros de cara al 1.º de mayo» y mantenerlo al corriente de las reuniones preparatorias y de los acuerdos a los que en ellas se llegaran. Asimismo, los «agentes extranjeros» que quisieran hacer proselitismo sobre esta jornada deberían ser expulsados del país. Al año siguiente, el Ministerio de la Gobernación publicó una circular en la que se decía que «no existían asociaciones anarquistas públicamente»[38]. Y así era, ya que su participación estaba prohibida.

En 1892, el Ministerio de la Gobernación envió una nota reservada a los gobernadores civiles donde se les pedía los siguiente:

1. Una relación de asociaciones que, estando inscritas en el registro de asociaciones, por sus acciones, títulos, actos y aspiraciones son de carácter socialista o anarquista, informando sobre su fecha de constitución, fecha de inscripción, cumplimiento de los preceptos que determina la ley y su influencia en el proletariado.
2. Informe que se relacione la posibilidad de que existen asociaciones o centros secretos en los que se elaboren planes encaminados a perturbar la tranquilidad pública, con pretexto más o menos legítimo de intereses de clases.
3. Informe respecto a organización, dirección y disciplina de los individuos que representen una amenaza para las personas y propiedades.
4. Relación de los anarquistas y socialistas más caracterizados.
5. Lista de periódicos que se consagren a la propaganda y defensa de las doctrinas socialistas y anarquistas, determinando su circulación, influencia y recursos con los que cuenten.
6. Opinión que le merecen a usted estos movimientos y medios que deberían ponerse en práctica[39].

Respecto a los atentados perpetrados por supuestos individuos de ideología anarquista, el 14 de diciembre de 1892 el Ministerio de la Gobernación envió una circular pidiendo la elaboración de listas en las que figuraran los anarquistas que había en cada provincia. Para ello deberían tenerse en cuenta los informes elaborados por la Guardia Civil, los alcaldes, los funcionarios públicos de confianza, y todo lo que en ese sentido saliera en la prensa. Sobre todo se vigilaría a tres tipos de individuos: los que no solo estuvieran reconocidos como anarquistas, sino «que se consideren hombres de acción y dispuestos a emplear para el triunfo de sus reprobables ideas cualesquiera caso de medios»; los propagandistas del anarquismo, y las personas que, profesando el anarquismo, no fueran ni propagandistas ni terroristas. En las listas aparecería su nombre completo y su apodo, el pueblo en el que residían, las señas de su domicilio, su profesión y los motivos por los que eran incluidos en la lista. También si su nacionalidad era española o extranjera, y, si este era el caso, el país de origen[40].

El 10 de julio de 1894 se aprobó la Ley de Atentados, dirigida a castigar a aquellos que causaran «daños por medio de aparatos o sustancias explosivas», y dos años después, el 2 de septiembre de 1896, la ley «sobre represión al anarquismo». El 22 de agosto de 1897, el Ministerio de la Gobernación mandó una nota confidencial a los gobernadores civiles en la que se recogía una serie de recomendaciones para actuar contra las organizaciones obreras anarquistas:

1. Que no se consienta la existencia de ninguna asociación de partidos o ideas radicalmente opuestas a la legalidad.
2. Que mantengan constante vigilancia de las sociedades obreras que, aun habiéndose establecido con arreglo a las leyes, puedan estar influenciadas por predicaciones sediciosas y contengan en su seno elementos de acción que constituyan una amenaza para la causa del orden.
3. Que dispongan que en ese gobierno se lleve un registro personal en el que conste el nombre de todos los individuos con antecedentes, manifestaciones y conexiones con elementos revolucionarios.
4. En cuanto a los extranjeros residentes en España, que mantengan una vigilancia extrema para conocer las circunstan-

cias que acrediten su personalidad, procedencia, ocupación e ideas en cuestiones sociales.

5. Que se prohíban las publicaciones notoriamente anarquistas.
6. Que se informe de todo lo relacionado con la cuestión del anarquismo de manera inmediata[41].

En 1899 se creó una Policía especial dedicada exclusivamente a la represión del movimiento obrero y, en particular, del anarquismo. El cuerpo contaría con 251 agentes repartidos entre Barcelona, Madrid, Sevilla, Bilbao, Málaga, Asturias, Valencia, Coruña, Zaragoza, Alicante, Cartagena, Huelva, Córdoba, Irún, Girona, La Línea y Jerez, así como en ciertos lugares estratégicos, como Port Bou (Girona), por ser frontera con Francia, y Sant Feliu de Llobregat, Palafrugell y las cuencas de los ríos Ter y Fresser, pues se consideraban «viveros» de anarquistas. La sección de Barcelona tendría delegaciones en Girona y Reus, ya que ahí se encontraba el epicentro del movimiento; en Cartagena, porque allí estaba el núcleo minero de La Unión; en Cádiz y en Jerez, porque a esas poblaciones llegaban los anarquistas que venían de Tánger y Gibraltar; en Asturias, porque había numerosos centros industriales, y en Zaragoza porque era donde se encontraba el Comité Ejecutivo de la Federación Española de Trabajadores. Esta Policía especial dependería de los gobernadores civiles, si bien su dirección suprema recaería en el Ministerio de la Gobernación[42].

En 1903 se publicó una instrucción en la que se explicaba qué hacer en el caso de que se celebraran manifestaciones y reuniones y/o se produjeran alteraciones del orden público. Respecto a las primeras, la ley establecía una perfecta separación entre las que se celebraran en un local cerrado, que no necesitaban permiso de la autoridad —aunque se podían enviar delegados si la reunión tenía carácter político e intervenir en el caso de que se profirieran palabras constitutivas de delito—, y las que tenían lugar en calles y plazas públicas, que requerían un permiso previo de la autoridad. No estaba permitido proferir gritos ni enarbolar banderas o pancartas con mensajes contrarios a la forma de gobierno o que se consideraran subversivos.

Si se iniciaba una manifestación tumultuaria, los agentes de vigilancia o municipales, bajo la dirección de la autoridad civil, deberían detener inmediatamente a sus organizadores y promotores y a quienes se significaran por su actitud y sus gritos. Si el desorden persistía, se le encargaría a la Guardia Civil —preferentemente del arma de caballería— la disolución de los grupos y la detención de los alborotadores y sediciosos[43].

El asesinato de Canalejas en la Puerta del Sol: renace la DGS

Sin embargo, el movimiento obrero siguió expandiéndose incluso con más virulencia. El 12 de noviembre de 1912 tuvo lugar el asesinato de José Canalejas, entonces presidente del Consejo de Ministros, mientras paseaba tranquilamente por la Puerta del Sol. El suceso volvió a dar vida a la Dirección General de Seguridad como institución, esta vez de manera definitiva hasta el final del franquismo y los primeros años de la Transición. En aquel momento se encontraba sita en la calle de la Reina.

El país vivía momentos de gran incertidumbre e inestabilidad política. Los artífices del proyecto de la Restauración (Cánovas y Sagasta) habían desparecido —el primero asesinado y el segundo de muerte natural— y los partidos dinásticos (conservadores y liberales) se desgarraban en peleas internas, mientras el movimiento obrero cogía fuerza ante las enormes desigualdades sociales y como resultado de la guerra de Marruecos.

Aunque republicano en sus inicios, el profesor José Canalejas terminó uniéndose a los liberales y ocupando importantes cargos en los diferentes Gobiernos de Sagasta, en los que llegó a ser ministro de Agricultura y de Gracia y Justicia. Crítico con las actuaciones del Ejecutivo en Cuba, en 1902 dimitió de la cartera de Agricultura y se alió con los sectores más regeneracionistas de su partido. En 1906 fue elegido presidente del Congreso de los Diputados y en 1910, presidente del Consejo de Ministros, en un intento desesperado del sistema de la Restauración de buscar una vía de solución ante una situación cada vez más difícil[44].

Canalejas llevaba dos años en el cargo cuando, el 12 de noviembre de 1912, el anarquista Manuel Pardinas, que supuestamente iba a atentar contra el rey, se encontró con él frente a la librería San Martín, en la Puerta del Sol, a las once y veinticinco minutos, poco antes de acudir al Consejo de Ministros, que ese día se celebraría en el Ministerio de la Gobernación, y le descerrajó dos tiros por la espalda. Canalejas fue trasladado a la casa de socorro, pero ya estaba muerto. Su cadáver fue expuesto en la Real Casa de Correos, adonde acudió una multitud que se concentró en los pasillos y en las escaleras del edificio, aunque pronto fue desalojada por la Policía. El rey Alfonso XIII también estuvo presente en el velatorio y en el posterior entierro, y, de hecho, se conservan imágenes de los dos actos en el corto —estrenado ese mismo año— titulado *Asesinato y entierro de don José Canalejas,* en el que el mítico Pepe Isbert encarna al autor del magnicidio[45].

Un año antes, en septiembre de 1911, el Gobierno de Canalejas había ilegalizado a la CNT, aunque ni mucho menos con ello se logró acabar con el movimiento obrero. El 28 de noviembre de 1912, dieciséis días después del asesinato, la Dirección General de Seguridad volvió a instaurarse, con el objetivo de centralizar los esfuerzos de los distintos Cuerpos de Vigilancia y Seguridad y hacer que todos respondieran a un criterio «único y uniforme». El Gobierno consideraba que la situación convertía en «inapelable» la creación del organismo por parte del Ministerio de la Gobernación, que dividiría a la Policía Gubernativa en dos secciones: Vigilancia y Seguridad.

El principal objetivo de la Dirección General de Seguridad sería el de recoger toda la información que hubiera en el país relativa al mantenimiento del orden y a la prevención y persecúción de delitos. El director del organismo estaría en contacto permanente con los gobernadores civiles y podría inspeccionar la actividad de los agentes en todo el territorio nacional. Entre sus cometidos también estaría el de «reprimir los actos contrarios a la moral o a la decencia pública y las faltas de obediencia y respeto a la autoridad», llevando a cabo la detención gubernativa de hasta quince días de quienes llevaran a cabo dichas acciones. También se encargaría de otorgar o negar los permisos para celebrar manifestaciones, reuniones y actos públicos, y de adoptar las medidas oportunas para garantizar el orden. Además, sería el encargado de la política de espectáculos, expediría licencias de armas, revisaría pasaportes y llevaría el registro de extranjeros[46].

El primer director de la nueva DGS fue el militar Ramón Méndez Alanís. Nacido en 1857, en 1883 ingresó por oposición en el Cuerpo Jurídico Militar como auxiliar. Prestó sus primeros servicios en Andalucía, aunque en 1885 fue destinado, también como auxiliar, a Cuba y Puerto Príncipe. Dos años después regresó a España, y en 1891 ascendió a teniente auditor, tras lo cual volvió a Cuba. En 1893 fue nombrado abogado de Beneficencia de La Habana y, poco después, auditor del general en jefe. Obtuvo varias cruces al Mérito Militar por su trabajo en Cuba y en junio de 1898 retornó a la Península, donde llegó a ser diputado. Al año siguiente fue destinado a la Capitanía General de Castilla la Nueva y, después, a la de Aragón, donde trabajó en las comisiones liquidadoras, encargadas de dar por concluidos los expedientes sancionadores a militares. En junio de 1909 tuvo su primer puesto dentro del aparato policial como jefe superior de la Policía Gubernativa de Madrid, donde estuvo un año[47].

Méndez Alanís se encargó de reorganizar el Cuerpo de Vigilancia, que dividió en ocho brigadas:

1. Brigada de Investigación Criminal, con cuatro secciones: un jefe, cuatro inspectores y sesenta agentes.
2. Brigada Móvil, con cuatro secciones: un jefe, cuatro inspectores y sesenta agentes.
3. Brigada de Viajeros y Extranjeros: un jefe y veinte agentes.
4. Brigada de Informaciones: un jefe y diez agentes.
5. Brigada de Espectáculos: un jefe, un inspector y cuarenta agentes.
6. Brigada de Vigilancia de Noche con dos secciones: un jefe, dos inspectores y cuarenta agentes.
7. Brigada de Anarquismo y Socialismo: un jefe, un inspector de segunda, un inspector de tercera y cuarenta agentes.
8. Brigada de Ciclistas y Comprobación: un jefe y diez agentes[48].

De inmediato, la nueva Dirección General de Seguridad fue objeto de las críticas del movimiento obrero y de la oposición política. Pablo Iglesias, dirigente del PSOE, señaló que, tras el asesinato de Canalejas, las medidas que se habían tomado, como restringir la libertad de tribuna, perseguir a los anarquistas y crear un centro policial cuyo decreto «vulneraba la Ley Provincial y la propia Constitución» eran de «carácter reaccionario». También afirmó que a los dirigentes liberales y demócratas los habían movido «otros hilos»[49], refiriéndose seguramente a los militares.

La represión se acentúa

Desde el comienzo, la labor de la DGS tuvo un claro carácter represivo. Las primeras décadas del siglo XX estuvieron marcadas por una gran conflictividad social y política, y aunque es cierto que el inicio de la Primera Guerra Mundial y la neutralidad española trajeron consigo un aumento de la industrialización del país, ni mucho menos esto sirvió para que las condiciones laborales mejoraran. La Revolución rusa de octubre de 1917 y el final la Primera Guerra Mundial provocaron que apareciera un nuevo «enemigo» para el Estado y la burguesía: el comunismo, que creó su organización en España en 1921, a imitación del partido bolchevique de Lenin.

En agosto de 1917 hubo una huelga general revolucionaria, comandada por socialistas y anarquistas, que tuvo una gran incidencia en Madrid y Barcelona, y que llevó al Gobierno a declarar el estado de guerra. El Ejército asesinó a noventa trabajadores y detuvo a los miembros del comité de huelga, del que formaba parte el socialista Francisco Largo Caballero. Entre 1918 y 1920 se produjo el denominado «trienio bolchevique», un periodo caracterizado por una gran conflictividad obrera y campesina en zonas como Andalucía, Cataluña o Madrid. Así, en febrero de 1919 se declaró la huelga de la Fábrica de Riegos y Fuerzas del Ebro, conocida como «La Canadiense», por el despido de varios trabajadores de la Administración. El conflicto se extendió durante cuarenta y cuatro días y afectó a todo el sector eléctrico de Barcelona, que se quedó sin luz. A pesar de los intentos de la patronal de sabotear a los anarquistas y de las represalias del Gobierno y de los militares —que declararon el estado de guerra—, los obreros se negaron a volver a sus puestos de trabajo. Finalmente, los despedidos fueron readmitidos y se consiguió una mejora de las condiciones laborales. Además, el 3 de abril de 1919, se aprobó, mediante decreto, la jornada de ocho horas, convirtiendo a España en uno de los primeros países del mundo en hacerlo[50].

Pero, para el Gobierno, también había llegado el momento de actuar con mano dura. Y el Ministerio de la Gobernación y la Dirección General de Seguridad serían sus puntas de lanza. En octubre de 1913, el nuevo organismo se instaló en el palacio del Marqués de la Vega de Armijo, en la calle de Víctor Hugo, y allí permaneció hasta el final de la Guerra Civil. Según la prensa, los despachos «estaban decorados con un lujo espléndido» y había aparatos telegráficos de Morse y un teléfono. En el primer piso se encontraban los despachos de la dirección; en el segundo, los despachos para los servicios de la Policía; en el tercero, el archivo, la Jefatura Local, el laboratorio fotográfico, el de impresión de huellas dactilares y la Escuela de Policía, y en la planta baja, la Inspección de Guardia y la imprenta[51].

En su paso por España durante su exilio en 1916, el revolucionario ruso León Trotski conoció de primera mano esas dependencias. Lo contó en su libro *Mis peripecias por España:*

> Me vi precisado a salir con ellos. En la Dirección de Seguridad salió a la escalera un señor de aspecto semipolicíaco, preguntó mi nombre y apellido y, como comentario, dijo: «Très bien, très bien», y movió la cabeza con aire de reproche. Después dio a mis acompañantes la orden de meterme en una celda.
>
> —O sea, ¿que estoy detenido? —pregunté.
>
> —Sí, durante una hora o dos —me contestó—. Tenemos que saber algunos datos suyos…
>
> Me condujeron a una oficina, donde me senté en un diván de cuero, en la actitud de una persona que debe esperar un cuarto de hora, sin quitarme el sobretodo, con el bastón en la mano, el sombrero en las rodillas. Así, casi sin cambiar de postura, permanecí hasta las nueve de la noche, es decir, cerca de siete horas seguidas. Esto era mortificante. Ni uno de los empleados de la Policía comprendía nada de lenguas extranjeras, del mismo modo que yo no comprendía nada del español. Todo esto fatigaba extraordinariamente. En compensación, se me ofrecía la posibilidad de observar a la Policía española en acción o, para decirlo más exactamente, en inacción. Un funcionario reemplazaba a otro, pero nadie hacía nada. Uno de ellos se sentó ante una máquina de escribir, tecleó un minuto, después reflexionó y abandonó la máquina. Los demás ni siquiera lo intentaron. Conversaban, se mostraban fotografías; incluso, en una dependencia próxima se dedicaban a la lucha grecorromana. Durante este tiempo se presentaron en las oficinas dieciocho o vein-

> te personas, unas conducidas por policías, otras solas, en demanda de informes o para quejarse. La mayor parte, gente necesitada, desastrada. No se puede decir que los policías estuvieran groseros con ellos. Al contrario, mostraban cierta blandura meridional y calma. Ignoro si es siempre así o si les cohibía en cierto modo la presencia de un extranjero; pero yo creo que los españoles, en general, no se sienten inclinados a la ferocidad; es decir, que no se esfuerzan, profesionalmente, en ser feroces[52].

Según el dirigente bolchevique, las autoridades españolas creían que el hombre que tenían delante era un «anarquista». En realidad, no tenían muy claro qué ideas profesaba.

Pero Trotski no fue el único extranjero que pasó por las dependencias de la Dirección General de Seguridad en aquellos años. En mayo de 1919, al Ministerio de Estado llegó la información de que el anarquista italiano Enrico Malatesta iba a viajar de Londres a España. El día 21 de ese mes, el organismo policial pidió a los gobernadores civiles que impidieran su entrada en cualquier provincia del país y que, si no lo lograban, que lo buscaran. El Ministerio de la Gobernación disponía de varias fotos del sospechoso, sacadas en 1914, que fueron enviadas a todos los gobiernos civiles. Finalmente se supo que el 5 de diciembre Malatesta se había ido a Italia[53].

También se vigilaba la acción de los exiliados españoles en otros países, como Cuba o Argentina, donde los anarquistas mostraron una gran actividad. La Dirección General de Seguridad se encargaba de averiguar los antecedentes y las responsabilidades de quienes volvían al país, así como los motivos del regreso. Si no se hallaba ninguna información de relevancia, se les dejaba libres, aunque eran vigilados por los gobernadores civiles de la provincia en la que se instalaran. En el caso de que se descubriera algún dato sospechoso de carácter político, quedaban detenidos. Respecto a los ciudadanos rusos, muchos de ellos fueron expulsados del país por ser considerados «agentes bolchevistas»[54].

Pero la Dirección General de Seguridad se volcó, sobre todo, en reprimir los movimientos políticos en el interior del país. Un caso paradigmático del modo de proceder de la DGS —y de la unión entre la burguesía y las fuerzas policiales— fue el que se dio en Cataluña en 1919, donde se creó una sociedad anarquista en el municipio de Bellvei. Según declararon los dueños de las fincas, los anarquistas «incitaban al asesinato de propietarios» y «atemorizaban al vecindario», siguiendo las órdenes del abogado Pablo de Urgell, que fue quien fundó la asociación. Los terratenientes escribieron al gobernador civil para que acabara «con esta escuadra de bolchevistas», y este Urgell se dirigió al Ministerio de la Gobernación y a la DGS para pedir ayuda. La respuesta fue que actuarían con contundencia y que, si se producía una huelga general, se procedería al destierro de los agitadores[55].

Aun así, las fuerzas de orden público se vieron desbordadas ante la movilización obrera y social, lo que llevó a la patronal a recurrir a fuerzas parapoliciales o privadas para atacar a los sindicalistas y dirigentes de las asociaciones obreras. Barcelona fue un buen ejemplo de ello con la creación del Somatén, una milicia ciudadana que fue utilizada durante la huelga general de 1902. A partir de 1919, los miembros de esta fuerza paralela comenzaron a recibir adiestramiento militar e incluso contrataban a pistoleros para eliminar a los trabajadores que más se significaban en las huelgas. Uno de los más famosos fue Manuel Bravo Portillo, antiguo jefe de Policía de Barcelona, que fue contratado por los servicios secretos alemanes para matar a los empresarios que colaboraran con los aliados en la Primera Guerra Mundial.

La mayoría de estos pistoleros eran —o habían sido— miembros del Sindicato Libre, una organización corporativista y contrarrevolucionaria. Actuaban con total impunidad y recibían el apoyo de las autoridades, como fue el caso de los generales Miguel Arlegui y Severiano Martínez Anido, jefe superior de Policía de Barcelona y gobernador civil de esa provincia, respectivamente, que permitieron la aplicación de la «ley de fugas» —disparar por la espalda a un detenido porque, supuestamente, huía de la autoridad— en la Ciudad Condal, donde hubo centenares de obreros asesinados[56].

Todas estas acciones provocaron que las críticas siguieran arreciando, y cada vez desde más lugares. En 1920 se publicó por entregas *Luces de bohemia,* de Ramón del Valle-Inclán, donde se describe la detención del poeta Max Estrella en el Ministerio de la Gobernación. El protagonista dialoga con el ministro en los siguientes términos:

> MAX ESTRELLA: [...] ¡Paco, tus sicarios no tienen derecho a escupirme y abofetearme y vengo a pedir un castigo para esa turba de miserables y un desagravio a la Diosa Minerva!
>
> MINISTRO: Amigo Max, yo no estoy enterado de nada. ¿Qué ha pasado, Dieguito?
>
> DIEGUITO: Como hay un poco de tumulto callejero, y no se consienten grupos y estaba excitado el Maestro.
>
> MAX ESTRELLA: He sido injustamente detenido, inquisitorialmente torturado. En las muñecas tengo señales[57].

Un año después, en 1921, la crisis sacudió a la DGS de arriba abajo cuando, el 8 de marzo, el presidente del Consejo de Ministros, Eduardo Dato, fue asesinado. Acababa de salir de una sesión en el Senado y se dirigía al Consejo de Ministros, en la plaza de Cibeles, cuando desde una motocicleta que se colocó al lado de su automóvil le dispararon varias veces. La prensa censuró duramente la actuación policial, ya que se descubrió que los asesinos, que huyeron sin dejar rastro, llevaban varios meses vigilando al político sin que nadie sospechara de ellos[58]. La prensa atacó directamente a los más altos cargos de la DGS de entonces, los políticos Fernando de Torres Almunia, que dimitió tras el asesinato, y Millán Millán de Priego, de quien el diario *El Mundo* dijo que estaba «engrandecido desde hace años por ministros y amigos, que se cree infalible, aunque los hechos demuestren lo contrario, porque sus bandos no se cumplen por ser absurdos unos y otros por ser terreno que no le compete».

El caso es que en la DGS nada se sabía sobre el complot. Hubo discrepancias entre el director general y el inspector general de Seguridad, y se produjeron varias dimisiones. Cuando comenzó la búsqueda de los asesinos, la prensa ridiculizó a los agentes de Seguridad diciendo que revolvían «sacos de carruaje»[59] para dar con ellos, aunque, finalmente, los encontraron. Sin embargo, el prestigio de las Fuerzas de Seguridad había quedado en entredicho.

La dictadura de Primo de Rivera y el mito de la «dictablanda»

En septiembre de 1923, Miguel de Primo de Rivera, capitán general de Cataluña, dio un golpe de Estado y estableció una dictadura cívico-militar —que recibió el apoyo de rey— con la que se pretendía salvar y reconducir el sistema de la Restauración. El general sabía bien en qué consistía el ejercicio de la represión, pues había actuado contra los movimientos independentistas en Cuba y contra los obreros en Cataluña[60].

Para justificarlo se recurrió a la propaganda —también lo hizo el franquismo unos años después—, en la que la Dirección General de Seguridad, con el general Arlegui al mando, desempeñó un papel crucial. Así, en diciembre dc 1923 se produjo la detención de dirigentes comunistas y de sus Juventudes en Madrid, San Sebastián, Bilbao, Sevilla, Oviedo, Éibar y Palma de Mallorca. Asimismo, se descubrieron núcleos clandestinos comunistas en las poblaciones de Mieres, Sama, Baracaldo, Deusto, Aguilar de la Frontera, Villanueva de la Reina y Crevillente, donde, según la versión policial, se estaba preparando un «movimiento sedicioso» —con el apoyo de Portugal— para «al menos, perturbar el orden público»[61]. Hubo alrededor de cuarenta detenciones, pero poco más se habló de aquella acción subversiva.

La conocida como «dictablanda» en realidad no fue tal. De hecho, historiadores como Eduardo González Calleja o Alejandro Quiroga han demostrado que aquellos años se caracterizaron por la violencia extrema contra todos los que se oponían al nuevo régimen. Anarquistas, comunistas, republicanos, catalanistas y nacionalistas vascos —los socialistas al principio colaboraron con la dictadura como mal menor, aunque luego se situaron en contra— pasaron a ser «el enemigo interior» y se produjeron numerosos encarcelamientos y destierros. Uno de los más sonados fue el de Miguel de Unamuno, a quien la DGS envió a Fuerteventura. También se creó una Oficina de Censura para impedir cualquier tipo de crítica a la dictadura; se disolvió la Mancomunitat catalana, y se publicó un Decreto contra el separatismo en el que se restringía el uso del catalán. Incluso el Fútbol Club Barcelona sufrió represalias y su estadio estuvo cerrado durante seis meses porque la afición silbó el himno español antes de un partido benéfico[62].

Para coordinar todas estas actividades se ampliaron las atribuciones de la DGS y, además, en 1926 se creó la División de Investigación Social, con sede central en Madrid, formada por doce brigadas provinciales que se dedicarían a vigilar las actividades de la oposición.

Pese a la violencia ejercida por el Estado, el malestar social comenzaba a desbordar al régimen, un malestar que encontró su expresión artística en grupos de intelectuales y escritores de ambos sexos, como la Generación del 27 o las «Sin Sombrero», así llamadas por una anécdota ocurrida en la Puerta del Sol. Al parecer, la pintora Maruja Mallo y varias amigas paseaban, junto con Federico García Lorca y Salvador Dalí, por la plaza madrileña cuando decidieron quitarse el sombrero y desafiar así a las fuerzas policiales[63] y el orden establecido.

Los últimos años de la década de 1920 estuvieron marcados por la agitación obrera y estudiantil. En mayo de 1928, la Federación Universitaria Española (FUE) convocó una huelga para protestar contra la suspensión de varios profesores críticos con la dictadura, y en febrero de 1929 se produjeron movilizaciones contra la reforma universitaria impulsada por Primo de Rivera. La respuesta no se hizo esperar y el Ejército ocupó las facultades, lo que provocó la dimisión de más catedráticos, como José Ortega y Gasset. Los estudiantes levantaron barricadas en Madrid y Santiago de Compostela, y en el mes de abril se formó la Junta Central del Movimiento Escolar para concentrar las protestas. Para acabar con las movilizaciones, el Gobierno recurrió a los somatenes y a las Juventudes de Unión Patriótica, una formación que, pese a sus miles de afiliados, demostró ser poco más que un cascarón vacío. El Gobierno de Primo de Rivera amenazó con disolver la FUE, que seguía organizando movilizaciones, y, finalmente, como consecuencia de la presión ejercida por los propios militares, el dictador se vio forzado a dimitir el 28 de enero de 1930[64].

Una de las fuentes más importantes para saber lo que sucedió ese año (1930) desde el punto de vista de la seguridad y el orden es el libro que Emilio Mola, entonces director general de Seguridad —fue nombrado el 13 de febrero—, escribió al respecto. En él describe cómo entró por vez primera en la Real Casa de Correos,

> [...] en el patio del popular edificio de «la bola», donde solía haber poca limpieza y mezcla permanente de guardias, caballos y automóviles. Por primera vez también, un galoneado portero del Ministerio estuvo deferente conmigo y me dispuso el ascensor haciendo una extremada reverencia y otro, no menos atento, abrió la puerta al llegar al piso principal y me anunció al ministro.

Posteriormente, se dirigió a las oficinas de la Dirección General de Seguridad, donde los funcionarios le entregaron «las llaves, las claves, lista de confidentes y relación de gastos reservados». Tanto Mola como el general Berenguer, entonces presidente del

Consejo de Ministros, estaban convencidos de que el Cuerpo de Vigilancia y Seguridad necesitaba «hombres entusiastas, bien retribuidos y de moral sana», ya que en el interior de la Policía reinaban «las intrigas, envidias, odios, rencores y venganzas». De hecho, hasta 1908, para ser agente «el único mérito que se exigía era el reconocimiento de un cacique u otro personaje a quien tuvieran algo que agradecer los que se hallaban en el poder», y las atribuciones del director general de Seguridad eran tantas que «los funcionarios no tenían nada garantizado ni seguro, los destinos podían hacerse como quisieran, los ascensos, sin asomo de pudor legal».

El libro se tituló *Lo que yo supe. Un año en la Dirección General de Seguridad,* y en él describe sus viajes, sus entrevistas con dirigentes sindicales, y cómo abordó el asunto de la represión contra los sectores obrero y estudiantil —a los estudiantes los consideraba «revoltosos»—. Para Mola, el principal enemigo era el comunismo, un movimiento «que la dictadura [de Primo de Rivera] supo contener», probablemente porque aún era minoritario. Mola reconoció en su libro que hasta poco antes de entrar en la DGS «apenas tenía una vaga idea del régimen que se establecía en la URSS», lo que contrastaba con el minucioso conocimiento que tenía del anarcosindicalismo.

El 6 de abril de 1930 presentó una «Memoria» al ministro de la Gobernación sobre la situación del comunismo en el país y las medidas que debían tomarse para frenarlo, como la creación de una Sección de Investigación Comunista, dependiente de la División de Investigación Social; un Secretariado español de la Entente International contra la III Internacional Comunista, y una Oficina de Investigación Comunista del Ejército.

Asimismo, el 26 de diciembre envió una carta a los gobernadores civiles recomendando diversas líneas de actuación para hacer frente al desarrollo del Partido Comunista. En primer lugar, se debería vigilar a las personas que simpatizaran con el comunismo;

en segundo lugar, a los extranjeros que llegaran al país, sobre todo turcos, chinos y rusos, y, por último, se deberían requisar las revistas y los periódicos comunistas.

En cuanto a los servicios secretos policiales, Mola recalcaba la importancia de la figura del confidente, «ya que no se había encontrado ningún sistema mejor para remplazarlo». Había de tres tipos: los «anónimos», que eran poco fiables; los «espontáneos», quienes, guiados por la buena fe y el miedo, solían aportar datos exactos, y los «retribuidos», que daban un servicio útil según sus capacidades, su entusiasmo, su inteligencia y su valor. En este sentido, Mola renovó la lista de chivatos y la nutrió de personas de carrera, funcionarios, estudiantes, obreros y periodistas.

Respecto a las acciones de los anarquistas en Barcelona, Mola dispuso una partida dedicada exclusivamente a investigar los atentados, así como un servicio policial en París para vigilar la actividad de los exiliados[65].

En marzo de 1931, el propio director general de Seguridad se vio inmerso en un episodio por el que llegó a ser juzgado (aunque nunca entró en la cárcel). Los estudiantes de la Universidad Central quisieron manifestarse a favor de la amnistía de los presos políticos, para lo cual el día 25 fueron a solicitar el permiso a la DGS. Mola se negó a dárselo, pero los jóvenes decidieron seguir adelante y se concentraron a las puertas de la Facultad de Medicina. El director de Seguridad envió importantes contingentes de fuerzas de orden público para acabar con la movilización y, en lugar de llamar al jefe de Policía para que acudiera a la facultad e intentara calmar los ánimos, ordenó a los agentes y a dos retenes de la Guardia Civil que reprimieran a los manifestantes, que se habían reunido entre la calle de Atocha y la plaza de Antón Martín. Un policía resultó herido leve por una pedrada, y un joven, Ramón Sempere González, perdió la vida[66]. Fueron muchos los que pidieron la dimisión de Mola a raíz de estos hechos, pero el Gobierno lo mantuvo en el cargo.

El orden público y la Segunda República, ¿cambio o continuidad?

El 14 de abril de 1931, apenas tres semanas después, y tras las elecciones municipales en las que las fuerzas republicanas ganaron en la mayor parte de las capitales de provincia, la Real Casa de Correos y la Puerta del Sol fueron testigos de la proclamación de la Segunda República. Hubo una manifestación multitudinaria en la plaza para celebrar un resultado que sobre todo satisfacía a las masas populares, que con la llegada de la República esperaban conseguir ciertas reivindicaciones históricas, como el reparto de la tierra, la separación de la Iglesia y el Estado, unas condiciones de trabajo dignas y la depuración del Ejército.

Respecto a este último asunto, el Gobierno republicano-socialista debía acabar con la excesiva centralización y militarización de las fuerzas de orden público. La Guardia Civil seguía estando muy mal vista por obreros y jornaleros, principalmente por la represión ejercida contra ellos durante el periodo monárquico, y lo mismo sucedía con la DGS, que en los últimos años se había caracterizado por sus actuaciones claramente reaccionarias. El nuevo director general de Seguridad, Ángel Galarza, destruyó las fichas policiales de republicanos y socialistas realizadas en el periodo primorriverista, depuró a los jefes que más se señalaron en la represión al movimiento obrero, y permitió las libertades públicas y cívicas. Además de todo ello, se creó la Sección de Vanguardia y Asalto del Cuerpo de Seguridad, más conocida como Guardia de Asalto, que sustituiría a la Benemérita en las ciudades cuando hubiera que actuar contra disturbios de toda índole. Y, por último, a la recuperada Generalitat de Catalunya se le dieron competencias policiales[67].

Sin embargo, como bien señala el historiador Chris Ealham, los métodos represivos se mantuvieron y se siguió abusando de las fuerzas militares, sobre todo durante el periodo conocido como Bienio Negro (1933-1935). La frase del que fue ministro de la

Gobernación durante los dos primeros años, Casares Quiroga, de «extremismos con los extremistas y paz con los ciudadanos que cumplan como tales», resume muy bien las políticas de orden público republicanas. La Ley de Defensa de la República —sustituida en 1933 por las de Orden Público y de Vagos y Maleantes—, aprobadas por los republicano-socialistas, dieron un engranaje legal a la actuación policial en esos años y a la utilización de la represión contra las protestas[68].

La brigada especializada en anarquismo y sindicalismo, abarrotada de monárquicos, aunque cambió de nombre por el de Brigada de Investigación Social, no fue eliminada ni sus elementos fueron depurados. Para dirigir la Guardia de Asalto se nombró a un militar, Agustín Muñoz Grandes, especializado en dirigir tropas en Marruecos (años después sería el jefe de la División Azul). Los dos aspectos repercutieron al final en el modo de gestionar los conflictos sociales.

Tras un periodo dubitativo —sobre todo ante las movilizaciones anticlericales de mayo de 1931—, la Guardia Civil volvió a adquirir protagonismo, justo con una Guardia de Asalto equipada con el mejor armamento antidisturbios. Se detuvo a militantes anarquistas y comunistas, como al secretario general del PCE, José Bullejos Sánchez[69], y Casares Quiroga perdonó los excesos de las fuerzas policiales salvo en caso de «flagrante delito». En este sentido, cabe destacar la actividad del general Sanjurjo, antiguo director de la Guardia Civil, que estuvo detenido en la DGS tras intentar un golpe de Estado en agosto 1932.

El momento álgido de la represión durante los primeros dos años republicanos se produjo con los «sucesos de Casas Viejas», en Andalucía, los días 10-12 de enero de 1933. La Guardia Civil y la Guardia de Asalto asesinaron a veintitrés campesinos y quemaron las casas de numerosos jornaleros después de que estos proclamaran el «comunismo libertario» en el pueblo. La actuación recibió el apoyo del director general de Seguridad, Arturo Menéndez, que pidió al capitán Manuel Rojas que sus hombres abrieran fuego «sin piedad contra todos los que dispararan contra las tropas». Menéndez fue detenido por estos hechos, aunque no llegó a ser juzgado[70].

Revolución de 1934: la represión se mantiene

Durante el bienio radical-cedista o Bienio Negro aumentaron tanto el uso de la represión como la militarización de las fuerzas policiales. La Revolución de 1934 supuso un laboratorio de prueba para las Fuerzas Armadas y de orden público, ya que se recurrió a la Guardia Civil, a la Guardia de Asalto, a la Legión, a guardias retirados y a militantes de la derecha para reprimir la revuelta. Tras la derrota de los revolucionarios, las fuerzas municipales se militarizaron y se le quitaron las competencias de orden público a la Generalitat.

Sobre este proceso revolucionario, el comandante de Infantería José del Pino Martínez, adherido a la comisaría de la Dirección General de Seguridad, escribió un informe para el presidente del Gobierno en el que se analizaba el porqué del estallido y las causas de los errores cometidos por las Fuerzas Armadas y de orden público. Por ejemplo, se dice que no se registró la casa de Largo Caballero, que no hubo servicios de requisa de armas y que tan solo se pusieron algunas ametralladoras sin ángulo de tiro para defender los cuarteles. Tampoco se ocuparon las azoteas y no se cerraron las calles. El comandante llegó a afirmar que, en Madrid, si alguien hubiera decidido tomar los cuarteles, «hubiéramos tenido, como en África, que suplir con sangre la falta de previsión»[71].

En febrero de 1936, las izquierdas volvieron al poder con la victoria del Frente Popular. En un primer momento se liberó a los presos políticos que estaban encarcelados por participar tanto en la Revolución del 34 como en huelgas y movilizaciones. Se ilegalizó la Falange, y su líder, José Antonio Primo de Rivera, fue detenido por la Policía y llevado a la DGS. En la capital, los militares derechistas fueron apartados de los puestos de relevancia, aunque no sucedió lo mismo en otros territorios: Mola, por ejemplo, siguió como jefe militar en Navarra, donde había un núcleo de derechistas importante.

La actuación de la DGS y las fuerzas del orden durante la Guerra Civil

Sin embargo, el 18 de julio de 1936 todo cambió. El golpe de Estado perpetrado por varios generales en Marruecos, Canarias y otras zonas del país provocó que las masas obreras se movilizaran para hacerles frente. El Estado republicano prácticamente desapareció y las fuerzas de orden público fueron sustituidas por comités revolucionarios dirigidos por los sindicatos y organizaciones de izquierda, cuyos militantes iniciaron además un proceso de expropiación de tierras y fábricas a los grandes capitalistas, muchos de los cuales huyeron a la zona sublevada.

En la capital, el jefe de la DGS, Manuel Muñoz Martínez, se unió a la Junta de Defensa de Madrid[72]. En este punto es importante subrayar que a medida que el aparato estatal republicano se iba reconstruyendo, la DGS fue asumiendo cada vez más atribuciones. Por ejemplo, el organismo se encargó de la detención de elementos de derechas infiltrados en las filas republicanas, los famosos «quintacolumnistas». Mucho se ha debatido sobre la implicación de la DGS en la matanza de Paracuellos —aunque no está clara su participación—. Sin embargo, sí se sabe que uno de los directores generales de Seguridad, el comunista Antonio Ortega, participó en la detención de Andreu Nin, dirigente del Partido Obrero de Unificación Marxista (POUM), por no seguir la doctrina de «primero la guerra y luego la revolución», lo que motivó numerosas detenciones de militantes y dirigentes de izquierda y la desarticulación de varias organizaciones obreras y revolucionarias. Y todo ello con el apoyo de los servicios secretos soviéticos[73].

Por su parte, en el bando golpista se llevó a cabo una reconstrucción de las fuerzas policiales, ahora dirigidas enteramente por militares. Se promulgaron varias disposiciones para eliminar a cualquier militante de izquierdas o republicano, en una especie de institucionalización de la violencia al servicio del aparato del Estado. De hecho, el general Mola, antiguo director general de Seguridad y uno de los promotores del golpe de Estado, declaró que «había que eliminar sin escrúpulos a todo el que no pensara como nosotros».

En Madrid, para ejercer la represión se constituyó una columna de orden público con agentes de la Policía, la Guardia Civil y militantes de Falange, que se encargarían de la vigilancia de los edificios, de las detenciones y de las entradas y salidas de la ciudad. Además, se militarizó la justicia y el correo postal, y se requisaron hoteles, restaurantes, telégrafos y los rotativos de prensa que previamente habían sido «tomados por los rojos»[74].

Finalmente, tras los diversos conflictos ocurridos en la zona republicana y el golpe de Estado del coronel Segismundo Casado, a finales de marzo de 1939 las tropas franquistas entraron en Madrid. El 1 de abril terminó oficialmente la Guerra Civil, aunque el estado de guerra se mantuvo hasta 1948.

A partir de entonces comenzaría el periodo de la dictadura franquista, que se caracterizó por la durísima represión sufrida por quienes lucharon contra el régimen. La Dirección General de Seguridad fue una de las puntas de lanza de esta violencia institucional. En septiembre de 1939, el organismo se trasladó del palacio del Marqués de la Vega de Armijo a la antigua Real de Casa de Correos, en un claro gesto de que la Puerta del Sol, lugar histórico de movilización, irremediablemente pasaba a ser el epicentro del terror franquista[75].

3

EL «BELSEN ESPAÑOL» (1939-1953)

Desde que acabó oficialmente la Guerra Civil, la oposición a la dictadura franquista fue una constante y, como consecuencia, el aparato policial, judicial y militar del régimen se preparó para hacerle frente, con la Dirección General de Seguridad —instalada ya definitivamente en la Real Casa de Correos desde el 8 de octubre de 1939— como punta de lanza.

Ya durante los preparativos del golpe de Estado, los sublevados idearon un plan para eliminar a quienes habían participado en las organizaciones republicanas, socialistas, comunistas, trotskistas, anarquistas, nacionalistas —vascos y catalanes—, sindicatos o, sencillamente, a cualquier opositor a la sublevación militar. Durante la Guerra Civil, unas cien mil personas fueron fusiladas en el territorio controlado por los franquistas; de 1939 a 1952, murieron ejecutadas otras cincuenta mil; se marcharon al exilio unas quinientas mil, y desde abril de 1939 hasta junio de 1940 se recluyeron en las cárceles franquistas alrededor de un millón de hombres y veintitrés mil mujeres[1].

Pronto las prisiones se vieron desbordadas —la cárcel de las Corts, en Barcelona, llegó a tener más de mil ochocientas mujeres—, lo que llevó al régimen a crear campos de concentración donde encerrar a los detenidos. El primero se abrió dos días después del golpe de Estado en Monte Hacho, Ceuta, y el último se cerró en 1947, en Miranda de Ebro (Burgos). Entre una fecha y otra hubo más de 296 y por sus instalaciones —en ocasiones ubicadas en plazas de toros, colegios y teatros— pasaron entre quinientos mil y un millón de reclusos[2].

De la mano del jesuita José Agustín Pérez del Pulgar, el régimen optó por instituir un complejo sistema de redención de penas por el trabajo. Así, se crearon los Batallones Disciplinarios de Trabajadores (llegaron a tener noventa mil reclusos), que más tarde fueron sustituidos por los Batallones Disciplinarios de Soldados Trabajadores (unos cuarenta y siete mil). Unos y otros fueron utilizados para la reconstrucción del país, sobre todo en obras públicas, como carreteras, pantanos y viviendas. Tan solo mencionar que, entre 1940 y 1950, en el Valle de los Caídos, para honor y gloria del dictador, llegaron a trabajar veinte mil presos[3].

Las primeras organizaciones antifranquistas

Pero ¿qué ocurrió con todos aquellos que, al menos al principio, lograron sortear la represión franquista? Durante los primeros años de la posguerra, la mayor parte de los opositores se encuadraron en organizaciones guerrilleras, los famosos maquis —o huidos al monte—, que comenzaron a actuar a partir de la caída del Frente Norte en 1937[4]. De hecho, al poco de finalizar la Guerra Civil, y mientras se realizaban los preparativos del desfile de la Victoria en la capital —que se celebraría el 19 de mayo de 1939—, la DGS tuvo que actuar frente a varios elementos antifranquistas que pretendían atentar contra el dictador. Para el bando vencedor, aquel desfile sería el colofón de los realizados anteriormente en diversas capitales de provincia —el primero tuvo lugar en Valencia el 3 de mayo—. El día 6, la Cámara de Comercio de Madrid ordenó que todos los escaparates de las tiendas fueran decorados con retratos del caudillo y de José Antonio, y con carteles en los que podía leerse: «Gloria al Caudillo», «España, una, grande y libre» o «Por la

Patria, el pan y la Justicia». También se colocarían escudos y banderas en teatros, cines y grandes almacenes.

El 18 de mayo, el poeta Ernesto Giménez Caballero leyó en la radio una loa dando la bienvenida al Ejército franquista y mostrando las que serían algunas de las líneas de actuación de la dictadura:

> La guerra no ha terminado. La guerra sigue. Sigue en silencio [...]. Y una guerra tan implacable como la que sufrieron hasta el 1 de abril nuestros cuerpos y nuestras vísceras. Es la misma guerra, son los mismos enemigos. Es la misma canalla, que se no se resignará hasta su aplastamiento definitivo, histórico.

El día del evento, Franco —a quien Giménez Caballero comparó con el apóstol Santiago— se hospedaría en el palacio de la Huerta (Madrid), propiedad de la marquesa de Argüelles[5], donde se ubicaría un amplio dispositivo de seguridad. Sin embargo, las autoridades franquistas se inquietaron cuando, el 16 de mayo, tres días antes del desfile, la DGS recibió una información de la Comandancia de la Guardia Civil de Irún que decía que una tal Lolita Walls se había trasladado unos días antes desde París a Toulouse, y después a Bayona, para traer a España una «máquina infernal» que pretendía colocar debajo del escenario donde se situarían las autoridades políticas y militares el día de los festejos. La DGS pidió a la Benemérita más datos sobre la sospechosa[6], pero nada más se supo. El desfile se realizó con normalidad y, según fuentes franquistas, a él asistieron unas cuatrocientas mil personas. Franco apareció vestido con el uniforme de capitán general, la camisa azul falangista y la boina roja de los requetés, y, tras él, las palabras «Victoria» y «Franco» repetidas hasta en seis ocasiones. A su lado, el general alemán Wolfram von Richthofen, jefe de la Legión Cóndor, al que se le impuso la Cruz Laureada de San Fernando. Desfilaron entre ciento veinte mil y doscientos cincuenta mil soldados españoles, alemanes, portugueses, marroquíes e italianos[7].

Sin embargo, por mucho que se repitiera la palabra «Victoria» en aquel acto, esta no estaba del todo asentada. Tanto es así que, como han señalado diversos historiadores, como Jorge Marco, David Alegre o Arnau Fernández, podría decirse que la guerra no había terminado, sino que se encontraba en una fase no oficiosa o irregular. En los montes había miles de guerrilleros que se estaban organizando y, dos años después, en 1941, el PCE creó en París la Unión Nacional Española (UNE), que participó en la Resistencia francesa contra los nazis y que, en octubre de 1944, preparó una invasión de España —a través del Valle de Arán— conocida como «Operación Reconquista», comandada por el dirigente comunista Jesús Monzón.

También se crearon guerrillas locales y regionales. Por ejemplo, en octubre de 1937, en Asturias surgió el Comité de Milicias Antifascistas (CMA), dirigido por el PSOE y el PCE, para coordinar a todos los guerrilleros de la región. En abril de 1942, se organizó la Federación de Guerrillas de León-Galicia; en noviembre de 1944, la Agrupación Guerrillera de Levante y Aragón, y a principios de 1945, la Agrupación Guerrillera de Catalunya, dirigida por el PSUC. En Barcelona, los anarquistas crearon en 1947 el Movimiento Libertario de Resistencia[8], y en Madrid, aparecieron los llamados «guerrilleros de ciudad». El dirigente comunista Heriberto Quiñones también propuso la formación de un grupo de Seguridad e Información con antiguos policías comunistas y republicanos, que se encargarían de recabar información en los cuarteles, en las comisarías, en las fábricas y en las casas de Falange, para, llegado el caso, realizar atentados contra las autoridades[9].

Obviamente, la situación preocupaba a los mandos franquistas, sobre todo porque en ciertas zonas no conseguían la suficiente «colaboración ciudadana» para acabar con los opositores, tal y como reconoció la Columna de Operaciones poco después del fin de la Guerra Civil. Dicha Columna, formada por militares, guardias civiles y policías, tenía como propósito en los primeros años de la posguerra coordinar el orden público y controlar a la oposición. Como consecuencia de esta situación de incertidumbre, el estado de guerra, que permitía actuar a las autoridades militares en todo el territorio, no se derogó hasta 1948[10].

La represión se institucionaliza

La represión fue clave para que el régimen franquista se mantuviera durante cuarenta años. Las investigaciones realizadas en los últimos años han demostrado que el uso de la violencia ni mucho menos fue puntual (aunque, por supuesto, en los primeros meses de la Guerra Civil hubo violencia incontrolada por parte de escuadrones de Falange), sino que obedecía a un plan premeditado. Así lo han puesto de manifiesto los historiadores Francisco Espinosa, Ángel Viñas y el catedrático de Derecho Penal Guillermo Portilla en su libro sobre las «memorias» de Felipe Acedo Colunga, fiscal del Ejército de ocupación, que participó en el golpe de Estado del general Sanjurjo de 1932 tomando el aeródromo de La Tablada (Sevilla). Tras ser procesado por ello, en 1934 fue liberado y nombrado fiscal en los consejos de guerra celebrados por los sucesos de la Revolución de ese año. Al poco del golpe del 18 de julio de 1936 participó como fiscal para el bando sublevado en el primer consejo de guerra celebrado en Huelva a inicios de agosto y, posteriormente, en otros enjuiciamientos, como el que se realizó contra el líder socialista Julián Besteiro el 8 de julio de 1939. Apenas unos meses después, el 15 de enero de 1940, Acedo presentó unas «memorias» sobre la labor de los consejos de guerra en Madrid, Bilbao, Santander y el frente del Levante, y en ellas no solo describe cómo era la justicia militar contra los opositores al golpe de Estado, sino que habla de un plan represivo para «lograr la purificación del país y la reconstrucción del Estado»[11].

Los republicanos eran considerados «enemigos» y contra ellos había que aplicar una justicia de excepción. Es decir, no eran sujetos de derecho, sino fuentes de peligro para los valores del modelo autoritario franquista. Por ello había que realizar ejecuciones extrajudiciales y aplicar una legislación penal dirigida a eliminarlos. En este sentido, Acedo habla del uso de una justicia militar de excepción —al estilo de la Inquisición— para castigar delitos como la masonería, considerada un «delito de herejía». En su opinión, «había que huir de la excesiva preocupación legalista, que llenará de procedimientos formales, plazos, trámites, escritos, vistas y recursos». En efecto, los tribunales franquistas no buscaban demostrar la autoría en la comisión de un delito, sino la confesión de los supuestos culpables. Los delitos eran imprescriptibles, y la presencia de abogados, meramente simbólica. Incluso se condenaba por «rebeldía» a personas fallecidas. Franco se encargaba de nombrar a los componentes de los tribunales mixtos especiales —formados por militares, falangistas y carlistas—, cuyas actuaciones eran secretas, aunque en ocasiones la condena se publicaba en la prensa para dar ejemplo[12].

El proceso de «depuración» franquista se iniciaba con la condena de los autores materiales del delito y sus inductores. El siguiente objetivo eran los funcionarios públicos que trabajaron por la República y, por último, los funcionarios de la carrera judicial y militar que la defendieron. Con estas prerrogativas se empezó a crear una legislación represiva que sirvió para estructurar el aparato policial, judicial y militar del Estado. Así, el 9 de febrero de 1939 se promulgó la Ley de Responsabilidades Políticas; el 1 de marzo de 1940, la de Represión de la Masonería y el Comunismo, y el 29 de marzo de 1941, la de Seguridad del Estado, que en muchos sentidos sustituyó a la legislación penal ordinaria, una legislación que el franquismo no adaptó a sus necesidades hasta 1944 con la promulgación del nuevo Código Penal. Posteriormente, el decreto ley del 18 de abril de 1947 definió los delitos de bandidaje y terrorismo, al tiempo que derogaba la Ley de Seguridad del Estado de 1941 y restablecía la competencia de la justicia militar para todos los delitos tipificados en dicha ley relativos a cualquier forma de disentimiento político[13].

Todas estas normas iban dirigidas contra quienes se organizaron en sindicatos y partidos adheridos al Frente Popular, e incluso contra quienes los apoyaron en las urnas. Además, las leyes se aplicaban con retroactividad, es decir, para actos ocurridos antes de que estas se hubieran promulgado, como ocurrió con el enjuiciamiento de los sucesos de la Revolución de 1934. A los encausados se les requisaban sus bienes personales y se les podía condenar a muerte; a las organizaciones políticas se les quitaba todo su patrimonio material[14].

La estructuración de un aparato policial, judicial y militar al servicio del dictador fue fundamental incluso desde antes de que acabara la guerra. Así, por ejemplo, el 1 de enero de 1938 se publicó en Valladolid un bando sobre la nueva organización de la Policía, en la que las Fuerzas Armadas desempeñarían un papel primordial, incluso más que en épocas anteriores. De hecho, como veremos más adelante, durante los treinta y seis años que duró la dictadura, la DGS estuvo siempre dirigida por militares, salvo en dos periodos: de septiembre de 1939 a mayo de 1941, cuando estuvo al mando el falangista José Finat y Escrivá de Romaní, y de junio de 1957 a febrero de 1965, cuando el director fue Carlos Arias Navarro, también falangista[15].

Durante la Guerra Civil se crearon servicios secretos y policiales especiales, como el Servicio de Información Militar, el Servicio de Información del Nordeste de España y el Servicio de Información Naval. En la primavera de 1937 se instituyó la Oficina de Propaganda Anticomunista, dirigida por Marcelino Ulibarri, secretario personal de Franco. Unos meses después, el 30 de noviembre, se creó el Servicio de Información y Policía Militar (SIPM), dirigido por José Ungría, miembro del Alto Estado Mayor —hablaremos de él más adelante—; en mayo de 1938, la Delegación de Servicios

Especiales y Recuperación de Documentos, gracias a la cual se hicieron más de tres millones de fichas personales, y en septiembre de 1938, la Jefatura del Servicio Nacional de Seguridad. También se restableció la Escuela de Policía, y el 8 de marzo de 1941 se promulgó una nueva Ley de Policía que dividiría las fuerzas de orden público en dos: el Cuerpo Nacional de Policía —donde se encuadraría la Brigada Político-Social, entre otras— y la Policía Armada. Como recoge la normativa, el objetivo era crear una Policía al servicio del régimen y «contra la subversión»[16].

La DGS se reestructura

Pero el régimen franquista también requería de la participación de la ciudadanía para controlar a los disidentes. De hecho, durante la ocupación de las ciudades y pueblos por parte de los sublevados, estos «animaban» a los vecinos a denunciar. A menudo se les obligaba, bajo amenaza de muerte o de tortura, a acudir a los ayuntamientos o a los juzgados militares para describir hechos ocurridos durante la etapa republicana, que los sublevados llamaban «la dominación roja».

Los porteros de los edificios de viviendas fueron clave en este proceso. Es cierto que muchos fueron depurados por el Juzgado Especial de Porteros y por los juzgados militares de distrito por haber militado en organizaciones del Frente Popular, pero los que quedaron fueron utilizados para recabar información sobre individuos que habían formado parte de organizaciones republicanas, que habían sido soldados durante el conflicto o que habían participado en detenciones de personas de derechas. Los porteros republicanos depurados pasaron meses detenidos en la DGS sin siquiera prestar declaración ante el juez, y en sus puestos de trabajo se colocó a cientos de soldados franquistas mutilados que cumplieron a la perfección su tarea de dar «chivatazos» a la Policía política[17].

Desde los inicios de la toma de Madrid por parte del bando franquista, la Columna de Orden Público y Policía —llamada al principio Servicio Nacional de Seguridad— desempeñó un papel esencial en la tarea de institucionalizar la represión. Así, el 4 de abril de 1939, José Ungría Jiménez, que era el jefe de dicho servicio, advirtió de las dificultades de la Policía a la hora de lidiar con las innumerables denuncias de robos que se estaban recibiendo. Como solución parcial proponía que los afectados hiciesen algunas investigaciones preliminares, es decir, que colaboraran con las autoridades[18] si querían que dichos delitos fueran castigados.

José Ungría había nacido en Barcelona en 1890 e ingresó en la Academia de Infantería de Toledo con solo quince años. Entre 1922 y 1924 cursó estudios en la École de Guerre de París, y en 1925 lo enviaron al cuartel general del Ejército francés en Marruecos. En 1927 asumió la dirección del Secretariado Español de la Entente Internacional Comunista y en 1930 fue nombrado agregado militar de la embajada española en París. De hecho, allí conoció a Francisco Franco, quien dijo de Ungría que «estando conmigo en París, se ofreció para acompañarme a sitios de diversión y vicio, cosa que no quise aceptar, pues estaba allí dedicado al estudio y al trabajo; así que le agradecí su ofrecimiento, pero no acepté»[19].

En 1934, de vuelta en España, participó en la represión militar contra los mineros durante la Revolución de octubre en Asturias, y dos años después, ya instalado en Madrid, fue nombrado jefe de la División de Caballería del Estado Mayor. También formó parte de la junta de jefes de la Unión Militar Española (UME) y, aunque no figuraba en la preparación del golpe de Estado del 18 de julio, él mismo declaró que «desde luego tenía noticias del Movimiento». Todo indicaba que Ungría estaba con el Gobierno republicano, pero, cuando se disolvió su División, se escondió en la embajada francesa, desde donde estrechó vínculos con la quinta columna que actuaba en Madrid[20].

El 17 de abril de 1937 se pasó a la zona sublevada. Allí, Franco, consciente de la necesidad de reorganizar los servicios de inteligencia, encargó a Ungría que se ocupase de ello y que utilizara a agentes en el extranjero y a miembros de la Policía militar en la retaguardia. El 30 de noviembre de ese año creó el Servicio de Información y Policía Militar, cuyas labores eran investigar en territorio enemigo —tareas de contraespionaje— e imponer el orden público y la seguridad en las poblaciones conquistadas por los nacionales[21].

En enero de 1939, Ungría fue nombrado jefe del Servicio Nacional de Seguridad —estuvo en el cargo hasta el mes de septiembre de ese año, cuando fue sustituido por José Finat y Escrivá de Romaní—, y poco después, tras el golpe de Segismundo Casado (5 de marzo de 1939), se encargó de negociar la rendición de este general con las autoridades republicanas. Al poco de convertirse en el jefe de la DGS, Ungría explicó cuáles eran sus objetivos: «Nuestra misión es difícil. Habremos de emplear no solo nuestra ética, sino también nuestra táctica. Terminará la guerra y habremos de enfrentarnos a un enemigo mal resignado, y, por tanto, rencoroso»[22].

El 23 de septiembre de 1939 se promulgó la ley por la cual se reorganizaría el organismo. De la Secretaría General dependerían los servicios de personal (con su asesoría jurídica, administración y contabilidad); una secretaría técnica (con una estafeta de correos, un registro general, un departamento de legislación y proyectos, y un gabinete de cifras, traducción y telégrafo); una sección de arquitectura, planos y obras; la Escuela Superior de Policía; la imprenta y el servicio de telegrafía y telefotografía. También había una inspección general de las fuerzas de Policía Armada y de Tráfico, con su secretaría militar (con una sección de personal y servicios, y otra de administración y contabilidad) y una secretaría de tráfico[23].

A su vez, esta nueva DGS se dividió en cuatro comisarías, cuyas atribuciones quedaron expuestas en una orden del 7 de octubre de 1939. En primer lugar, la Comisaría General de Orden Público, que se dedicaba a la persecución de delitos y al mantenimiento del orden, y a cuyo cargo estaba la Policía de ferrocarriles y las secciones de Asuntos Generales (con diversas funciones: servicio de guardia permanente, control de espectáculos, régimen de detenidos y confinados, censura, órdenes para servicios y movimientos, armas y explosivos) y Archivo Central (con los departamentos de busca y captura, un fichero general y la expedición de informes). Después estaba la Comisaría General de Fronteras, encargada del control y la vigilancia de los puestos fronterizos, puertos y aeródromos, y de la lucha contra el contrabando. Esta se dividió en una Policía de Fronteras (encargada de controlar la entrada y la salida de súbditos españoles, de expedir pasaportes y de vigilar el tránsito de refugiados) y la sección de Extranjeros (expulsión, control y detención de extranjeros, y contacto con el Alto Estado Mayor).

También se creó la Comisaría General de Identificación, encargada de vigilar la actividad de los gabinetes locales y provinciales, y que se coordinaba con el Ministerio de la Gobernación para expedir los carnés de identidad. Estaba formada por las siguientes secciones: gabinete fotográfico, laboratorio, investigaciones carcelarias, intercambios con el extranjero, asuntos criminales internacionales, estadísticas e inventarios. Por último, la Comisaria General de Información, de la que dependía la Policía política, es decir, la Brigada Político-Social (BPS), que desarrollaba labores informativas sobre asuntos reservados sujetos a una organización especial, así como al control de extranjeros. También había una secretaría con una sección de Información (dedicada a recabar información del interior y del exterior y al contraespionaje) y otra de Archivos Especiales (con un archivo político de las organizaciones clandestinas; otro sobre «sectas», donde se ubicarían la masonería y el judaísmo, y otro sobre asuntos generales)[24].

DIRECCIÓN GENERAL DE SEGURIDAD

ORGANIZACIÓN

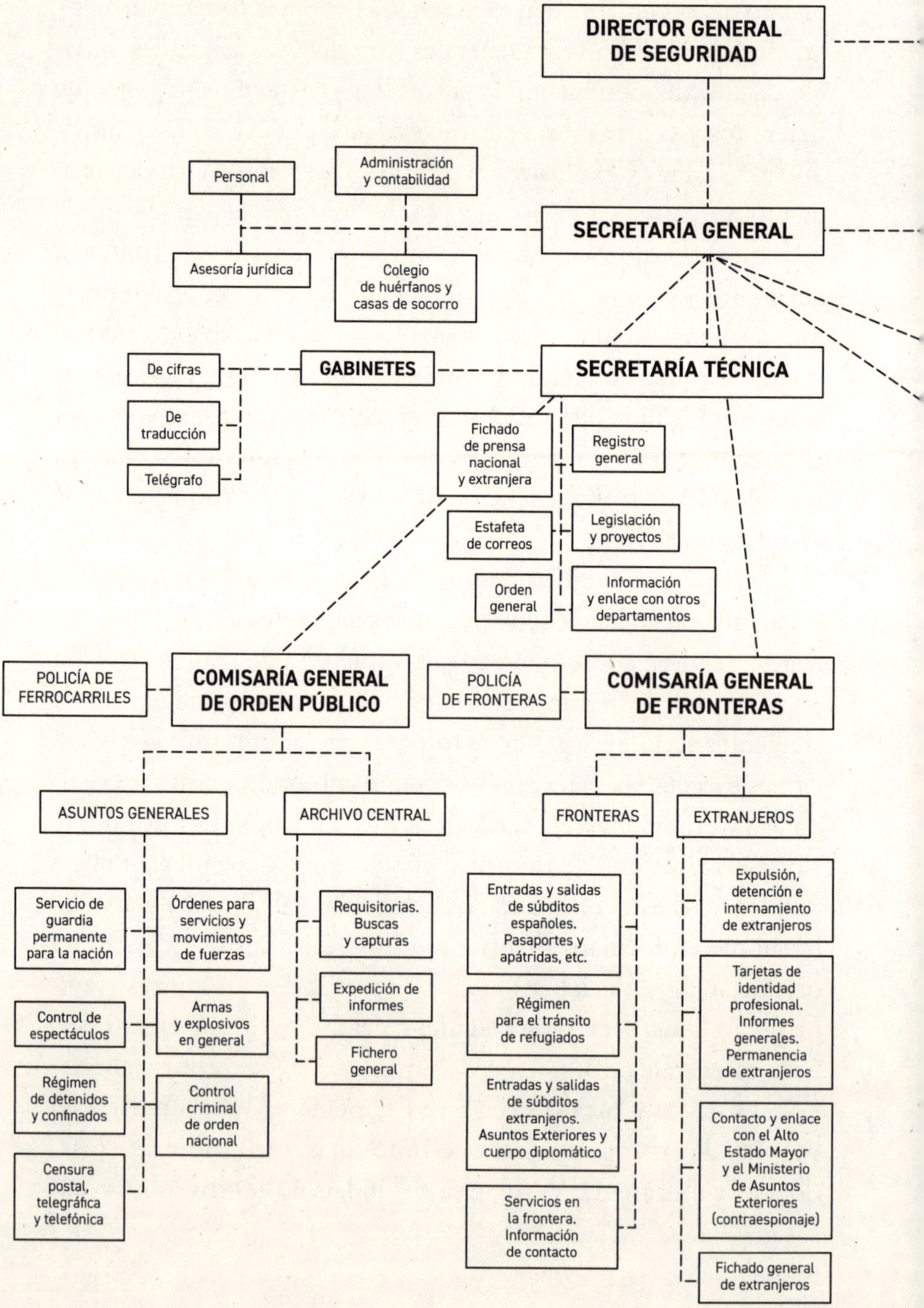

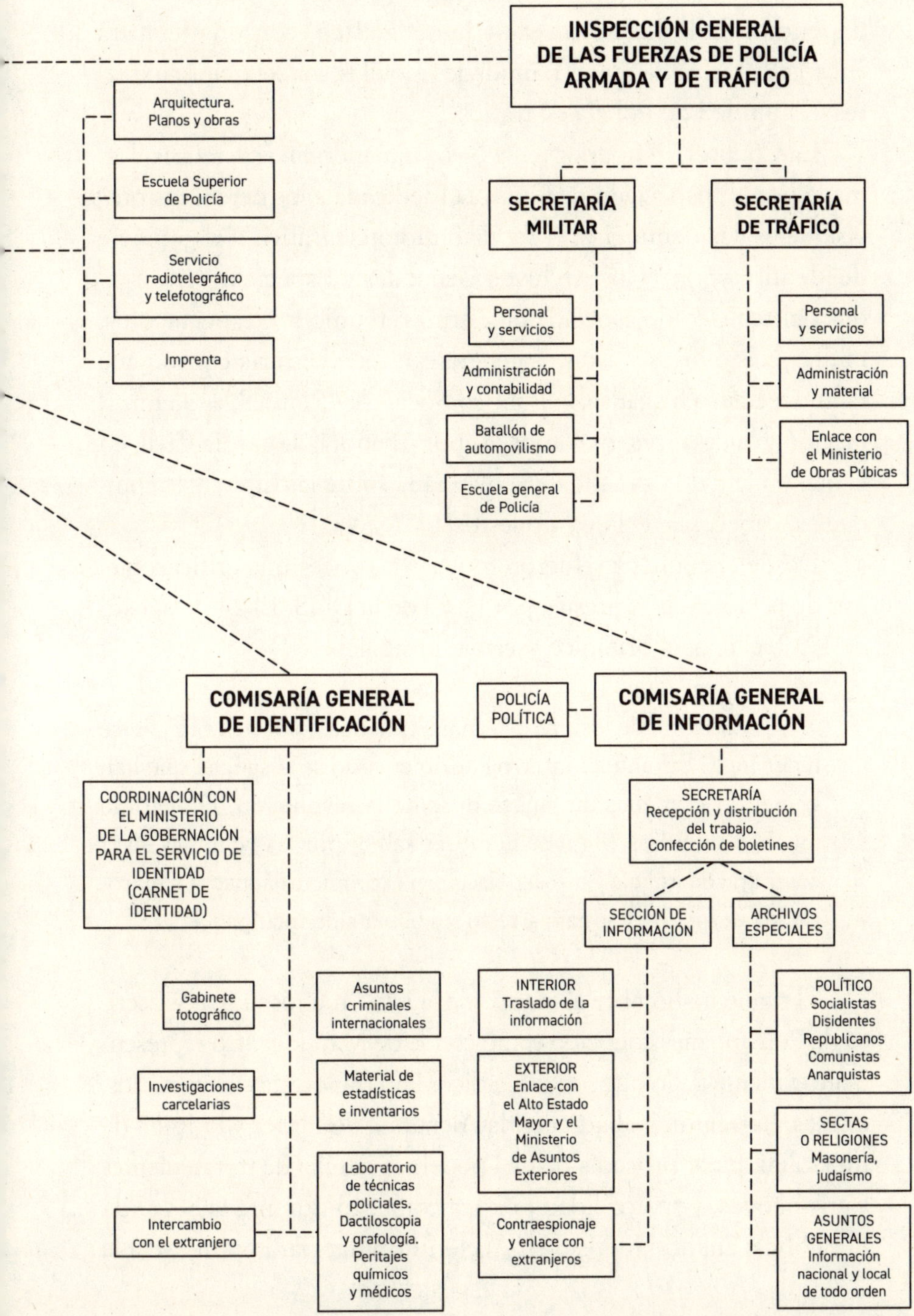
INSPECCIÓN GENERAL DE LAS FUERZAS DE POLICÍA ARMADA Y DE TRÁFICO
Arquitectura. Planos y obras
Escuela Superior de Policía
Servicio radiotelegráfico y telefotográfico
Imprenta
SECRETARÍA MILITAR
Personal y servicios
Administración y contabilidad
Batallón de automovilismo
Escuela general de Policía
SECRETARÍA DE TRÁFICO
Personal y servicios
Administración y material
Enlace con el Ministerio de Obras Púbicas
COMISARÍA GENERAL DE IDENTIFICACIÓN
COORDINACIÓN CON EL MINISTERIO DE LA GOBERNACIÓN PARA EL SERVICIO DE IDENTIDAD (CARNET DE IDENTIDAD)
Gabinete fotográfico
Asuntos criminales internacionales
Investigaciones carcelarias
Material de estadísticas e inventarios
Intercambio con el extranjero
Laboratorio de técnicas policiales. Dactiloscopia y grafología. Peritajes químicos y médicos
POLICÍA POLÍTICA
COMISARÍA GENERAL DE INFORMACIÓN
SECRETARÍA Recepción y distribución del trabajo. Confección de boletines
SECCIÓN DE INFORMACIÓN
ARCHIVOS ESPECIALES
INTERIOR Traslado de la información
EXTERIOR Enlace con el Alto Estado Mayor y el Ministerio de Asuntos Exteriores
Contraespionaje y enlace con extranjeros
POLÍTICO Socialistas Disidentes Republicanos Comunistas Anarquistas
SECTAS O RELIGIONES Masonería, judaísmo
ASUNTOS GENERALES Información nacional y local de todo orden

En cuanto al esquema provincial, la DGS se coordinaría con los gobiernos civiles y las jefaturas superiores de Policía, de las que dependían la Policía Armada y la de Tráfico, con una jefatura encargada de las banderas o unidades móviles, los servicios auxiliares y la unidad de Policía de tráfico.

La Comisaría Superior tenía bajo su mando una secretaría, formada por la Inspección de Guardia (dedicada a los detenidos provisionales, las denuncias, el servicio radiotelegráfico y el gabinete de identificación) y los Archivos Generales y Especiales (encargados del registro de asociaciones, armas, reuniones, espectáculos, multas, pasaportes y asuntos generales). La comisaría coordinaba también cuatro brigadas: la Político-Social, la Criminal, la de Información y la de Servicios Varios. Y, por último, la Guardia Civil, en la que un jefe de Comandancia mandaba sobre las diferentes compañías, cabeceras de línea y puestos[25].

Desde el comienzo, fueron muchas las voces que criticaron el uso de la violencia represiva por parte de la DGS. El 24 de agosto de 1939, el cónsul británico escribió lo siguiente:

> La mayoría de los presos son maltratados. Esto siempre parece tener lugar durante el interrogatorio cuando se sospecha que han cometido crímenes de sangre durante la revolución. Ha habido muchos suicidios, algunos hombres saltan por las ventanas en la comisaría de Policía y otros lo hacen en el propio calabozo. La mayoría se quejan de estar bajo arresto sin haber sido inculpados[26].

El siguiente hombre al mando de la DGS fue José Finat y Escrivá de Romaní, más conocido como conde de Mayalde, otro representante evidente de lo que supuso la dictadura franquista en sus inicios, esto es, un régimen aliado con la Alemania de Hitler y la Italia de Mussolini. Finat procedía de una poderosa familia de terratenientes y aristócratas, y su actividad política comenzó durante la Segunda República, cuando ingresó en Acción Popular para oponerse a la reforma agraria. Poco a poco fue adoptando posiciones cada vez más derechistas, llegando a ser diputado por la CEDA (Confederación Española de Derechas Autónomas) entre 1933 y 1936. En marzo de ese último año, y junto a Miguel Primo de Rivera (hermano de José Antonio), hizo campaña por Falange en la provincia de Cuenca, donde hubo que repetir las elecciones generales celebradas un mes antes. Tras el golpe de Estado del 18 de julio, actuó como enlace entre el general Mola y José Antonio Primo de Rivera, y durante la Guerra Civil fue oficial de Artillería del Ejército franquista en los frentes de Madrid y Aragón, donde cayó herido en dos ocasiones[27].

Después de la contienda llegó su momento de mayor esplendor político. El 24 de septiembre de 1939 fue nombrado director general de Seguridad y, cuatro días después, delegado nacional de Información e Investigación de la FET y las JONS, puestos que compaginó con el de gobernador civil de Madrid. Durante su mandato, en noviembre de 1939, se produjo el traslado —a pie— de los restos de José Antonio Primo de Rivera desde Alicante hasta El Escorial, y unos meses después prohibió las exhumaciones por «seguridad sanitaria», lo que impidió que los familiares de fusilados republicanos dieran un entierro digno a sus muertos. Tan solo apuntar que, según el historiador Fernando Hernández Holgado, solo en Madrid hubo 1.150 fusilados entre el 16 de abril y el 26 de diciembre de 1939, y entre este año y 1944, fueron ejecutadas 2.936 personas en la capital[28].

José Finat hizo su gran aportación a la DGS precisamente después de finalizar la Guerra Civil. El 4 de septiembre de 1939 viajó a Berlín para entrevistarse con Joachim von Ribbentrop, ministro de Negocios Extranjeros del Reich, y, por supuesto, con Heinrich Himmler, mano derecha de Hitler y jefe de la Gestapo, con quien concertó una visita a España que finalmente tuvo lugar el 19 de octubre de 1940. El conde de Mayalde recibió a Himmler en la frontera con Francia, almorzaron juntos en Alsasua y comieron en la residencia de verano de Franco, en Burgos. También fueron a

ESQUEMA DE LA ORGANIZACIÓN PROVINCIAL PARA EL SERVICIO

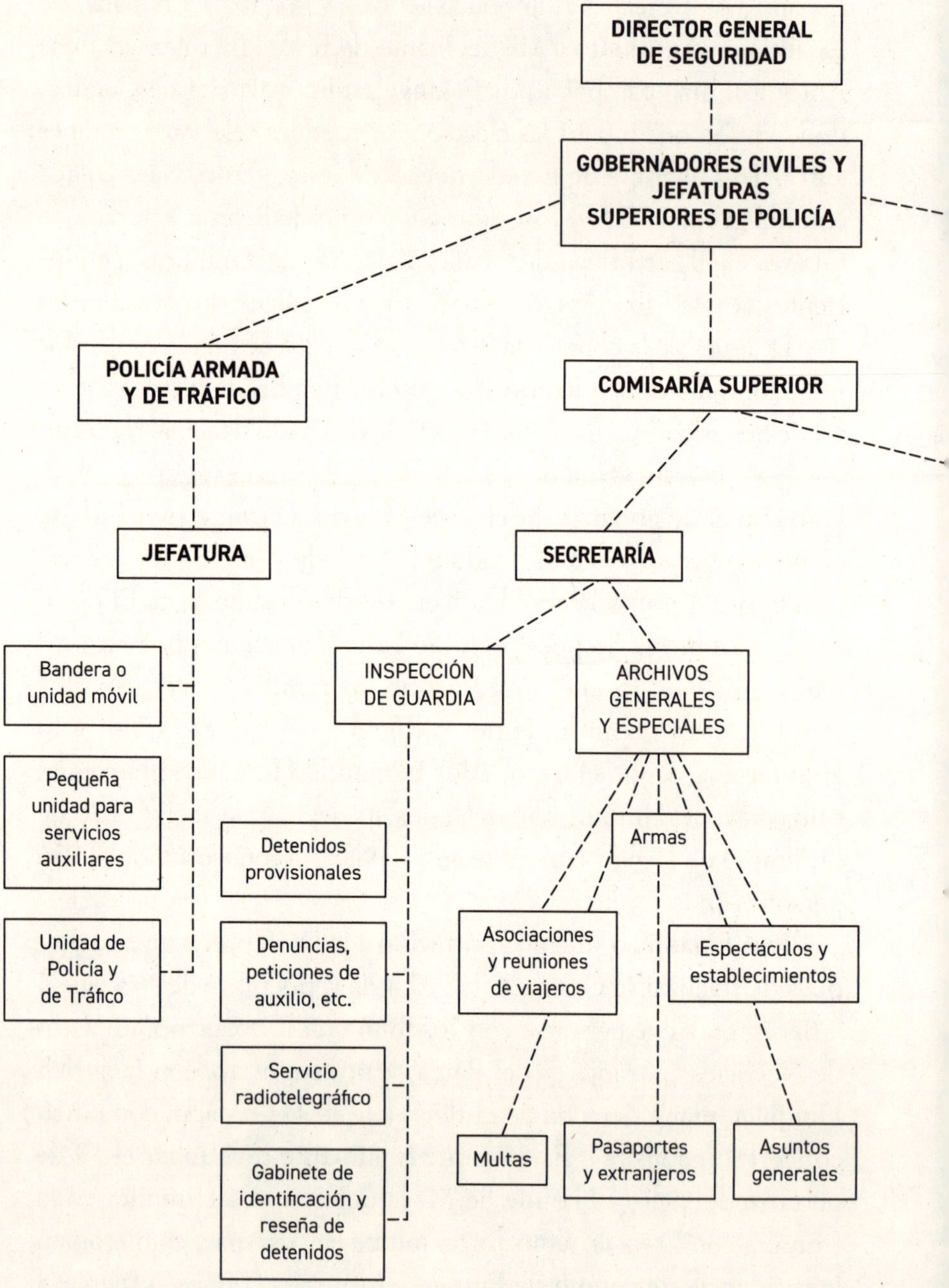

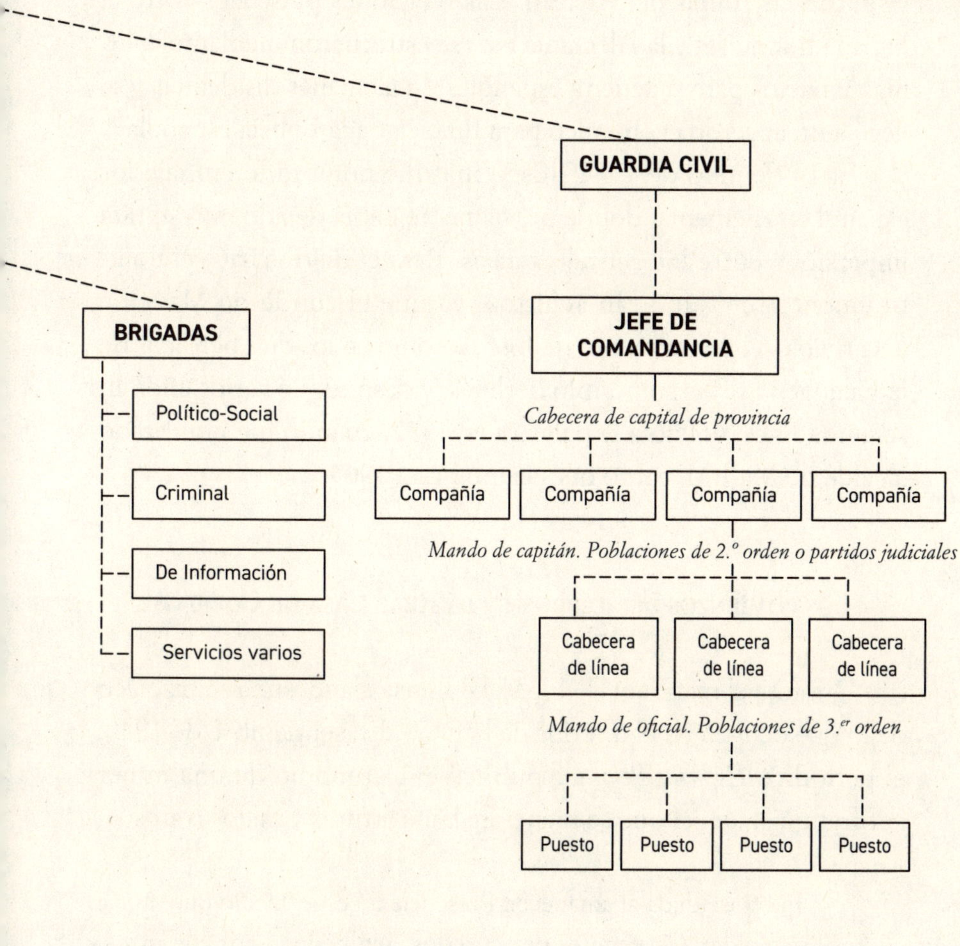
GUARDIA CIVIL
BRIGADAS
Político-Social
Criminal
De Información
Servicios varios
JEFE DE COMANDANCIA
Cabecera de capital de provincia
Compañía
Compañía
Compañía
Compañía
Mando de capitán. Poblaciones de 2.º orden o partidos judiciales
Cabecera de línea
Cabecera de línea
Cabecera de línea
Mando de oficial. Poblaciones de 3.er orden
Puesto
Puesto
Puesto
Puesto

San Sebastián, donde visitaron la diputación provincial, el club náutico y el monte Igueldo.

Ya en Madrid, Himmler se reunió con el dictador en el Palacio de El Pardo y, después, fue con Finat al Museo del Prado y al Arqueológico. El español abrió al alemán las puertas de la DGS, y, desde uno de los balcones, Himmler saludó a la multitud que se había congregado en la Puerta del Sol. Después fueron a Toledo, donde visitaron las ruinas del Alcázar. Las relaciones policiales entre la España franquista y la Alemania nazi se estrecharon mediante la firma de pactos para detener a españoles y a alemanes disidentes, y se llegó a un acuerdo económico para financiar a la Policía española[29].

El 14 de julio de 1942, José Finat fue nombrado embajador español en Alemania, donde previamente había dejado muy «grata impresión» entre los gerifaltes nazis. Para el diario *ABC,* el nombramiento fue «un gran acierto», ya que el conde de Mayalde encarnaba «el pensamiento de José Antonio en los días heroicos de la Falange»[30]. Tras su periplo berlinés, y después de varios años en segunda línea, volvió a la palestra en 1952, cuando fue nombrado alcalde de Madrid, cargo que ocupó hasta 1965.

Los comienzos del terror en la Real Casa de Correos

Durante el mandato de Finat, la prensa clandestina se hizo eco de lo que ocurría en el interior de la DGS. En septiembre de 1940, el periódico *España Popular* publicó el testimonio de una mujer antifranquista en el que se mencionaban torturas y malos tratos:

> Fui trasladada al amanecer. Presencié un espectáculo que nunca podré olvidar. Centenares de acusados, agolpados unos con otros. Por la noche, elementos falangistas con sus tétricos uniformes y el brazo extendido iban leyendo nombres. Los interrogados se incorporaban.

—Tú no necesitas ya manta. Forma a la izquierda. ¡Corriendo!

—Tú, coge la manta. Por ahora la necesitas. Depende de cómo te portes en la «investigación»[31].

Pero incluso antes la DGS había sido testigo de episodios aún más siniestros en los que estuvo implicada la Brigada Político-Social. Según un atestado policial, el 19 de julio de 1939 murió en el edificio el trabajador de Telefónica y militante de UGT Sergio Álvarez Ibáñez, como consecuencia de «un ataque cardíaco por una neumonía» mientras estaba siendo interrogado y torturado. Un juez militar interrogó a los policías involucrados, Francisco Borras Balanocha y Andrés Fernández Bembibre, que insistieron en los problemas cardíacos de la víctima. También lo hicieron los médicos forenses que realizaron la autopsia, José González y Joaquín Segarra, pero declararon que, «aunque no hubiera heridas, tenía contusiones en codos, regiones pectorales y nalgas». Además, en el momento del análisis forense, su cuerpo estaba en pleno proceso de putrefacción, lo que indicaba que la muerte se había producido días e incluso semanas antes. En marzo de 1940 se intentaron reabrir las diligencias, pero la muerte del agente Andrés Fernández Bembibre lo impidió. De este modo, el caso de esta primera muerte ocurrida entre los muros de la DGS durante la dictadura quedó archivado[32].

Uno de los prisioneros más famosos que en aquellos años pasó por los calabozos de la DGS fue Lluís Companys, presidente de la Generalitat de Cataluña durante la Guerra Civil, que fue detenido el 13 de octubre de 1940 por la Gestapo y por el policía franquista Pedro Urraca. Companys fue encarcelado e interrogado en el centro penitenciario de la Santé, en París, pero después fue trasladado a la DGS, donde fue torturado. Finalmente, el 15 de octubre murió fusilado en el castillo de Montjuic, en Barcelona[33].

El 10 de mayo de 1941 falleció en la DGS Pedro Pastor por agotamiento y avitaminosis. Uno de los jefes de las dependencias pidió un informe sobre lo ocurrido y, al parecer, la víctima, junto con otros cincuenta presos, estaba siendo trasladada desde un batallón de trabajadores de Huelva hasta el campo de concentración de Nanclares de Oca, en Álava. Llevaban diez días de viaje por diferentes prisiones y tan solo les habían dado «una lata de sardinas de las pequeñas, dos naranjas y un panecillo». Según se señalaba en el informe, Pedro Pastor era un «vago» y un «ratero» que estaba en presidio cuando los franquistas tomaron su pueblo, Aracena, en Huelva. Aunque había sido miembro de Falange, su «moral muy deficiente» lo había llevado a la cárcel, donde fue obligado a trabajar en un batallón de trabajadores. Finalmente, el hambre y el cansancio acabaron con su vida en la sede de la DGS de la Puerta del Sol[34].

Pero no solo presos comunes o destacados militantes de sindicatos y formaciones políticas de izquierda sufrieron la violencia en los primeros años de la DGS franquista. En este sentido, las mencionadas «memorias» del fiscal militar Felipe Acedo Colunga ya avisaba de que había que depurar de sus cargos a todos los trabajadores públicos que hubieran contribuido a la defensa de la República, «evitando que sigan en el nuevo Estado los funcionarios que hicieron posible el advenimiento de la gran tragedia que vivimos». Por tanto, había que eliminar «a todos los funcionarios que no están identificados espiritualmente y materialmente con todo lo que nuestro Movimiento significa»[35]. Los maestros de escuela fueron un objetivo clave de la represión del régimen, que creó las llamadas «comisiones de depuración de la enseñanza» precisamente para perseguir a los profesores de la Institución Libre de Enseñanza y de las Misiones Pedagógicas que hubieran llevado a las escuelas «propaganda masónica, antirreligiosa e inmoral». También se persiguió a jueces y a militares con antecedentes republicanos.

Dentro de la propia Dirección General de Seguridad también hubo procesos de depuración que se publicaron en el *Boletín Ofi-*

cial del Estado. Entre 1941 y 1947 fueron «separados definitivamente del servicio» unos ciento setenta y seis funcionarios de la DGS, del Cuerpo Nacional de Policía y de la Policía Armada. Alrededor de cien lo fueron por cuestiones «político-sociales»[36], pero lo más probable es que el número se quede corto. Como ocurrió en otros sectores del empleo público, muchas de estas vacantes fueron ocupadas por excombatientes del Ejército franquista, mutilados y militantes de Falange, que no pasaron ni por una oposición ni por ningún tipo de proceso de selección.

La influencia nazi en las fuerzas policiales franquistas

Durante el primer año de la posguerra estalló la Segunda Guerra Mundial, ante la cual la España franquista osciló entre posiciones de beligerancia y de neutralidad, siempre en función de sus propios intereses. Aun así, el régimen estuvo muy atento a todo lo que ocurría en el campo de batalla, pero también a sus ramificaciones en territorio español, sobre todo ante la posibilidad de una intervención aliada en el país.

El Servicio de Información de la DGS elaboró numerosos informes sobre lo que acontecía principalmente en el frente soviético, donde estaban los miembros de la División Azul. En uno de ellos, de febrero de 1942, se habla de la labor de los soldados españoles, destacando «su temple, arrojo y desprecio a la vida tan sublime» y sus «actos de resistencia tan insospechados». En el informe se relata que el conde de Mayalde, a la sazón embajador en la Alemania nazi, visitó a los heridos en el hospital de Königsberg, acompañado por el jefe de las SS, Heinrich Himmler, para levantar los ánimos y contrarrestar el pesimismo alemán ante la ofensiva soviética, insistiendo en que los heridos españoles, a quienes se describía como «heroicos soldados», sufrían los efectos de la congelación y se quedaban sin dedos en pies y manos[37].

Al mes siguiente, el mismo Servicio de Información realizó otro dosier sobre un hipotético desembarco de las fuerzas anglo-americanas en territorio español. Según los datos de los que disponían, lo intentarían por Asturias, una región en la que «no solo hay los elementos huidos [que] pueden servir de base a la organización de grupos rebeldes, sino una gran masa obrera que, por la imperiosa razón de necesitar un trabajo, no han sido depurados y pueden convertirse en importantes núcleos que, unidos a las fuerzas invasoras, les faciliten su labor»[38].

En noviembre de 1942, la DGS elaboró un nuevo informe sobre el papel de España en el espionaje internacional, ya que el país «se encuentra ante la proximidad de las fuerzas anglosajonas [tras la derrota del Ejército alemán en África y el desembarco de los británicos en Marruecos] de un lado y de los alemanes por el otro». En el documento se habla de cómo el falangista Javier Becerra Gómez, que trabajaba en banca y que había estado veinte años en Guinea Ecuatorial, fue captado por los servicios secretos alemanes para recabar información valiosa, ya que hablaba varios idiomas y conocía bien África. De hecho, se le encomendó la tarea de impulsar rebeliones entre las tribus de Camerún, tras lo cual trabajó para el mariscal Rommel realizando tareas de espionaje en Egipto y Libia. Posteriormente marchó a Alemania, donde se entrevistó con el embajador español, Ginés Vidal y Saura, al que dio información sobre varios espías alemanes que actuaban en España.

En Barcelona, los servicios secretos alemanes tenían una oficina de reclutamiento en la Rambla de Cataluña 19, y disponían de la casa de una tal Sara Balmori, en la calle Muntaner 130. Asimismo, la librería de Miguel Carbonell, en la calle Avignon 20, se convirtió en un centro del espionaje nazi, a cuyo mando se encontraba el almirante Wilhelm Canaris. En estas oficinas había planos y mapas de España y, según el informe, las fuerzas italianas, tras la caída de África, pretendían tomar las islas Baleares[39].

LA DGS SE CONVIERTE EN EL «BELSEN ESPAÑOL» (1941-1951)

Después de José Finat, la dirección de la DGS recayó en un militar, Gerardo Caballero Olabézar, muy conocido en Asturias por la dura represión que llevó a cabo en la región después de la Guerra Civil. Nacido en 1890, Caballero ocupó varios puestos administrativos en el Ejército a lo largo de la Segunda República, formó parte de la Guardia de Asalto y, durante la Revolución de octubre de 1934, hizo frente a los revolucionarios en Oviedo. También en la capital asturiana participó en la resistencia contra las tropas republicanas que se organizaron después de que el general Aranda declarara el estado de guerra el 19 de julio de 1936. En dicha defensa perdió el ojo izquierdo. Tras la caída del Frente Norte, fue nombrado delegado de Gobernación Civil y de la Jefatura de Milicias de FET y de las JONS, y, posteriormente, ascendió hasta gobernador civil en Asturias. Unos meses después volvió al frente, a la Cuarta División Navarra, y volvió a resultar herido en la batalla del Ebro. En diciembre de 1939, una vez acabada la guerra, fue nombrado gobernador civil de Guipúzcoa[40].

Todos estos servicios recibieron como «premio», el 10 de mayo de 1941, su nombramiento como director general de Seguridad, puesto en el que estuvo poco más de un año, hasta el 29 de junio de 1942. Sin embargo, durante su mandato comenzó la construcción de nuevos edificios para albergar el Cuerpo Nacional de la Policía y la Policía Armada, por ejemplo, en Oviedo[41]. También firmó una de las primeras circulares sobre la defensa de la moral en playas y piscinas. El texto, aprobado en junio de 1941, decía que, para evitar «abusos o falta de decoro ciudadano en la presente estación veraniega», se establecería una serie de normas. Quedaba prohibido en todo el territorio nacional bañarse en playas o piscinas sin vestir la prenda adecuada, y tampoco se permitía el uso de bañadores que, por su forma o parte del cuerpo que dejaran desnuda, resultaran ofensivos al pudor o a la decencia pública. Asimismo, se perseguiría a los bañistas que permanecieran fuera del agua sin vestir un albornoz u otra prenda análoga. No estaban permitidos los bailes en traje de baño en piscinas y playas, y se instaba a los agentes de la Policía a denunciar «sin demora» a quienes no respetaran estas normas. A los infractores se les impondría una multa de quinientas pesetas[42].

A Gerardo Caballero lo sustituyó Francisco Rodríguez Martínez, que ocupó el cargo de director de la DGS durante nueve años, de 1942 a 1951. Antes de la Guerra Civil, en el currículum de este militar —siempre vinculado al Alto Estado Mayor— apenas había nada destacable, pero la cosa cambió cuando, mientras estaba en la Comandancia Militar de Canarias, se unió a los sublevados y, al frente de un pelotón de soldados, acudió en socorro del gobernador civil de Tenerife, que estaba siendo asediado por milicianos republicanos. Tras participar en la sublevación en las islas, marchó a la Península para trabajar en el Cuartel General de Franco, y cuando el conflicto finalizó, fue nombrado fiscal general de tasas, con la misión de perseguir el mercado negro.

Fue Franco quien tomó la decisión de nombrarlo director general de Seguridad, tarea que, por lo general, recaía en el ministro de la Gobernación. El día de su nombramiento, el ministro Valentín Galarza Morante elogió su labor como fiscal, destacando que había puesto toda «su inteligencia y su laboriosidad infatigable» al servicio del régimen, gracias a lo cual se le podía encomendar la misión de dirigir las fuerzas de orden público. Durante los años en que estuvo al frente de la DGS, Francisco Rodríguez fue premiado con diversos distintivos, como la Medalla al Mérito Policial, la Gran Cruz al Mérito Civil, la Gran Cruz de Isabel la Católica, la Cruz al Mérito Naval, la Cruz al Mérito Militar, la Gran Cruz de la Benemerencia Portuguesa o la Gran Cruz de San Hermenegildo, y, además se le concedieron los títulos de comendador del Cristo de Portugal y de San Raimundo de Rocafort[43].

Todas estas condecoraciones tenían que ver con su trabajo represivo al frente de la DGS. Tanto es así que durante esos años

(1942-1951) a la Real Casa de Correos se la comenzó a llamar el «Belsen español», en referencia al campo de concentración de Bergen-Belsen, construido en 1940 en la ciudad de Celle, en el norte de Alemania, que acogió a prisioneros de guerra británicos, norteamericanos y soviéticos, y desde 1943 a miles de judíos. El campo llegó a tener ocho secciones: un «campo de prisioneros», dos campos para mujeres, un campo especial, un campo de neutrales, el «campo estrella», un campo húngaro y un campo de tiendas de campaña, y se calcula que allí murieron unas cincuenta mil personas. El 15 de abril de 1945, las tropas británicas tomaron el lugar[44], lo que permitió que las noticias de lo que allí había sucedido comenzaran a llegar a toda Europa. El 15 de diciembre de 1945, el comunista Ramón Vía, desde la prisión de Málaga, describió las torturas que había sufrido a manos de la Policía. Lo hizo en un texto que tituló «Yo acuso», donde declaró que «todos los hombres y mujeres del mundo civilizado han sentido estremecerse ante el horroroso relato de los monstruosos crímenes cometidos en Belsen y Dachau». Tras esta manifestación, subrayó la idea de que en cada ciudad española «hay un Belsen», refiriéndose a los centros de detención de la Policía franquista[45].

Sin duda, el Belsen más conocido se encontraba en el centro de la capital, y así denominaba la prensa clandestina al edificio de la antigua Real Casa de Correos. Incluso antes de que el campo alemán fuera liberado, la revista *Nuestra Bandera,* del PCE, relató las torturas infligidas a la militante antifranquista Mercedes Gómez Otero, denominando a los sótanos del edificio de la DGS como un «campo de concentración» en el que fue «salvajemente torturada [...]. Ni su condición de mujer, ni su estado avanzado de tuberculosis, ni sus continuos vómitos de sangre pudieron impedir que los perros falangistas la golpearan ferozmente»[46].

Sin embargo, fue tras la aparición del escrito de Ramón Vía cuando el PCE publicó un manifiesto (en febrero de 1946) denunciando las torturas que se infligían en la DGS y pidiendo la intervención de las Naciones Unidas. También se animaba al pueblo madrileño a defender a los militantes antifranquistas que estaban retenidos en el edificio y se instaba a los obreros a hacer paros, a enviar cartas a las embajadas y a manifestarse por «la extinción de las torturas en Gobernación, el "Belsen" español», contra la pena de muerte y por la amnistía[47].

En el mes de marzo, y en la misma revista, el comunista Jesús Izcaray, autor de un libro sobre la Puerta del Sol y su militancia política durante la dictadura de Primo de Rivera, escribió un artículo titulado «El Belsen en la Puerta del Sol», donde describe cómo allí los policías y los falangistas torturaban y vejaban a hombres y a mujeres. Incluso cuenta que una mujer fue violada diecisiete veces por las fuerzas del orden[48].

Además del apelativo «Belsen», la prensa clandestina hablaba del edificio de la Puerta del Sol como «la Bastilla que algún día habría que tomar», aludiendo al centro de detención parisino que fue tomado por los revolucionarios el 14 de julio de 1789. En las cárceles, los militantes antifranquistas hablaban del «campo nazi» en que se había convertido la antigua Real Casa de Correos, y durante 1946 y 1947, en todas las campañas dirigidas a salvar a los condenados a muerte se hacía referencia a las torturas sufridas en el «Belsen español». Incluso en diciembre de 1953 la prensa clandestina publicó un artículo en el que podía leerse que «en medio de esta parcela del "mundo libre" se alza un viejo caserón. Franco lo titula Dirección General de Seguridad. Nuestro pueblo lo llama el Belsen español»[49].

Una Policía cada vez más preparada

Tras el final de la Segunda Guerra Mundial, y ante la condena del régimen franquista por parte de la comunidad internacional, la DGS optó por desacreditar las críticas acusándolas de ignorancia y parcialidad. Así, en el discurso de Año Nuevo de 1947, Francisco

Rodríguez, que había iniciado su quinto año al frente de la DGS con el cierre de fronteras por el fusilamiento del guerrillero Cristino García Granda, héroe de la Resistencia francesa —del que hablaremos más adelante—, el año anterior, llegó a decir que la envidia era la causa de los ataques a España y que, ante los problemas que había en el mundo, a las potencias aliadas solo les preocupaba sacar a España «de un supuesto infierno». Añadió que los que no eran españoles no pueden conocer la verdad del país y que al pueblo español poco le importaban las campañas del extranjero, ya que en el país se estaba liberando a los presos y se permitía la vuelta de los exiliados[50].

Durante el mandato de Francisco Rodríguez, la DGS también desempeñó un papel esencial en lo que al ensalzamiento de los valores de la dictadura se refiere. El 3 de marzo de 1943, durante las fiestas del patrón de la Policía, el Santo Ángel de la Guarda —para la ocasión se organizaba una cena de gala en la DGS a la que asistía la mujer de Franco, Carmen Polo—, se inauguró en la escalera principal del edificio un monumento a los caídos (un ángel custodio en mármol gris) en cuya base podía leerse: «¡Presentes! Gloria y honor a los policías españoles que murieron por Dios y por la Patria. ¡Arriba España!». El director general de Seguridad pronunció un discurso en el que destacó que la muerte de aquellos «mártires» no sería «estéril, ni sería traicionada». Unos meses después, la Falange entregó un emblema a Francisco Rodríguez por «la compenetración y coordinación entre ambos organismos hermanos», refiriéndose al Movimiento y a la DGS[51].

Fue también en la década de 1940 cuando la Policía se especializó aún más en sus tareas de investigación, información y represión. En 1946 se abrió la Escuela de Policía, en la calle de Miguel Ángel 7, donde los futuros agentes se formarían para servir al dictador «contra la campaña de odios y envidias desatadas en el extranjero». El director general de Seguridad habló también del «oasis» en el que España se había convertido gracias a Franco[52].

En esos años se estrecharon las relaciones entre la dictadura española y la portuguesa de António Oliveira Salazar, lo que se tradujo en la colaboración de sus respectivas Policías políticas: la DGS y la PIDE (Policía Internacional y de Defensa del Estado). Los mandos de una y otra se visitaban con frecuencia en sus sedes y compartían información sobre sus métodos y líneas de actuación. Para Francisco Rodríguez el principal objetivo era acabar con el movimiento guerrillero, que a mediados de los años cuarenta se había revitalizado con la derrota de las potencias del Eje en la Segunda Guerra Mundial, la lucha del maquis francés y la participación de republicanos españoles en la resistencia antinazi. Los guerrilleros esperaban una intervención aliada en suelo español, situación que hizo que la oposición antifranquista redoblara sus esfuerzos por la vía armada. En Madrid, los conocidos como «guerrilleros de ciudad» fueron un verdadero quebradero de cabeza para las autoridades, que reaccionaron de manera contundente.

Primer objetivo: acabar con los comunistas

Quienes más preocupaban al régimen eran los comunistas, sobre todo porque eran los que estaban mejor organizados y los que contaban con más apoyo en el exilio. Para hacerles frente, la DGS preparaba ideológicamente a sus agentes mediante los llamados «Boletines de Información Anti-Marxista» —se publicaron unos cuarenta entre 1939 y 1945—, donde se intentaba justificar la labor represora del régimen, al tiempo que se ofrecían argumentos teóricos para actuar contra los opositores. Para su autor, el policía y escritor Eduardo Comín Colomer, España era «un objeto codiciado de Rusia», por lo que era necesario luchar «contra la infiltración roja», es decir, contra las organizaciones comunistas. A partir de 1945 pasaron a denominarse Boletines de Investigación Social —con un carácter más técnico— y en ellos se enumeraban las detenciones realizadas por la Brigada Político-Social y las estadísticas anuales sobre hechos delictivos y personas apresadas[53].

El año 1945 fue un momento de sacudida tanto para la oposición antifranquista como para el sistema represor del régimen. Algunos dirigentes comunistas, como Jesús Monzón y Heriberto Quiñones, sufrieron las purgas de la dirección del movimiento en Moscú y Francia, lo que provocó que numerosos militantes fueran enviados desde el exilio hasta el interior del país para impulsar la lucha guerrillera. Así, por ejemplo, el 25 de febrero, cinco guerrilleros se reunieron alrededor de las barcas voladoras (una atracción de feria), en la madrileña calle de Bravo Murillo, para preparar el asalto a la sede de Falange, que estaba ubicada en la calle de Ávila. La operación la había concebido José Vitini, jefe de los guerrilleros en la capital —durante la Guerra Civil había luchado en Asturias y había formado parte del maquis francés con la Resistencia francesa—, tras recibir la aprobación de Celestino Uriarte, responsable del aparato de guerrillas. Para llevarla a cabo fueron elegidos Félix Plaza —como jefe del grupo—, José Carmona, Tomás Jiménez, Domingo Martínez y Luis del Álamo. El primero decidió que Carmona y Jiménez subieran a la primera planta del edificio de la Subdelegación de Falange, mientras Martínez y Álamo se quedaban en la entrada para vigilar. En el primer piso, los guerrilleros se encontraron con Martín Mora Bernáldez y David Lara Martínez, secretario y conserje del edificio, respectivamente, a los que dispararon[54].

Como cabía esperar, el régimen utilizó el suceso para hacer propaganda contra el comunismo. El entierro de los dos falangistas se convirtió en un evento multitudinario y la prensa se hizo eco de los actos en solidaridad con los asesinados.

De inmediato, Francisco Rodríguez puso a buena parte de los efectivos de la Brigada Político-Social de Madrid a trabajar en lo ocurrido, aunque las detenciones se produjeron por una casualidad. A raíz del arresto de una joven que repartía propaganda ilegal, la BPS dio con Tomás Ramírez Carretero, secretario de propaganda y agitación del Sector Norte, Cuatro Caminos y Tetuán, quien, tras ser interrogado, les condujo hasta Vicente Peragón Herranz, responsable del secretariado de la organización del PCE en la capital. Después cayó Narciso Díaz Gallego, en cuya casa se encontraban José López García y Ernesto López Baigorri componiendo las páginas de un periódico clandestino. Más tarde detuvieron a Fernando Villa Landa, que se encargaba de tirar propaganda en una multicopista dependiente del comité regional del partido, y a Juan Casín, un guardia municipal que hacía de enlace entre el aparato de propaganda y el militar.

Frente a su casa, los agentes de la BPS hallaron un pozo en el que estaba escondida la documentación que habían robado a los falangistas, una pistola y munición, por lo que decidieron montar un operativo de vigilancia para controlar a los que llegaban hasta allí. Fue entonces cuando detuvieron a uno de los implicados en el atentado, Domingo Martínez, quien, tras varias sesiones de tortura, dio el nombre de algunos de sus compañeros. Poco después arrestaron a Félix Plaza, a José Carmona y, finalmente, a últimos de abril de 1945, a la pieza más codiciada, José Vitini.

A raíz de estas detenciones, los sótanos de la DGS quedaron abarrotados. Los calabozos tenían un metro y medio de ancho por dos de largo, y no había más ventilación que el aire que se colaba por un agujero. Aunque estaban concebidos para albergar a un solo detenido, allí se encerraban hasta diez personas, que tenían que darse la vuelta a la vez cuando llegaba la hora de dormir.

Como los policías no daban abasto para golpear a tantos hombres, decidieron contratar a un boxeador profesional, Heliodoro Ruiz, para que hiciera el trabajo sucio. Uno de los detenidos, Carlos Conejo, se quedó sordo como consecuencia de un puñetazo del púgil, aunque, en realidad, todos acabaron magullados y con terribles secuelas a causa de los malos tratos. Uno de los que más sufrió fue Juan Casín, a quien amenazaron con matar a su mujer e hijas —que fueron trasladadas a la Puerta del Sol— si no hablaba.

Casín estuvo diez días incomunicado, atado a un radiador, y recibió tantos golpes que apenas se le reconocía. Las heridas de rodillas y muñecas se le infectaron y su cuerpo estaba lleno de quemaduras de cigarrillos. El 23 de abril, siete de los detenidos —los cinco participantes en el asalto más Vitini y Casín— fueron condenados a muerte. El 28 de abril eran fusilados en el cuartel de Campamento[55].

Otro comunista que sufrió en sus propias carnes las torturas de la DGS en aquellos años fue el asturiano Cristino García Granda. Nacido en la aldea de El Ferrero, en el concejo de Gozón, antes de la Guerra Civil trabajaba como fogonero en el barco Luis Adaro, que en el momento de la sublevación se encontraba en Sevilla. Después del golpe, los trabajadores del barco se amotinaron y se dirigieron hacia Gijón, en zona republicana. García Granda llegó a tener el grado de teniente del Ejército republicano y luchó en Asturias y Cataluña. En 1939 se exilió a Francia, donde fue retenido en un campo de internamiento. Pronto entró en el maquis francés, al frente de la 158.ª División de la Agrupación de Guerrilleros Españoles. Tras el final de la Segunda Guerra Mundial, Santiago Carrillo le encargó el asesinato de Gabriel León Trilla, un opositor de dentro del PCE, a lo que se negó. Posteriormente, tras la ejecución de Vitini, se le encomendó la dirección en la capital del Centro General de la Resistencia y de la Agrupación Guerrillera de la Zona Centro[56].

El 17 de octubre de 1945 fue detenido por la Brigada Criminal, aunque fueron miembros de la BPS quienes se encargaron de interrogarlo. Los policías que lo arrestaron fueron el comisario Eugenio Benito Poveda —al mando de la operación— y los agentes Juan Tomás Benito, José Cepeda Bravo y Julián Cabeza Montoya, que le requisaron una maleta con 18.040 pesetas, una pistola y varios documentos internos de la organización[57]. En las dependencias de la DGS, Cristino sufrió torturas durante varios días, lo que le llevó a intentar suicidarse en el calabozo. Según declararon los agentes que lo encontraron, «estaba tendido sobre un charco de sangre, mirando unas fotografías que tenía sobre la pared. Al entrar en dicha celda, a ver lo que le pasaba, le observaron dos heridas en el brazo izquierdo sobre la vena que se produjo con una herradurita que tenía clavada en un zapato como refuerzo del mismo»[58]. Las heridas le provocaron aponeurosis en las muñecas y varias heridas en el antebrazo. Le curaron en las mismas dependencias policiales y, después, se montó un servicio de vigilancia que lo dejó totalmente incomunicado hasta el 5 de noviembre. Finalmente, fue fusilado el 21 de febrero de 1946, en las tapias del cementerio de Carabanchel.

La muerte de Cristino García dio lugar a una importante protesta internacional, sobre todo en Francia, que cerró las fronteras con España. Para contrarrestar, la DGS pidió entonces más información sobre los antecedentes de la víctima —quince años después harían lo mismo con Julián Grimau— para desacreditarlo[59].

Sin embargo, las acciones del PCE no cesaron. A finales de 1945, varios dirigentes llegaron a España desde el exilio en Francia, como Eduardo Sánchez Biedma y Agustín Zoroa, que fueron detenidos en una redada, en septiembre de 1946, a raíz del arresto de Silverio Ruiz, miembro de la Comisión de Organización del Comité Regional. Sánchez Biedma, responsable de la organización en la capital, fue sometido a salvajes torturas, tal y como denunciaron su organización y la prensa clandestina. Según el PCE, lo apalearon, lo azotaron, le magullaron todo el cuerpo y murió en la cárcel de Madrid a causa de los golpes recibidos. Sin embargo, como relata Fernando Hernández en su libro *Los años de plomo,* las cosas no sucedieron así exactamente: primero, es cierto, lo golpearon, pero después lo llevaron por la ciudad de Madrid para que delatara a otros compañeros. El 15 de octubre, en la estación de metro de Antón Martín se arrojó a las vías.

Agustín Zoroa fue detenido por el soplo de un chivato del PCE, un tal Manuel Rodríguez Antonio. En el «Belsen español, la Gestapo franquista» le dio de latigazos con varas metálicas y le sometieron a duchas heladas y a corrientes eléctricas. Fue juzgado y fusilado, junto a Lucas Nuño, otro dirigente del partido, el 29 de diciembre de 1947[60].

La dirección del PCE quedó entonces en manos, entre otros, de dos hombres que se convirtieron en chivatos de la Policía, Luis González Sánchez, alias *El Rubio,* y José Tomás Planas, alias *El Peque* —el primero por convicción y el segundo por las torturas recibidas—, con quienes Santiago Carrillo mantenía correspondencia desde el exilio. Gracias a ellos, la DGS consiguió llegar hasta José Satué Malo, que era el encargado del trabajo sindical en el PCE y que cayó en la trampa que le puso el famoso policía Roberto Conesa —implicado en la detención de las Trece Rosas al poco de acabar la Guerra Civil—. Conesa quedó con Satué para acudir a la imprenta del periódico *Mundo Obrero,* que en realidad había sido incautada por la Policía, lo que provocó la detención del comunista y de toda la red clandestina de la organización. Según la prensa antifranquista, Satué y sus compañeros estuvieron «semanas y semanas incomunicados, siendo objeto de brutales torturas y pisoteados por los esbirros del régimen» en los sótanos de la DGS. Fueron condenados a penas de más de treinta años de cárcel.

En 1945, el periódico del PCE denunció que Antonio Navarro Ballesteros, hermano del que fue director de dicha cabecera y fusilado en 1939, había muerto en la Prisión Provincial de Madrid a causa de las torturas que había recibido en la DGS[61]. Sin embargo, tanto El Rubio (que fue detenido en un paripé preparado por la BPS) como El Peque (que durante los interrogatorios dijo todo lo que sabía) fueron puestos en libertad por orden del coronel Enrique Eymar Fernández, juez del Tribunal para la Represión de la Masonería y el Comunismo, y, finalmente, sus causas quedaron sobreseídas. A partir de ese momento, el PCE inició una especie de travesía por el desierto —en 1948 abandonó la lucha armada— que duró hasta mediados de la década de 1950, momento en el que la organización comenzó a recomponerse[62].

Los anarquistas en el punto de mira

Los anarquistas, que habían sido la principal fuerza sindical durante los años de la Segunda República y la Guerra Civil, también sufrieron la represión en los primeros años de la posguerra y muchos acabaron en los calabozos de la DGS de la Puerta del Sol. En los Boletines de Información Anti-Marxista se analizaba al detalle la historia del movimiento: sus inicios con Mijaíl Bakunin, su ingreso en la I Internacional y su actividad durante el Sexenio Democrático, la Restauración, la dictadura de Primo de Rivera, la Segunda República y la Guerra Civil. También se hacía especial hincapié en la actividad clandestina durante los primeros momentos del franquismo; en los debates internos entre los diferentes sectores del movimiento, tanto en el interior como en exilio, y en sus principales dirigentes. No había duda de que en la organización había algún infiltrado que enviaba toda esta información a la DGS[63].

Aunque la BPS hablaba de que las fuerzas anarcosindicalistas estaban «desnortadas, sin dirección, sin control, abandonadas por sus gerifaltes, buscando los puertos de Levante para huir de su tierra natal», lo cierto es que la CNT logró recomponerse al poco de terminar la Guerra Civil. Así, por ejemplo, en el campo de concentración de Albatera (Alicante) se acordó que todos aquellos que habían tenido responsabilidades en la organización siguieran en sus funciones hasta que los militantes —reunidos en asamblea— dictaminasen la formación de los nuevos comités.

Así, en mayo de 1939, se constituyó el primer comité nacional clandestino de la CNT, cuya sede pasó a estar en Valencia. Su labor principal era evitar que los compañeros más significados cayeran en las garras de la Policía y ayudar a los familiares de los represaliados. En noviembre de 1939, todos los miembros del comité fueron detenidos, aunque su juicio no se celebró hasta cinco años después. El secretario general, Esteban Pallarols, fue trasladado a Barcelona y enjuiciado aparte, en 1943, tras lo cual fue condenado a muerte y fusilado. Los demás fueron condenados a penas de entre seis y veinticuatro años de prisión[64].

Tras estas detenciones masivas, el comité nacional se trasladó a Madrid, donde se constituyeron tres comités más durante los primeros años de posguerra. El segundo lo dirigió Manuel López, que había podido huir del campo de concentración gracias a una documentación falsa. Al poco de ser detenido, murió de tuberculosis en 1941 en el hospital de Valdelatas, en Madrid. El siguiente tuvo como secretario general a Celedonio Pérez, quien, tras ser apresado en 1949, fue juzgado y condenado a treinta años de cárcel.

A pesar de estos reveses, la CNT consiguió reorganizarse y constituir nuevos comités regionales en zonas como Cataluña y Levante. Según datos de Ángel Herrerín, la organización llegó a aglutinar a cincuenta mil militantes entre el interior y el exterior[65]. El periodo más importante de actividad clandestina de los anarcosindicalistas fue el comprendido entre 1944 y 1947, coincidiendo con el final de la Segunda Guerra Mundial, a lo que se añadía cierta inestabilidad en el régimen franquista y el impulso de la actividad guerrillera. De hecho, la CNT fue uno de los promotores de la Alianza de Fuerzas Democráticas, un organismo antifascista en el que se integraban también republicanos y socialistas —los comunistas fueron excluidos por las discrepancias durante la Guerra Civil— para combatir a Franco[66].

La BPS vigilaba de cerca las actividades de la CNT tanto en el interior como en el exilio. Tal y como se describe en sus boletines, los anarquistas pretendían intensificar su «acción directa» realizando sabotajes contra industrias donde hubiera intereses británicos o norteamericanos. En la DGS sabían cuántas reuniones organizaba el comité nacional —que residía en Toulouse (Francia)—; las divisiones dentro del movimiento entre los «ortodoxos», que querían mantener los postulados anarquistas y revolucionarios, y los «colaboracionistas», que optaban por mantener la unidad antifascista que hubo durante la contienda para luchar contra Franco, y los artefactos que tenían en su poder, como pistolas o bombas magnéticas. Toda esta información la trasladaba la BPS a la DGS[67], que logró que de los quince comités formados hasta 1952, doce fueran eliminados y sus miembros condenados a veinte, veinticinco y treinta años de cárcel. Sigfrido Catalá, secretario general del VI Comité Nacional Clandestino y firmante de la CNT en la constitución de la Alianza de Fuerzas Democráticas, fue detenido en marzo de 1945 y sentenciado a la pena de muerte, aunque luego esta le fue conmutada por la de treinta años de prisión. Por su parte, César Broto, secretario del VIII Comité, que aprobó la participación en el Gobierno republicano de José Giral, fue condenado a treinta años de cárcel, los mismos a los que fue sentenciado Antonio Castaño, secretario del XIV Comité Nacional Clandestino y firmante, junto con socialistas y monárquicos, en la constitución del Comité Interior de Coordinación de la Alianza en 1949.

La represión cayó también sobre la facción de los «ortodoxos», que apostaban por una mayor actividad guerrillera y por los sabotajes. En 1946 fue detenido José Luis Facerías, dirigente del Movimiento Ibérico de Resistencia, tras lo cual esta organización se reconvirtió en el Movimiento Libertario de Resistencia, que se disolvió en 1948 por la falta de ayuda del exilio. En 1949, en Cataluña, varios grupos armados fueron disueltos por la BPS y muchos de sus integrantes perdieron la vida en enfrentamientos con la Policía[68].

La prensa clandestina recogió en diversos artículos los castigos y las torturas que padecieron muchos de estos dirigentes en los sótanos de la antigua Real Casa de Correos de la Puerta del Sol. Enrique Marco Nadal, por ejemplo, trabajador ferroviario, secretario del XI Comité y condenado a treinta años de cárcel, cayó gravemente enfermo en junio de 1949 tras permanecer ciento seis días incomunicado y ser apaleado por la Policía en los calabozos de la DGS[69].

A finales de la década de 1940 y principios de la de 1950, la actividad de los anarquistas cayó en picado, si bien algunos grupos guerrilleros, como el de Quico Sabaté en Barcelona, siguieron actuando hasta 1960.

Los socialistas también son objetivo de la represión

A partir de 1942, los socialistas también intentaron llevar a cabo un proceso de reorganización en el interior por medio de diversas ramas y grupos sindicales. En Madrid llegó a haber mil quinientos militantes, según datos de la propia Policía, aunque en 1943, entre los meses de octubre y diciembre, recibieron un serio revés al caer las ramas de acción en la construcción, los transportes, los espectáculos y las panaderías, y al detenerse a la dirección de la organización en la capital. El 17 de octubre fueron arrestados Antonio Alba Amor y Manuel Parazuelos, secretario y tesorero, respectivamente, del sindicato de albañiles de la UGT. Al día siguiente, fue detenido Evelino Gómez, de la dirección juvenil, que llevaba consigo una libreta con anotaciones y direcciones que la Policía consiguió descifrar a base de golpes en la DGS. Otro de los apresados fue José Cecilio Macho, del Sindicato de Espectáculos, que acabó con el estómago reventado después de dos días de interrogatorios[70].

En 1953, tras la detención y asesinato del dirigente Tomás Centeno —del que hablaré en el siguiente capítulo—, la dirección del PSOE realizó un informe sobre la represión sufrida durante los primeros años de la posguerra. Entre 1944 y ese año, cayeron en las garras de la Policía franquista seis comisiones ejecutivas (en febrero de 1945, en mayo de 1946, en diciembre de 1948, en julio de 1949, en marzo de 1952 y en febrero de 1953). Centenares de militantes de distintas provincias fueron detenidos y «todos conocieron los rigores de los bárbaros interrogatorios»[71].

La «cueva de la fiera» en la Puerta del Sol

Numerosos estudiantes de la Federación Universitaria Escolar (FUE) también fueron detenidos en estos primeros años de posguerra. Fue el caso de Nicolás Sánchez Albornoz y de Manuel Lamala, cuya «procedencia social tuvo un defecto muy desconcertante en la Policía», que decidió no torturarlos por ser hijos de burgueses. Aun así, estuvieron varios días incomunicados en una celda diminuta, durmiendo en el suelo y soportando «una situación terrible»[72].

Respecto a las mujeres, fueron muchas las que pasaron por los calabozos de la DGS durante los primeros años del régimen de Franco. En el libro *Memoria del frío,* el escritor Miguel Martínez del Arco narra de manera novelada —y a través de testimonios— cómo su madre, Manolita del Arco (la presa que más años estuvo en las cárceles franquistas), fue torturada en los calabozos de la DGS por su militancia comunista:

> El coche da la vuelta a la DGS y entra por el callejón posterior a la Puerta del Sol [...]. Sale al patio posterior y mira sin ver. Arias hace un gesto y los policías la empujan por las escaleras, llegan a un descansillo con mesa y un guardia sentado frente a ella. «Es la vasca». La mira y grita. «Chicos, el paseíllo para la vasca». No entiende, pero cuando la pasan por el corredor está plagado de guardias y a medida que avanza le dan golpes en los muslos, en la cabeza, en la cara, en el pecho, mientras gritan como si estuviera con una fiera. Con las manos ensartadas en las esposas, apenas le da tiempo a cubrirse, y solo trata de correr. Oye como claman «mira la puta, qué buenas ancas, mírala como corre, una rata, puta, roja, puta». Al final, una puerta de metal abierta, una puerta que se cierra tras ella. La oscuridad [...]. Hay un jergón tirado en el suelo. La escasa luz entra de arriba, de un ventanuco de ladrillo, con rejas, pero tapado además con mampostería. Un cubo de zinc al fondo, sobre el piso de cemento. No hay más [...]. A veces pasan dos días y la puerta no se abre,

> solo para darle el rancho y agua. Pero otras veces se la llevan [...]. Los golpes la dejan exhausta. Esos vergajazos en la espalda, los muslos, el culo, que se ha ido poniendo negro[73].

Para la prensa clandestina, el edificio de la Real Casa de Correos era una «cueva de la fiera» donde «se ha reunido el aquelarre nazi, entre riesgos de hisopos, el terror con el crimen, el salvajismo, el miedo y el cinismo», y donde «se han cocido en la retorta maloliente de la iniquidad franquista, entre yugos y flechas, esvásticas y cruces». Los periodistas extranjeros también se mostraban críticos con las actividades represoras de la Policía franquista, que, como señaló Ed Knoblaugh, corresponsal del *International New Servicie* en Madrid, «está en todas partes y no es conveniente quejarse en un lugar donde pueda ser escuchado». El periodista también señaló que muchas personas quedaron lisiadas de por vida en los sótanos de la DGS[74].

Obviamente, el lugar pronto se convirtió en uno de los objetivos de la lucha guerrillera antifranquista, junto a las sedes de Falange, los cuarteles de la Guardia Civil o algunas empresas propiedad de gerifaltes del régimen. El 14 de febrero de 1947, los guerrilleros comunistas Mariano Fernández Garde y Juan Arribas Buedo, pusieron un petardo en las escaleras de la Real Casa de Correos, cerca de las oficinas de la Brigada de Investigación Criminal. Y lo mismo hicieron Juana Doña y José Antonio Adán Quintanilla en la embajada argentina[75]. Al parecer, fue Doña quien organizó las dos acciones. Los otros tres, que habían llegado a Madrid desde el campo de trabajo de Valdemanco, primero se alojaron en una vivienda de la calle de Embajadores, donde Doña contactó con ellos, pero después se marcharon al barrio de Usera.

Según el relato de Mariano Fernández, el 14 de febrero la mujer esperaba a los tres hombres en la glorieta de San Bernardo. Llevaba dos paquetes en las manos; uno se lo entregó a Quintanilla, y el otro a Arribas, que marchó con Mariano Fernández hacia la sede de la DGS en la Puerta del Sol. Doña los acompañó hasta la Brigada de Investigación Criminal para indicarles dónde debían colocar el explosivo. A las siete de la tarde, mientras Fernández vigilaba las escaleras, su compañero puso el artefacto en el lugar indicado y prendió la mecha con un cigarrillo. Después se marcharon hasta la entrada del metro de Noviciado, donde se habían citado con Doña. Fue entonces cuando se enteraron de que el otro artefacto había sido colocado en la embajada argentina[76].

La detención de los cuatro guerrilleros se produjo el 27 de febrero de 1947, y los interrogatorios, entre el 1 y el 2 de marzo. La Policía también arrestó a Pedro Sanz Frailes, al que acusaron de ser uno de los artífices intelectuales de lo ocurrido. Los daños producidos por la explosión en la DGS ascendieron a unas seis mil ochocientas pesetas; los de la embajada, a nueve mil trescientas dieciséis pesetas. El 7 de mayo se celebró el consejo de guerra en el que Mariano Fernández, José Antonio Quintanilla, Juan Arribas y Juana Doña fueron condenados a muerte, aunque a esta se le conmutó la pena por treinta años de prisión. Los otros tres fueron ejecutados en el cementerio de Carabanchel el 26 de agosto[77].

La imparable represión y la desmoralización de los grupos opositores ante la falta de intervención de los aliados en suelo español hicieron que la militancia antifranquista se mitigara. Por el contrario, los mandos policiales se mostraban eufóricos, lo que se aprecia claramente en el discurso que el director general de Seguridad, Francisco Rodríguez, pronunció en la Real Casa de Correos para recibir el año 1950:

> Al repasar los Boletines de Información de 1949, que sintetizan vuestra labor, no puedo por menos que expresar mi satisfacción por los éxitos logrados. [...] Con vuestro tenaz y perseverante esfuerzo habéis logrado algo más que un determinado número de servicios rematados con éxito, habéis logrado desenterrar la impunidad de los que se hallen en trance de delinquir, porque en el sentir general se ha

llegado a la conclusión de que en España, con esta Policía, cometer un delito puede ser cosa fácil, pero, una vez cometido, el descubrimiento del autor es una letra girada a plazo no excesivamente largo, cuyo vencimiento se ha de producir irremediablemente[78].

El entusiasmo no era para menos. En 1949, solo por cuestiones políticas habían sido detenidas 493 personas, 1.644 menos que en 1946, 3.400 menos que en 1947, y 863 menos que en 1948. En 1949, fueron arrestados 75 anarquistas, frente a 369 en 1946, 945 en 1947 y 198 en 1948. Comunistas fueron apresados 227, frente a 1.322 en 1946, 2.089 en 1947 y 619 en 1948. En 1949, fueron detenidos cuatro socialistas, frente a los 100 de 1946, 230 de 1947 y 121 de 1948. Separatistas vascos cayeron 118, frente a 122 en 1946, 199 en 1947 y cuatro en 1948. En total, 2.036 guerrilleros fueron asesinados y 3.211 resultaron heridos entre 1943 y 1950.

En 1951, solo 264 personas fueron detenidas por cuestiones políticas: 31 socialistas, 25 anarquistas y 81 comunistas. Estaba claro que la represión estaba dando sus frutos, una represión apoyada por un estado de guerra que, como ya se ha mencionado, se mantuvo hasta 1948. Es cierto que la oposición antifranquista durante aquellos primeros años causó más de un quebradero de cabeza a las autoridades policiales, pero estas disponían de todos los aparatos del Estado para hacerle frente[79].

Además de solventar el problema de la disidencia política, la DGS tuvo que afrontar otros asuntos de importancia simbólica. El principal era el control de la población, para lo cual, a finales de la década de 1940, se creó el Documento Nacional de Identidad (DNI), cuyos precedentes estaban en las cédulas personales del siglo XIX y principios del XX.

El primer DNI, de color verde, se expidió en Valencia el 20 de marzo de 1951 e incluía datos como el empleo, la profesión o el cargo del titular. Asimismo, había cuatro categorías dependiendo de la situación económica del mismo. En 1951, la Dirección General de Seguridad publicó varias notas en la prensa explicando la obligatoriedad de tener un carné de identidad en regla, ya que este podría pedirse en cualquier acto de la vida normal y oficial[80].

Otra cuestión a la que tuvo que dar respuesta la DGS fue la de los nazis que se refugiaron en España tras el final de la Segunda Guerra Mundial. El régimen franquista dio acogida a centenares de seguidores de Hitler, lo que provocó las críticas de todos los Gobiernos que pretendían juzgar a los criminales del nazismo. Ante la presión internacional, la DGS publicó una nota «sobre los refugiados políticos alemanes» en la que explicaba que quienes quisieran regresar a su país podían hacerlo si se presentaban ante las autoridades gubernativas en la provincia o en la Jefatura Superior de Policía. Si no lo hacían, su regreso sería mucho más complicado. Obviamente, muy pocos solicitaron su regreso a un país donde se estaban juzgando sus crímenes. Y menos aún teniendo en cuenta que la dictadura les permitía seguir en España y conseguir pingües beneficios con sus negocios[81].

Después de nueve años en el cargo, Francisco Rodríguez fue relevado de su puesto como director general de Seguridad debido «exclusivamente al paso del tiempo». El ministro de la Gobernación, Blas Pérez González, alabó su papel al frente del organismo y dijo de él que había ocupado «puestos de responsabilidad y confianza» en el Movimiento, demostrando siempre «lealtad, inteligencia y laboriosidad». Le sustituyó Rafael Hierro Martínez, que era inspector general de la Policía Armada y había sido gobernador civil en La Coruña[82].

Hierro estuvo seis años en el cargo, hasta 1957. Durante ese tiempo se produjeron importantes cambios dentro del régimen. En el contexto de la Guerra Fría, el franquismo consiguió apoyos internacionales, con Estados Unidos y el Vaticano a la cabeza, y se estabilizó.

Sin embargo, la oposición antifranquista también se recompuso con la aparición de grupos de jóvenes estudiantes y obreros a los que la Guerra Civil les cogió siendo muy niños y que, por tanto, tenían menos miedo a enfrentarse a la dictadura que sus antecesores. Aun así, esto no impidió que en la década de 1950 y principios de la de 1960, en la Real Casa de Correos de la Puerta del Sol, la DGS y la BPS cometieran algunos de sus crímenes más atroces.

4

La DGS durante la década bisagra del franquismo (1953-1963)

En este capítulo nos vamos a centrar en la que, según diversos investigadores, fue la «década bisagra» del régimen de Franco, unos años en los que se produjeron importantes cambios económicos, sociales y culturales que transformarían el país y que condicionarán el final de la dictadura.

Como consecuencia de la Guerra Fría, el franquismo consiguió dos aliados fundamentales, el Vaticano y Estados Unidos, lo que trajo consigo el apoyo de Occidente, ya fuera por acción o por omisión, y una apertura económica que, muy a pesar del dictador, hacía inviable la autarquía que había marcado los años anteriores.

Las divisas de los inmigrantes, las inversiones extranjeras y el turismo hicieron que la economía española experimentara un asombroso despegue, con un crecimiento, entre 1950 y 1958, del 5,1 % del PIB, lejos aún, es cierto, de los estándares europeos —de hecho, hasta la década de 1960 no se superaron los promedios anteriores a la Guerra Civil[1]—, pero, sin duda, un avance notable.

Como años después señaló el ministro de Información y Turismo Manuel Fraga Iribarne (de 1962 a 1969), *Spain is different,* aunque, como veremos, no tanto como algunos aseguraban. Lo cierto es que la clase obrera seguía viviendo en condiciones precarias; los inmigrantes que llegaban del campo a la ciudad se instalaban en un primer momento en chabolas miserables, para después pasar a barrios que carecían de las mínimas condiciones de habitabilidad. Tanto es así que a finales de la década de 1950, en ciudades como Madrid, un 20 % de la población carecía de un «hogar adecuado»; la inflación se situaba en un 11,7 % y el incremento de los precios de los alimentos llegó hasta el 50 %.

El desempleo, aunque no se contabilizaba, era masivo y, de hecho, para hacerle frente se crearon las Juntas Provinciales de Paro, que al poco tiempo se vieron desbordadas. Hasta 1956 no se consiguieron los niveles salariales anteriores a la Guerra Civil, lo que se logró gracias a la incipiente protesta obrera[2]. Todo esto, unido a la explotación laboral, a la falta de libertades políticas y sindicales, y al casi inexistente acceso a la cultura a causa de la censura, hizo que entre los estudiantes y los trabajadores surgiera un sentimiento de rechazo hacia el régimen que pronto tomó la forma de lucha organizada.

Ante el malestar popular, el franquismo hizo lo que mejor sabía, es decir, aplicar la más dura represión. Y, a fin de cuentas, para eso estaba la DGS y su brazo más siniestro, la BPS, que incluso cuando parecía que las aguas estaban tranquilas no dejó de recurrir a la tortura y a los malos tratos para doblegar a los opositores al régimen.

En 1953 ocurrió uno de los episodios más truculentos de esta época: el «suicidio» del socialista Tomás Centeno Sierra. Nacido en 1907 en Valderas (León), a los catorce años se trasladó a Madrid, donde pronto encontró trabajo como cobrador de tranvías. Militante de UGT y de las Juventudes Socialistas, a raíz de la huelga revolucionaria de octubre de 1934 fue detenido y encarcelado, tras lo cual perdió su empleo en la línea del tranvía de Canillejas. Durante la Guerra Civil formó parte de la Columna Mangada, una columna de milicias republicanas que luchó en la Sierra de Gredos en los dos primeros meses de conflicto, y de la 92.ª Brigada Mixta del Ejército republicano, lo que lo llevó a ser condenado a muerte cuando el conflicto acabó. Finalmente, la pena capital le fue conmutada por la de treinta años de cárcel, aunque en 1944 fue puesto en libertad gracias a un indulto. Rápidamente se integró en los círculos clandestinos socialistas madrileños y, aunque nunca recuperó su trabajo en la compañía de tranvías[3], consiguió un empleo en el sector de la construcción, en concreto en una fábrica de mármol del barrio de Canillejas. Allí conoció al dirigente socialista Rafael González Gil, que le permitió entrar en contacto con la dirección del partido en el exilio.

En 1953, la reconstrucción del PSOE y de la UGT parecía ir a toda marcha. Sin embargo, el 13 de febrero fueron detenidos varios miembros del Sindicato de Ferroviarios —del sector de Pacífico—, que condujeron a la Policía hasta Rafael González Gil y, de este, a Tomás Centeno, que fue arrestado el 15 de febrero y trasladado a la DGS. Sin embargo, su detención no se registró hasta cinco días después (20 de febrero), cuando Centeno ya estaba muerto. Según la versión policial, firmada por Saturnino Yagüe, entonces jefe de la BPS, lo que ocurrió fue lo siguiente:

> Dado que funcionarios actuantes llevaban de gestiones tres días sin descanso, se aplazó el acto de extender la correspondiente declaración, escrita para horas después, no pudiéndola realizar, ya que el detenido utilizando, al parecer, los «flejes» de la cama se produjo una incisión en la flexura del brazo derecho falleciendo en el botiquín de la Dirección General de Seguridad[4].

En las actas del juicio figura una supuesta declaración de Centeno diciendo que, desde marzo de 1952, trabajaba para la ejecutiva socialista del interior y que recogía el dinero del Banco Urquijo que se enviaba desde el exilio. Sin embargo, el líder socialista no llegó a firmar dicha declaración, ya que se hizo después del «suicidio».

En la prensa del régimen se refirieron al suceso como si se hubiera producido la detención de «una banda de estafadores y falsificadores», ya que la Policía tenía multitud de pruebas «de sus andanzas demoledoras del orden social». Centeno aparecía como el administrador de grandes sumas de dinero y como un malhechor que se dedicaba a actividades clandestinas, como la falsificación de sellos, por lo que puso «fin a su vida en el calabozo en el que se encontraba, según la certificación facultativa del médico de guardia y la inspección ocular»[5].

Las personas cercanas a Centeno dieron una versión bien distinta. Al día siguiente de conocerse la detención, se informó a los familiares de lo ocurrido y de que el cadáver se encontraba en el depósito. Les dijeron que el entierro se celebraría inmediatamente y que solo podrían asistir los familiares de primer grado. El hijo de Centeno y otro familiar acudieron al depósito, aunque se les prohibió ver el cadáver, que estaba cubierto por una sábana. Por un empleado del depósito supieron que tenía los genitales completamente desechos y que presentaba manchas moradas en ambos costados[6]. Estaba claro que, durante las setenta y dos horas que estuvo detenido en la DGS, había sido golpeado y torturado.

La dirección del partido en el exterior recibió la noticia el 27 de febrero de 1953. En marzo, *El Socialista* publicó un artículo de Rodolfo Llopis, máximo dirigente del PSOE en el exilio, en el que calificaba a Centeno como «un mártir más» y acusaba al régimen franquista no solo de asesinarlo, sino de pretender deshonrarlo:

> Nuestro compañero Centeno no se suicidó. Quienes le conocían y saben de su entereza ante la adversidad no pueden admitir este desfallecimiento de su conciencia moral. Quienes han pasado por los trágicos sótanos de la Dirección General de Seguridad y saben qué clase de métodos son los que emplean los monstruos encargados de arrancar las confesiones a los detenidos, no se extrañarán de que hayan sucumbido a los infames martirios de esas hienas[7].

Finalizada en 1778, la Real Casa de Correos fue concebida para coordinar el servicio postal, aunque también empezó a configurarse como lugar de organización de las fuerzas de orden público.

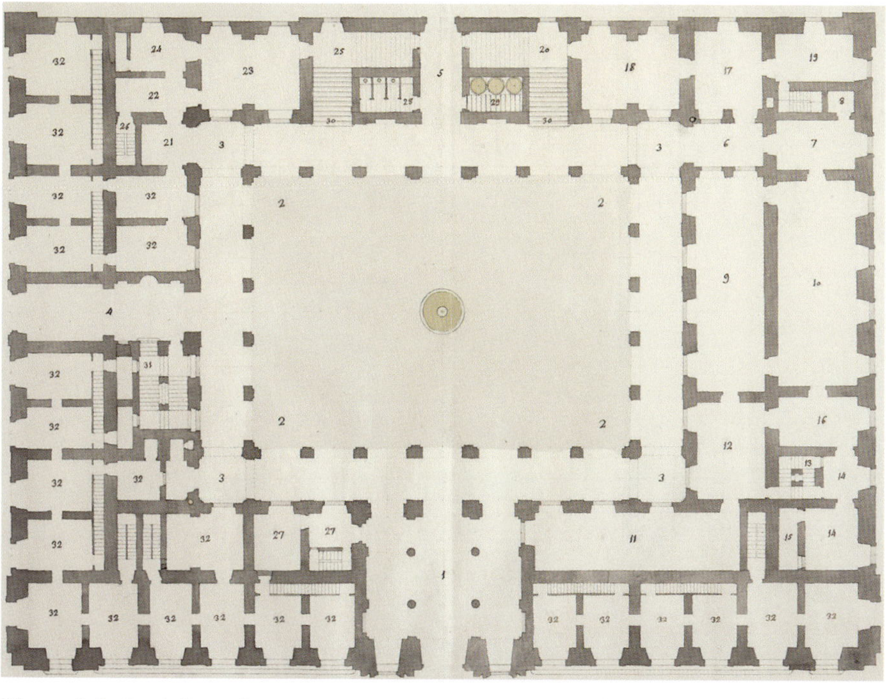

Plano de la Real Casa. Su construcción no estuvo exenta de dificultades y polémicas. Se dice que fue necesario que un sacerdote realizara un exorcismo porque había fantasmas.

La Puerta del Sol, desde sus inicios, se convirtió en un lugar de movilizaciones, rebeliones y levantamientos.

Como Ministerio de la Gobernación, la Real Casa de Correos fue un lugar clave para los revolucionarios.

También lo fue para reivindicar el poder real y el poder del Gobierno, con la construcción del Estado liberal.

A finales del siglo XIX, se tienen las primeras noticias de la celebración del fin de año en la Puerta de Sol. Las doce uvas se comenzaron a tomar a principios del siglo siguiente.

La represión en la céntrica plaza se llevó a cabo contra diferentes sectores, como obreros o estudiantes.

Uno de los puntos cúlmenes de la Puerta del Sol como lugar central de la movilización popular fue la proclamación de la Segunda República el 14 de abril de 1931.

Durante la Guerra Civil, el Ministerio de la Gobernación fue objetivo de los bombardeos de la Legión Cóndor nazi.

Acabado el conflicto, la Real Casa de Correos se convirtió, desde el 8 de octubre de 1939, en la sede de la Dirección General de Seguridad.

Los militantes antifranquistas temían la puerta de entrada porque sabían que era acceder al infierno. Allí les esperaban las torturas y los maltratos de la siniestra Brigada Politíco-Social.

La policía franquista tenía sus propios monumentos dentro del recinto, como este que recordaba a los caídos por Dios y por la patria.

En los años cincuenta y sesenta la policía se fue modernizando gracias a la ayuda extranjera. Aquí puede verse una sala de control de la DGS.

Francisco Rodríguez Martínez, tercero por la izquierda, ocupó el cargo de director de la DGS de 1942 a 1951.

Carlos Arias Navarro, en el centro, fue uno de los dos únicos directores civiles que tuvo la Dirección General de Seguridad, de los diez que hubo durante la dictadura.

LA VANGUARDIA ESPAÑOLA

SABADO, 3 de agosto de 1963

UN LIBRO SOBRE GIBRALTAR

Detención de los autores del criminal atentado en la Dirección General de Seguridad

POSEIAN 21 KILOS DE DINAMITA PLASTIFICADA Y UN VERDADERO ARSENAL

Dos miembros de las juventudes libertarias

Goslar: LA «CAZA» DE DOS SERES HUMANOS QUE BUSCABAN LA LIBERTAD

RELATO DEL TESTIGO PRESENCIAL DE UN DRAMA EN LA FRONTERA ESTE - OESTE

BEN BELLA EMPRENDE UNA GIRA POR VARIOS PAISES AFRICANOS

ESPAÑA, EN LA PREFERENCIA DE LOS TURISTAS INGLESES POR AIRE

El cardenal Larraona, recibido por el Papa

Las actividades de la «Brigada Lincoln» en los Estados Unidos

Acuerdo parcial entre Bélgica y el Congo

«Mariner II» ha dado su primera vuelta alrededor del Sol

Las torturas estuvieron a la orden del día durante el régimen. Francisco Granados y Joaquín Delgado (en la foto, Granados a la izquierda) fueron injustamente ajusticiados por la dictadura por un crimen que no cometieron. Sus verdaderos autores se conocieron años después.

La Real Casa de Correos, antes de dejar de albergar la sede de la Dirección General de Policía, vivió un final macabro con el caso de la primera desaparición de la democracia, la de Santiago Corella, *El Nani*.

La Puerta del Sol, tras el final de la dictadura, volvió a recuperarse como epicentro de la movilización social, como demostró el 15-M en 2011.

Frente a la actual sede de la Comunidad de Madrid se sigue reivindicando que el edificio se convierta en un museo de la represión franquista o un lugar de memoria.

La noticia de la muerte de Centeno comenzó a difundirse en toda la prensa clandestina. La Internacional Socialista envió un comunicado de protesta ante las Naciones Unidas y el 29 de marzo se celebró en Toulouse —donde estaba la dirección en el exilio— un acto de repulsa en el que participó el alcalde socialista de la ciudad, Raymond Badiou, junto con otros diputados franceses y el propio Rodolfo Llopis. Cuando se cumplió un año de la muerte de Centeno, en *El Socialista* apareció una nota biográfica alabando sus virtudes y su capacidad de sacrifico[8].

La respuesta policial no se hizo esperar. La BPS se había incautado de información valiosa que le permitió desmantelar la organización socialista clandestina conocida como los «Hombres sin Nombre», que durante años había actuado sobre todo en Cataluña y el País Vasco[9]. Llopis describió el estado en que quedó la organización a raíz de lo sucedido:

> Después de la caída de la ejecutiva de Centeno, se produjo una situación delicada y confusa en el interior. En realidad, se agravó la situación delicada y confusa que ya existía. Los grupos de provincias que habían sido detenidos o molestados por la Policía desconfiaban de Madrid, al que culpaban una vez más de las detenciones sufridas. Nadie quería actuar, sobre todo, no quería relacionarse con Madrid. Entre el interior y el exterior se produjo un gran silencio[10].

Desde entonces, y durante muchos años, la actividad de la formación en el interior del país se paralizó, salvo en algunas zonas, como Asturias o el País Vasco. En Madrid se creó la Agrupación Socialista Universitaria (ASU), pero fue desmantelada a finales de la década de 1950. En ella se integraron intelectuales como el escritor Luis Martín Santos, que tenía contactos con algunos socialistas del exterior, lo que le llevó a sufrir las represalias de la Policía política[11].

Los años más «calmados» para las fuerzas de orden público

Y, mientras tanto, el régimen franquista continuaba avanzando en su proceso de apertura hacia el exterior. En el contexto de la Guerra Fría, las democracias occidentales preferían tolerar a Franco antes que permitir que España se convirtiera en un aliado de la Unión Soviética. En la prensa clandestina se denunció esa tolerancia por parte de la comunidad internacional:

> Según los «demócratas» yanquis, la España aherrojada y ensangrentada por el franquismo reúne todos los requisitos para formar parte del «mundo libre», sarcasmo que si existieran otros ejemplos bastaría para demostrar qué clase de mundo quieren los Rockefeller, los Morgan, Eisenhower y McCarthy.
>
> En medio de esta paradisíaca parcela, en el «mundo libre» que es España, se alza un viejo caserón. Franco lo titula Dirección General de Seguridad. Nuestro pueblo lo llama «el Belsen español». En él son torturados, en ocasiones hasta la muerte, los demócratas que en Madrid tienen la desgracia de caer en las garras de ese flamante defensor de la libertad y civilización americana: el nazi Franco[12].

En 1954, la BPS realizó un informe sobre la situación de las organizaciones políticas antifranquistas —«extremistas», según la Policía— tanto en el interior como en el exterior del país. En su opinión, estos partidos y sindicatos daban por perdida «la partida exterior con la que tantas bazas quisieron adjudicarse en tiempos no tan lejanos». En el informe también se destacaba que estos grupos «querían alterar el orden», aunque Franco había conseguido «desbaratar sus intentonas». Sin embargo, «los agitadores» estaban redoblando sus esfuerzos para reagrupar sus fuerzas[13].

En ese año, varios militantes antifranquistas sufrieron los golpes y las vejaciones de la BPS entre las cuatro paredes de la Real Casa de Correos de la Puerta del Sol. Luis Arribas, del

PCE, fue detenido junto con otros treinta y dos compañeros, y todos ellos fueron «objeto de ultrajes y tormentos sin nombre». Arribas fue atado de pies y manos, y durante quince días consecutivos fue apaleado, en sesiones de seis y ocho horas, hasta «hacerle orinar sangre». Además, le pisotearon el vientre y le suministraron drogas que le llevaron a perder la vista. Otro de los detenidos fue Telesforo Torres, que durante quince días soportó vejaciones de todo tipo: le golpearon los pies desnudos, le quemaron los ojos, le patearon el vientre... Durante treinta y dos horas seguidas no pararon de torturarle[14].

Así eran los tiempos de «calma» para la Dirección General de Seguridad. De hecho, el organismo pudo centrarse en otros menesteres, como la modernización de las fuerzas de orden público, que se estaban quedando obsoletas. En este sentido, Estados Unidos ayudó mucho, sobre todo a la BPS. Numerosos mandos españoles viajaron a Washington para aprender nuevas formas de tortura —especialmente de carácter psicológico— y recibir cursos de investigación policial. Sin embargo, había cuerpos a los que estos cambios no llegaban, como la Policía Armada, que se quejaba de «la insuficiencia de personal en el Batallón de Conductores», ante lo cual propuso a la DGS la incorporación de «más miembros de otras ramas para este cuerpo»[15].

Otra cuestión importante era el mantenimiento de la moral. Para el franquismo, era primordial fijar unos patrones de conducta que nadie se atreviera a cuestionar, sobre todo en lo referente a la sexualidad y el cuerpo. Obviamente, las relaciones sexuales prematrimoniales existían, pero estaban estigmatizadas socialmente y sometidas a las habladurías y señalamientos de la comunidad. La Iglesia fue la gran valedora de las normas impuestas por el régimen en este sentido, ya que la educación sentimental era nacionalcatólica[16] y, por supuesto, el aparato represivo de la DGS también actuó para mantener a raya las disidencias en lo que a la libre expresión del amor, de la sexualidad y del cuerpo se refería.

Ya vimos cómo en los años cuarenta la DGS, junto con el Ministerio de la Gobernación, impuso una serie de normas para vestirse correctamente en playas y piscinas, y lo mismo sucedió en la década siguiente. Así, en 1954, cuando miles de turistas extranjeros comenzaban a venir a España en busca de sol y playa, se creó un reglamento que prohibía cualquier manifestación de desnudismo y el uso de prendas de baño «indecorosas». Tampoco se permitía estar en bares o terrazas de la playa en traje de baño y, en definitiva, «cualquier aspecto o conducta que pueda atacar a la raigambre moral del país»[17].

Los carnavales —de origen pagano— también fueron prohibidos, y todos los años la DGS enviaba a los gobernadores civiles una circular recordando que no se podían utilizar disfraces, caretas o antifaces en la vía pública. Los que lo hicieran serían sancionados[18].

El movimiento estudiantil pone en jaque a la BPS

En 1956 se produjo algún rebrote de oposición antifranquista y la DGS volvió a actuar con contundencia para atajarlo. Las autoridades del régimen, a través de diversos estudios sociológicos del CSIC, conocían el creciente malestar que había en el sector estudiantil, un descontento que se mostró con claridad el 22 de marzo de 1954, a raíz de una protesta del SEU, el sindicato estudiantil de la dictadura, por la visita de la reina Isabel II al Peñón de Gibraltar. El embajador británico llamó al Ministerio de la Gobernación y la manifestación quedó inmediatamente desconvocada. Sin embargo, muchos estudiantes acudieron a la embajada británica y la Policía cargó contra ellos. Aunque el rector de la Universidad consiguió evitar las detenciones, los ánimos entre los estudiantes no se calmaron, sobre todo ante un SEU que se había mostrado inoperante por no criticar la actuación de las fuerzas policiales.

La situación fue aprovechada por la oposición antifranquista, principalmente por el PCE, que supo darse cuenta de la oportunidad de lucha que se presentaba gracias a una nueva generación de jóvenes que no vivieron en primera persona el terror de la posguerra e incluso por los llamados «hijos de los vencedores» —miembros de las clases medias o hijos de trabajadores del régimen—, muchos de los cuales estaban dispuestos a plantar cara a la dictadura. Al contrario de lo que había sucedido con la oposición en la década anterior, estos jóvenes no estaban fichados por la Policía[19] y ello les permitía tener un mayor margen de maniobra. Así fue como el PCE abandonó cualquier planteamiento de lucha armada al tiempo que decidía reorganizar el movimiento obrero y estudiantil mediante instrumentos como la Jornada de Reconciliación Nacional o la Huelga Nacional Pacífica, de las que hablaremos en las próximas páginas.

Los estudiantes incluso se atrevían a manifestarse en la misma Puerta del Sol, que de ese modo volvía a recuperar su papel de lugar de reivindicación por excelencia en la capital. Así, el 29 de octubre de 1955, la primera célula del PCE en la universidad, formada por los estudiantes Enrique Múgica, Jesús López Pacheco y Julio Diamante, organizó un congreso de jóvenes escritores para activar la oposición al régimen. Habían pasado once días desde la muerte del filósofo José Ortega y Gasset, y los estudiantes acordaron hacerle un homenaje y, de paso, protestar contra la dictadura. Frente a la propaganda del régimen, que pretendía apropiarse de la figura del intelectual, los estudiantes sacaron panfletos —en forma de esquela sin cruz— llamando a un «homenaje laico al filósofo liberal». Unos mil manifestantes salieron desde la Universidad Central de la calle de San Bernardo y se dirigieron por la Gran Vía, la plaza de Callao y la calle de Preciados hacia la Puerta del Sol para concentrarse frente a la DGS. Uno de los participantes lo calificó como un «espectáculo. Jamás se había visto una cosa parecida, [fue] el primer acto masivo de los estudiantes contra el régimen»[20].

Sin embargo, no sería la única manifestación de protesta que tuvo lugar delante de la Puerta del Sol durante 1955. El 18 de noviembre, la DGS hizo pública una nota informativa a raíz del reparto de hojas impresas en las que se criticaba a Franco en lugares tan céntricos como la Glorieta de Carlos V, la Gran Vía y la Puerta del Sol. La autoría de los panfletos recaía nada más y nada menos que en miembros de Falange descontentos con la política del dictador porque esta no seguía los veintisiete puntos promulgados por José Antonio Primo de Rivera. Lo que pedían era una «revolución» en el modo de pensar y de proceder, una especie de revolución nacional-sindicalista[21].

Pero la mayor crisis del régimen, que provocaría cambios no solo dentro del Gobierno, sino en las estructuras represivas sobre las que se sustentaba, la protagonizaron las protestas estudiantiles de febrero de 1956, que fueron seguidas detenidamente tanto por la DGS como por la BPS en sus boletines informativos. Este seguimiento permitió analizar tanto las nuevas formas de actuación de la oposición antifranquista —sus círculos intelectuales y los manifiestos que lanzaban pidiendo libertad para elegir a los cargos del SEU, así como derechos democráticos— como la actitud de las organizaciones que estaban al lado del régimen, esto es, el SEU, la Guardia de Franco y los estudiantes falangistas.

La BPS decidió intervenir cuando los dirigentes del SEU se vieron desbordados ante la masiva concentración de estudiantes que protestaban en la Facultad de Derecho contra la anulación de las elecciones para elegir la Cámara Sindical. El 8 de febrero, mil universitarios marcharon desde la sede de la Universidad Central en San Bernardo hasta la Ciudad Universitaria. Se produjeron varias reyertas entre miembros de Falange y los manifestantes, que acabaron arrancando el símbolo del yugo y las flechas de la facultad y provocando la ira de los falangistas. El 9 de febrero, Día del Estudiante Caído (en homenaje al militante del SEU Matías Montero, asesinado en 1934), un grupo de camisas azules marchó hasta la Facultad de Derecho, donde se estaba celebrando una protesta anti-SEU. En los altercados resultó herido de un balazo el estudiante falangista Miguel Álvarez Pérez. Nunca se supo quién realizó el disparo, aunque todo apunta a que fue uno de sus compañeros falangistas —varios iban armados— o la propia Policía, que desde el primer momento rodeó a los manifestantes y se preparó para intervenir[22].

La DGS y la BPS detuvieron a los principales cabecillas de la oposición antifranquista universitaria y los llevaron a los calabozos de la Real Casa de Correos. El encargado del operativo fue uno de los jefes de la Policía política, el ya mencionado Saturnino Yagüe. En total, fueron apresados treinta estudiantes, entre los que se encontraban Dionisio Ridruejo, Javier Pradera, Miguel Sánchez-Mazas, Gabriel Elorriaga, Ramón Tamames, Antonio López Campillo, Julio Diamante y Fernando Sánchez Dragó. Según uno de los detenidos, «la mayoría procedían de familias franquistas», lo que significaba que las fuerzas policiales no podían ensañarse como hicieron, por ejemplo, con Tomás Centeno. Los detenidos eran estudiantes universitarios, muchos de ellos hijos de gerifaltes del régimen e incluso antiguos miembros del aparato estatal de la dictadura, como era el caso de Dionisio Ridruejo. Si les ponían una mano encima, las consecuencias podían ser graves.

De hecho, ya lo estaban siendo... El decano de la Facultad de Derecho, Manuel Torres López; el rector de la Universidad de Madrid, Pedro Laín Entralgo; el ministro de Educación, Joaquín Ruiz-Giménez, y el secretario general del Movimiento, Raimundo Fernández-Cuesta, fueron depuestos de sus cargos durante aquel crítico mes de febrero de 1956 y sustituidos por señalados falangistas, como al catedrático Jesús Rubio, que ocupó el cargo de ministro de Educación, y al antiguo colaborador de Franco, José Luis Arrese, nombrado secretario general del Movimiento[23].

Julio Diamante, uno de los estudiantes que estuvo en los calabozos de la DGS, describió el lugar de los interrogatorios como una estancia cerrada y oscura, pues estaba totalmente cubierta por telas. Unos agentes le enseñaron unas fotografías de hombres ensangrentados o muertos y le preguntaron si era así como quería acabar. Diamante respondió «no, yo no quiero eso de ninguna de las maneras», tras lo cual comenzó a recibir insultos. Al poco, el interrogatorio pasó por una fase más sutil, con preguntas aparentemente banales, tales como si quería algo o qué países le gustaban. La situación se volvió surrealista cuando el agente Conesa le preguntó qué películas le gustaban:

> Y comienzo a hablar de cine sueco, de diferentes cineastas. Me parecía disparatada la situación y de un momento a otro creía que Conesa me iba a decir que me cachondeara de mi madre y que me iban a pegar una hostia. Y me callé prudentemente. Y Conesa me dijo por qué te callas. Le dije que ya había hablado suficiente. Y él me pide que continúe. Y le hablo de generaciones posteriores del cine sueco. Ese fue el día más disparatado. Poco después de esto, un par de días después, me mandan para la cárcel de Carabanchel[24].

Otro de los detenidos aquellos días fue el cineasta Juan Antonio Bardem, que por entonces ya había escrito los guiones —y dirigido con Luis García Berlanga— de *Una pareja feliz* y *Bienvenido Mr. Marshall,* y rodado en solitario la película *Muerte de un ciclista*. En el momento de su detención estaba rodando, en Palencia, su nuevo filme, *Calle Mayor,* protagonizada por la estadounidense Betsy Blair. La productora de la película quería que el rodaje continuara, pero la actriz fue a visitar a Bardem a los calabozos de la DGS y este le pidió que no rodara ninguna escena mientras él no estuviera presente. La detención del cineasta dio lugar a una campaña internacional de repulsa por parte de intelectuales y artistas franceses, que contribuyó a que dos semanas después del arresto fuera puesto en libertad sin haber sufrido ningún daño físico[25].

La ley de entonces estipulaba que ningún detenido podía pasar más de tres días en los calabozos, lo que de ninguna manera se cumplió. Es cierto que los detenidos no sufrieron malos tratos, pero no porque el régimen se hubiera vuelto más benevolente con los opositores, sino por temor a las repercusiones internacionales.

A finales de ese año, los británicos Herbert Struz e Isabel Lyttelton publicaron un artículo en el semanario *People* —reproducido por la prensa antifranquista— en el que criticaban el apoyo de Estados Unidos al régimen de Franco. Sobre la represión en los calabozos de la DGS escribieron lo siguiente:

> En los sótanos de la Dirección General de Seguridad se cometen a diario los actos más abominables por parte de la Policía secreta de Franco. La mayoría de policías han aprendido estas técnicas de Himmler y sus sádicos asociados. En estos sótanos de tortura que se extienden a lo largo de la citada Dirección General de Seguridad, los cinturones, las botas y otros objetos de tortura son recursos para provocar el dolor. Y que nadie crea que estas afirmaciones son exageraciones periodísticas[26].

Ante las críticas internacionales, el régimen franquista intentó mostrarse más «civilizado» y «moderno», para lo cual limitó el poder de los militares y, sobre todo, intentó crear un poder jurídico que se encargara de los delitos políticos relacionados con el movimiento estudiantil. Así, a raíz de los sucesos de febrero de 1956, se instituyó el primer Juzgado Especial de Orden Público —que ha dado a conocer Juan José del Águila en su último trabajo—, el cual recibió los informes de la DGS sobre las detenciones de los estudiantes. Uno de los sumarios quedó sobreseído por falta de pruebas; otro acabó con la sentencia de un año de cárcel y veinticinco mil pesetas de multa para los cuatro procesados —Francisco Bustelo, Pablo Sánchez Bonmatí, José María González Muñoz y Manuel Fernández-Montesinos García— por distribuir ilegalmente propaganda de la ASU[27].

El 25 de mayo de 1957 se creó el Juzgado Nacional Especial de Propaganda Ilegal —también denominado Juzgado Especial de Propaganda Ilegal del Territorio Nacional— tras una sugerencia de la DGS que fue recogida por la Sala de Gobierno del Tribunal Supremo. Existió hasta diciembre de 1963, cuando todas las tareas represivas se centralizaron en el Tribunal de Orden Público (TOP)[28]. También se aprobaron normativas para legislar sobre el orden público, como el decreto ley del 22 de marzo de 1957, por el que se establecía que en los delitos contra la seguridad del Estado debía mantenerse la situación de prisión provisional de los detenidos hasta que la alteración se hubiera corregido completamente. Asimismo, en 1959 se aprobó la Ley de Orden Público, que legalizaba los estados de excepción que permitían prolongar la detención de los procesados más allá de los tres días que establecía la normativa.

La DGS toma un nuevo impulso

En el interior de la DGS también se produjeron cambios importantes, e incluso podría decirse que se renovaron las estructuras del aparato policial, empezando por la cúpula. El 25 de junio de 1957, el puesto de director general de Seguridad recayó en Carlos Arias Navarro, quien, como veremos, desempeñó un papel clave en los últimos años del franquismo y primeros de la Transición. Estuvo hasta el 5 de febrero de 1965, cuando fue nombrado alcalde de Madrid. Posteriormente fue ministro de la Gobernación y presidente del último Gobierno franquista.

Nacido en 1908, Arias Navarro se doctoró en Derecho por la Universidad Central de Madrid, tras lo cual, en 1927, ingresó como número 1 en el cuerpo técnico-administrativo del Ministerio de Justicia, si bien posteriormente entró en el Ministerio Fiscal. En 1944 apareció en *ABC* una noticia en la que se destacaba su labor en la Fiscalía del Ejército de Ocupación en Málaga y sus servicios en la Falange[29]. Sin embargo, lo que el artículo no decía era que Arias Navarro estuvo implicado, entre 1937 y 1942 —tras la victoria de los franquistas en Málaga—, en la represión contra republicanos, socialistas, comunistas y todo tipo de opositores a la sublevación militar del 18 de julio de 1936. En la ciudad andaluza, más de veinte mil personas fueron ejecutadas durante los primeros años de la posguerra (hasta 1944), e incluso aprobó los fusilamientos de aquellos que durante la contienda le escondieron en su casa, como Pelayo Varea, trabajador de la Audiencia Provincial de Málaga, y su hijo Fernando. Por todo ello, la oposición antifranquista le puso el apodo de El Carnicerito de Málaga[30].

En 1942 aprobó las oposiciones a notario y dos años después fue nombrado gobernador civil y jefe del Movimiento en León. Posteriormente ocupó el mismo cargo en Santa Cruz de Tenerife y Navarra, y fue premiado con la Gran Cruz del Mérito Civil, la Medalla de Campaña, la Medalla de Oro del Mérito Social Penitenciario, la del Mérito Militar, la Orden de Cisneros, la Medalla de Alfonso X el Sabio y la del Yugo y las Flechas[31].

El día de su nombramiento como jefe de la DGS, en la sala Canalejas de la Real Casa de Correos, el ministro de la Gobernación, Camilo Alonso Vega, vaticinó que Arias Navarro «superaría con éxito todos los problemas de su nuevo cargo»[32]. Y, de hecho, como veremos a continuación, más de uno sí tuvo… Sin embargo, las cosas comenzaron bastante bien para el recién nombrado director de la DGS, ya que el 18 de julio de 1957 fue recibido y condecorado por el propio Francisco Franco en el Palacio de El Pardo[33], momento en el que probablemente comenzaron las buenas relaciones entre ambos.

Durante estos años los medios de comunicación comenzaron a hacer un importante seguimiento de la delincuencia común, que, gracias a revistas como *El Caso,* se convirtió en un verdadero fenómeno de masas. Muchos de estos «rateros» y asesinos pasaron por los calabozos de la Puerta del Sol, como José María Jarabo Pérez-Morris, *El Jarabo,* que fue acusado del asesinato del prestamista Emilio Fernández; su esposa, Amparo Alonso, y su criada, Paulina Ramos. Tras descubrirse los cadáveres, el detenido fue conducido a la DGS, desde donde pidió comida al restaurante Lhardy, una botella de coñac francés y morfina. La Brigada de Investigación Criminal accedió a sus peticiones y Jarabo invitó a todos los allí presentes. El 29 de enero de 1959 fue condenado a cuatro penas de muerte, y meses después fue ejecutado por garrote vil[34].

Mientras tanto, la oposición antifranquista seguía preparándose para movilizarse masivamente contra el régimen. Así, hubo huelgas en Cataluña, el País Vasco, Madrid y Asturias, donde, en enero de 1957 y marzo de 1958, se organizaron paros en las principales minas —como La Camocha, en Gijón, o el Pozo María Luisa, en la cuenca del Nalón—, en los que llegaron a participar hasta veinte mil trabajadores. Estas protestas fueron el preludio de las famosas «huelgas del silencio» de abril de 1962, en las que pararon todos los pozos mineros de la región y a las que se unieron hasta doscientos mil trabajadores de otras regiones del país.

Estaba claro que el movimiento obrero se estaba reorganizando. Tanto es así que en esos años surgieron las comisiones obreras —asambleas de trabajadores—, para reivindicar derechos laborales, y el fenómeno del «entrismo», esto es, infiltraciones en las organizaciones sindicales del régimen para socavarlas desde dentro, al tiempo que se mantenían las tradiciones de los viejos militantes del movimiento obrero español del primer tercio del siglo XX[35].

Ante el renacimiento de la oposición antifranquista, el régimen no podía permanecer de brazos caídos. De todas las organizaciones que sufrieron la represión y la clandestinidad, la que mejor parada salió fue el PCE, sobre todo gracias al mantenimiento de la disciplina militante —especialmente en los años cincuenta— en el interior del país. En estos años, la formación se vio reforzada y, por tanto, mejor preparada para responder a las nuevas demandas de la sociedad civi española[36]. Como consecuencia, el principal objetivo del franquismo era eliminar a los militantes comunistas, y llegó a hacerse realidad durante la Jornada de Reconciliación Nacional, el 5 de mayo de 1958, y durante la Huelga Nacional Pacífica del 18 de junio de 1959, dos actos de protesta que fueron aprobados por el Comité Central del PCE en el Pleno de la Reconciliación Nacional que se celebró en Praga a finales de julio y principios de agosto de 1956.

Mayo de 1958: la Jornada de Reconciliación Nacional

El plan del PCE consistía en aliarse con otras organizaciones opositoras, incluso con antiguos miembros del aparato estatal franquista, para acudir juntos a la Jornada de Reconciliación Nacional. En este sentido, y durante casi dos años, el diario clandestino *Mundo Obrero* publicó numerosos artículos y resoluciones animando a que dicha alianza se produjera, hasta que, finalmente, el 30 de abril de 1958, en el citado periódico, apareció la fecha elegida para la Jornada, el 5 de mayo, día en el que se celebrarían huelgas «de brazos caídos» por todo el país y en el que se organizarían concentraciones para reclamar derechos laborales y libertades públicas[37].

La actividad de los comunistas ni mucho menos pasó desapercibida entre las autoridades franquistas. En 1958 se creó el Juzgado Militar Especial para Actividades Extremistas, dirigido por el coronel Enrique Eymar. Además, se aprobó un decreto ley por el cual se permitía detener, durante las huelgas, a quienes tuvieran puestos de responsabilidad o mayor veteranía en la lucha obrera[38]. Incluso antes, el 17 de enero, hubo una redada a escala nacional en la que fueron detenidos cuarenta y seis militantes comunistas (veintisiete en Madrid, trece en Zaragoza y seis en Valencia). La DGS los acusó de «intentar reconstruir el partido y la acción comunista», de participar en el VI Festival Mundial de la Juventud, celebrado en Moscú, y de preparar la mencionada Jornada de Reconciliación Nacional. Según la Policía, los detenidos recibían órdenes directas de Moscú para infiltrarse en las organizaciones del régimen. A pesar de todo, los acusados —varios eran estudiantes, hijos de altos cargos del régimen— fueron puestos en libertad nueve meses después y sus causas quedaron sobreseídas. Varios de los agentes de la BPS que participaron en las detenciones y en los interrogatorios, como el ya mencionado Roberto Conesa, fueron utilizados como cabeza de turco y enviados a la República Dominicana[39].

Por todo ello, durante la anunciada Jornada, las fuerzas policiales debían actuar con cautela y evitar meteduras de pata. El objetivo era desarticular como fuera la protesta y para ello las autoridades de la DGS enviaron instrucciones a los gobiernos civiles para controlar a los cabecillas y evitar que la llamada a la huelga se extendiera. Por ejemplo, el Gobierno Civil de Baleares ordenó a la Policía que vigilara el transporte, los mercados y los centros de trabajo, pero «sin alardes ni visibilidad que puedan producir alarma».

La DGS, como se ve, decidió acabar con este movimiento antifranquista por dos vías: una, la represiva, deteniendo a centenares de militantes y dirigentes por todo el país, y otra propagandística, utilizando a la prensa para contrarrestar las octavillas de la oposición. Se llegaron a publicar fotografías de la supuesta represión política durante la Segunda República o de lo que estaba sucediendo en Hungría con la actuación del Ejército Rojo.

En un primer momento, la DGS dudó si difundir o no las noticias sobre la Jornada de Reconciliación Nacional. Algunos diarios afines al régimen, como *Unidad,* consideraban una pérdida de tiempo informar sobre ella, e incluso creían que era contraproducente, pero, finalmente, las autoridades optaron por alentar la campaña de desprestigio contra los comunistas.

Concluida la Jornada, la prensa afín al régimen insistió en su fracaso, calificándola de mera «maniobra comunista»[40], pero nunca se dijo que una buena parte de los militantes antifranquistas que participaron en la protesta sufrieron una dura represión por parte de las fuerzas policiales, como sucedió en Asturias, donde numerosos mineros y dirigentes comunistas fueron detenidos y sus organizaciones desarticuladas. Fue la prensa clandestina la que denunció que la DGS estaba deteniendo a personas por el simple de hecho de estar fichadas con anterioridad[41].

Junio de 1959: la Huelga Nacional Pacífica

Poco más de un año después de la Jornada de Reconciliación Nacional, se celebró la anunciada Huelga Nacional Pacífica (el 18 de junio de 1959) y fue en esos momentos cuando se produjo la detención de dos de los dirigentes más importantes del PCE, Simón Sánchez Montero y Luis Lucio Lobato, que fueron a parar a los calabozos de la DGS.

Nacido el 31 de julio de 1915 en Nuño-Gómez (Toledo), Sánchez Montero, panadero de profesión, se afilió a la UGT en 1933 y, tras el golpe de Estado y el inicio de la Guerra Civil, en octubre de 1936 ingresó en el PCE. En los primeros meses del conflicto fue nombrado comisario político y, en junio de 1937, comisario del 209 Batallón de la 53.ª Brigada Mixta. Cuando finalizó la guerra, se incorporó a la organización clandestina del partido en Madrid, lo que condujo a que el 1 de mayo de 1939 fuera detenido en la casa de unos amigos e interrogado por la Policía. Sin embargo, logró huir —estuvo en Huelva y en Sevilla— y no regresó a Madrid hasta 1944.

Volvió a ser detenido el 11 de septiembre de 1945 y trasladado a los calabozos de la DGS en la Puerta del Sol, donde le golpearon, le cortaron el pelo al rape y le rompieron las gafas. Salió de la cárcel en 1953 y se convirtió en el responsable del PCE en Madrid. En el V Congreso del partido fue elegido miembro del Comité Central y del Buró Político[42].

Luis Lucio Lobato nació en Toledo en 1920, y en 1937 entró en el PCE. Durante la guerra fue comisario político de las milicias de las JSU y, acabado el conflicto, fue internado en el campo de concentración de Ciudad Real, donde estuvo dos años. En octubre de 1942 fue detenido y llevado a la DGS por participar «en actividades comunistas clandestinas» y condenado a veinticinco años de cárcel, primero en diversas prisiones militares y después en las cárceles de Alcalá de Henares, Talavera de la Reina, Guadalajara y Burgos. Salió de prisión en 1954 y tuvo que realizar el servicio militar. Después fue nombrado miembro del Comité Provincial de Madrid[43].

Los dos comunistas eran piezas muy codiciadas para la DGS y la BPS de finales de la década de 1950, como también lo era Jorge Semprún, conocido en la clandestinidad como Federico Sánchez, aunque las autoridades policiales desconocían por completo su identidad porque nunca había estado fichado. Se marchó de España siendo niño y durante la Segunda Guerra Mundial estuvo en varios campos de concentración en Alemania y en Francia, donde comenzó a realizar trabajos clandestinos para el PCE. En realidad, Semprún era el enlace de la dirección comunista en el exilio con los estudiantes e intelectuales de dentro del país. En 1964 abandonó el PCE por desavenencias ideológicas con los dirigentes del partido.

Tanto Lobato como Sánchez Montero jugaron un papel clave en la propulsión de la movilización. Según cuenta José Luis Losa en su libro *Caza de rojos,* los dos le propusieron a Carrillo imprimir un millón de panfletos y repartirlos por todo el país anunciando la Huelga Nacional Pacífica, que se celebraría en julio de 1959 y que, a diferencia de la Jornada de Reconciliación Nacional, contaría con el apoyo de numerosos sectores del antifranquismo, como el Frente de Liberación Popular (FLP), organización creada a finales de los años cincuenta por universitarios e intelectuales, y dirigida por el diplomático Julio Cerón, que abogaba por apoyar la Revolución cubana pero se mostraba crítico ante la URSS[44].

Los estamentos policiales entraron en alerta cuando supieron que en la jornada de protesta participarían otras organizaciones además del PCE y decidieron que actuarían con contundencia: hubo más de mil doscientas detenciones en todo el país, una cifra que no se alcanzaba desde hacía muchos años[45], y entre esos detenidos estaban Lobato y Sánchez Montero. El primero fue arrestado en su domicilio, en la madrileña calle de la Isla de Zanzíbar 21, el 14 de mayo de 1959. Los policías de la BPS registraron la vivienda y encontraron una maleta de color marrón, con doble fondo, como las que se utilizaban «para la introducción clandestina de propaganda en España por el Partido Comunista». También le requisaron dos ejemplares del *Poema pedagógico,* de Anton Makarenko; uno de las obras filosóficas de Aleksandr Herzen; otro de *Un hombre de verdad,* del ruso Boris Polevoi; diversas obras literarias soviéticas; sesenta ejemplares de un manifiesto titulado «Universitarios», firmado por el Comité de Coordinación Universitaria, y mil quinientos ejemplares de otro manifiesto titulado «Trabajadores de la ciudad y el campo, españoles de todas las tendencias», firmado por el Comité Central del Partido Comunista. Según su propio testimonio y el de varios compañeros, en las dependencias de la DGS Lobato sufrió las torturas de la BPS: le obligaron a comer trozos de papel que los policías le introducían con un palo en la garganta, produciéndole desgarros en la boca, y le obligaron a arrodillarse sobre granos de arroz durante varias horas[46].

La detención de Sánchez Montero, tal y como relata José Luis Losa, fue aún más espectacular. Le cogieron a las nueve de la noche en un bar cercano al estadio Santiago Bernabéu, donde había quedado con un camarada, Francisco Vera Bermejo, a quien habían detenido y pedido que diera el nombre de Sánchez Montero a cambio de su libertad. Una vez en el local, el líder comunista pidió algo de beber. Fue entonces cuando escuchó: «¡Arriba las manos!». Dos policías le esposaron y uno de ellos le dijo: «¡Hola, Felipe!», que era el apodo que usaba en la clandestinidad, además del de Vicente

Sainz[47]. Fue sometido a malos tratos y vejaciones durante catorce días en las dependencias de la DGS. Le golpearon con palos y porras, ininterrumpidamente, durante horas —aunque nunca le dieron en la cara—, le esposaron las manos a la espalda y le echaron agua para reanimarle. Según sus compañeros, no le arrancaron una sola declaración comprometedora contra nadie. En la prensa clandestina su actitud fue considerada «ejemplar». Así relató *Mundo Obrero* la entereza del detenido ante las torturas de la BPS:

> —¿Por qué están ustedes tan nerviosos? Si el detenido soy yo.
> A esto no le contestaron. Después les dijo:
> —Tienen ustedes un triste oficio. No es para estar orgulloso de él[48].

Otros militantes comunistas del sector de la panadería también fueron torturados en las dependencias policiales de la Puerta del Sol. Eduardo Reviejo estuvo once días incomunicado en los calabozos de la DGS, y para presionarle detuvieron a su sobrino, de quince años, y a sus dos hermanas, a quienes estamparon la cabeza contra la pared. Eutequio Tudela permaneció doce días aislado en las dependencias policiales y, a causa de los golpes, pasó un mes orinando sangre. A Cristino Cea, que también estuvo doce días incomunicado, le golpearon brutalmente con porras y palos, y para quebrantar su ánimo, detuvieron y torturaron a su mujer durante tres días. José Nicolás Carro también pasó doce días aislado en los calabozos de la DGS, donde sufrió palizas y todo tipo de vejaciones[49].

También los miembros del FLP padecieron la represión de la Policía. Por ejemplo, los jóvenes Helios Babio y María Rosa Borrás fueron sometidos a torturas en la comisaría de Via Laietana, en Barcelona, e incluso la BPS detuvo al padre de Babio para amenazarle y conseguir que diera los nombres de sus compañeros. Como veremos en el siguiente capítulo, a raíz de la masificación de la universidad en la década de 1960, la tortura contra los jóvenes se generalizó[50].

El relato de un escritor que pasó por el palacio del terror franquista

En 1959, el escritor y pintor Ricardo Bastid Peris escribió un libro titulado *Puerta del Sol,* que se mantuvo en el olvido durante décadas pero que en 2023 fue rescatado por los investigadores Pablo Apelluz y Óscar Chaves, y la sobrina del autor, Mildé Tomás Bastid.

Bastid nació en Valencia en 1919, en el seno de una familia acomodada, republicana y progresista. Su padre, Ricardo Bastid Larraga, era notario y su madre, Matilde Peris Porta, modista. Ricardo se educó en los maristas del Sagrado Corazón y después en los institutos Lluís Vives y Blasco Ibáñez. Tras la Revolución de octubre de 1934 se unió a la Unión de Juventudes Comunistas de España (UJCE) y a la Federación Universitaria Española (FUE), al tiempo que comenzó a publicar algunos cuentos en la prensa valenciana y a vender sus primeras pinturas. Tras el golpe de Estado del 18 de julio de 1936, partició en la defensa de Madrid contra los sublevados, alistándose como miliciano voluntario, e ingresó en el Primer Batallón «Frente de la Juventud», compuesto íntegramente por miembros de la FUE.

Tras el final de la guerra, se refugió en la casa familiar en Valencia, pero pronto se vio obligado a huir, ya que la BPS seguía de cerca sus pasos —incluso sus padres fueron detenidos—. De modo que regresó a Madrid, donde comenzó a colaborar con la lucha antifranquista. Participó en la reconstrucción de la FUE, actividad en la que intervinieron antiguos miembros de la organización que solían reunirse en un bar cercano a la DGS o en el domicilio del historiador Manuel Tuñón de Lara.

El 11 de septiembre de 1946 fue detenido junto con Ricardo Muñoz Suay y José María Cerdá Perales. Estuvieron más de diez días en los calabozos de la DGS de la Puerta del Sol, y el 22 de septiembre fue trasladado a la prisión de Alcalá de Henares, donde entró en contacto con otros camaradas. Del 29 de enero al 7 de noviembre de 1947, la Junta de Prisiones le envió a trabajar como maestro auxiliar en una escuela de alfabetización y, después, en el Reformatorio de Adultos de Ocaña. Allí, mientras esperaba que se celebrara su consejo de guerra, comenzó a escribir nombres y fechas para la que más tarde sería su novela *Puerta del Sol.* El 19 de febrero de 1948 se celebró el juicio y el 28 de abril fue condenado a diez años de prisión.

Gracias a su trabajo como profesor de presos comunes, el 13 de marzo de 1949 consiguió la libertad, y un año después se casó con Carmen Tapia Guevara. En esa época comenzó a participar en las tertulias literarias del Café Lisboa, en la Puerta del Sol, donde entabló amistad con el dramaturgo Antonio Buero Vallejo. En noviembre de 1955 volvió a ser detenido y regresó a los calabozos de la DGS, hasta que el 29 de ese mes fue puesto en libertad. Mientras se producía la instrucción por su causa, se exilió a Francia y después a Argentina, donde murió[51].

Una vez finalizada su novela, que recrea los recuerdos de su paso por los calabozos de la DGS, la presentó al Premio Losada de Buenos Aires y, aunque no fue premiada, la editorial decidió publicarla. En ella se cuenta la historia de Juan *(alter ego* del autor), quien, como él, fue detenido en dos ocasiones por la DGS, primero por sus actividades antifranquistas siendo estudiante y después por asuntos relacionados con la Guerra Civil. Bastid describe con detalle el calabozo en el que fue encerrado por segunda vez: una habitación pintada de cal que ya no era «la celda mugrienta, cubierta de desconchones y rótulos» que había conocido nueve años atrás. También describe a los guardias, centrándose en uno en concreto que «parecía que se había tragado un palo» y que debía de ser nuevo en el oficio, «porque tenía una cierta facha de campesino»[52].

Bastid explica las diferencias entre una y otra detenciones: en la primera, sabía por qué lo habían arrestado y, de hecho, su caso y el de sus compañeros sirvieron para despertar la solidaridad internacional. Sin embargo, en la segunda, ignoraba los motivos que le habían llevado hasta allí, ya que solo le dijeron que se trataba de un asunto de guerra. En la celda, el protagonista pasa mucho frío y ni siquiera es capaz de distinguir si es de día o de noche. En una ocasión, mientras lo llevan a declarar, escucha el bullicio de la Puerta del Sol. Después sube hasta la primera planta, donde estaban los despachos de la Brigada Político-Social y los de la Brigada Criminal.

Durante el interrogatorio, un policía le explica que ha aceptado el caso «a disgusto», porque no tiene muy claro de qué se le acusa. Se muestra como «el policía bueno» y le pide que cuente lo que hizo en la guerra, en qué unidad estuvo, en qué frente… Para el agente, todo aquello es un mero trámite con el que no puede lucirse como «cuando cae alguna mala bestia de los que hicieron de las suyas en la zona roja». El juez que se encargará de juzgarle se llama Eugenio (*alter ego* del coronel Eymar) y al policía lo describe como «viejo, jovial y campechote».

Por la noche, el protagonista apenas logra pegar ojo, entre una araña que le molesta, los recuerdos de la Segunda República, de la Revolución de 1934, del Frente Popular, de la guerra… e incluso el canto de una gitana, que le impide descansar. Y, mientras tanto, en el lavabo oscuro ve el destello de las luces de la Puerta del Sol, que están encendidas a todas horas.

Durante el segundo interrogatorio, un agente le lee su declaración y Juan dice que está de acuerdo. De repente, un policía de la BPS llamado Pepe Larrea —famoso por sus brutales métodos de tortura— entra en la sala. El otro le dice que no tema, que todas esas cosas que se dicen sobre él son «pura leyenda», exageraciones producto de la fantasía de unos pocos. Los dos agentes comentan la detención de una decena de estudiantes, «unos niños mimados», en la Universidad de San Bernardo y en la Ciudad Universitaria. A Juan lo conducen hasta otra celda junto a otro detenido e intenta comer algo. Tarea difícil porque la comida le sabe a rayos. Así que vuelve a sus recuerdos.

Al día siguiente, la mujer de Juan, Rosa, va a visitarlo y le entrega un paquete con mantas y ropa. La Policía le quita las mantas y Juan no sabe por qué. Un agente le explica el motivo: unos meses atrás «un fulano se mató cortándose las venas» y, al parecer, escondió una cuchilla de afeitar debajo de la manta. Después se enrolló en ella para que el suelo no se empapase de sangre.

Por las mañanas escucha al quiosquero vender el periódico. Y describe la sala de interrogatorios. También el dolor por las bofetadas, los golpes en la barriga y los gritos de la Policía. Se le encoge el corazón cuando escucha los pasos de la gente en la calle y cuando le llega el fuerte olor a orín.

Unos días después, Juan firma su petición de libertad provisional, aunque sabe que lo más seguro es que lo manden a la cárcel de Carabanchel. Recuerda los tiempos de la posguerra, la clandestinidad, tener que esconderse en las casas de los amigos, su primera detención, los interrogatorios... Al menos, ir a la cárcel supone el fin de las palizas, un descanso. Rosa vuelve a visitarlo y le dice que los americanos para los que trabajaba como secretaria ya no la quieren. Entonces se plantea huir de España, incluso antes de que se celebre el juicio, cuando salga de la DGS. La novela acaba con Juan soñando con marchar a Francia y a Argentina para escapar de la represión.

La DGS aniquila a dirigentes y militantes de la oposición antifranquista

Cuatro años después, en 1963, se produjo la detención, el interrogatorio con torturas y la ejecución de tres figuras fundamentales de la oposición antifranquista: el comunista Julián Grimau y los anarquistas Francisco Granados y Joaquín Delgado.

En los últimos años cincuenta y primeros de los sesenta, la dictadura, con el apoyo de la Iglesia, seguía avalando las siniestras prácticas de la DGS. Tanto es así que en 1961 el arzobispo de Barcelona, Gregorio Modrego, declaró en una pastoral que, desde 1951, emanaban de «la Dirección General de Seguridad unas normas de moral y buena conducta que esperamos que se hagan cumplir con eficacia por el bien de todos». Mientras tanto, en el exterior, Estados Unidos seguía contribuyendo a la especialización y modernización de la Policía política de Franco. El 19 de septiembre de 1962, el director general de Seguridad, Carlos Arias Navarro, fue invitado a participar en la XXXI Asamblea de la Organización Internacional de Policía, celebrada en el Casón del Buen Retiro, a la que asistieron ciento ochenta representantes de ochenta y dos países[53].

Pese al apoyo de los norteamericanos, muchos países extranjeros cuestionaban la dictadura, a la vez que la oposición antifranquista se robustecía. En la primavera de 1962, las huelgas mineras que se organizaron en Asturias se extendieron a otras muchas regiones del país y el régimen se vio obligado a ceder a algunas de las pretensiones de los trabajadores.

Mientras, entre el 5 y el 9 de junio de ese año, se celebró en Múnich el IV Congreso del Movimiento Europeo, donde por primera vez participaron organizaciones antifranquistas del exilio y del interior. Aunque el PCE no fue invitado, unos ochenta españoles acudieron a la cita, tras la cual, ya de regreso al país, fueron detenidos. La prensa del régimen se refirió a aquella reunión como «el Contubernio de Múnich», y motivó que durante dos años se suspendiera el artículo 14 del Fuero de los Españoles, que permitía a estos fijar libremente su residencia[54].

Julián Grimau en la Real Casa de Correos

La escalada represiva de la dictadura seguía avanzando con los comunistas como principal objetivo, ya que era esta formación la que capitalizaba el descontento de los trabajadores y de los estudiantes. Por ello, el régimen decidió actuar y llevar a cabo una actuación ejemplarizante, que tuvo lugar el 9 de noviembre de 1962 con la detención de Julián Grimau, uno de los principales dirigentes del PCE de aquel momento.

Grimau había entrado en la organización al comienzo de la Guerra Civil, con tan solo veinticinco años. Natural de Madrid, tuvo su primer contacto político con el sindicato UGT mientras trabajaba con su padre en una imprenta, y después con la Organización Republicana Gallega (ORGA) durante su estancia en La Coruña por motivos laborales. En 1934 regresó a Madrid e ingresó en el Partido Republicano Federal. Después siguió a Casares Quiroga en la formación de Izquierda Republicana y, de hecho, fue este quien le propuso formar parte de los Servicios de Seguridad de la República. En octubre de 1936 se convirtió en funcionario de la Policía y, poco después, se adhirió al PCE. A partir de ese momento, su ascenso en el Cuerpo General de Policía fue meteórico. Durante la defensa de Madrid, en noviembre de 1936, fue nombrado jefe de grupo de la Brigada Criminal de Madrid y después secretario general de Investigación Criminal de Valencia y responsable del PCE en este organismo, formando parte de la Comisión de Seguridad del partido. Según un informe que la organización española envió a Moscú, «su principal trabajo en todo el periodo de la guerra había sido en la lucha contra los trotskistas y la Quinta Columna»[55].

Terminada la Guerra Civil, Grimau se marchó primero a Francia y luego a Santo Domingo y a Cuba, donde fijó su residencia en septiembre de 1940. Siete años después, Santiago Carrillo le pidió que volviera a Francia para dirigir el Equipo de Pasos —encargado de introducir en el interior de España desde Francia tanto a cuadros políticos como armamento y propaganda— hacia el interior de España, junto con el conocido «falsificador» del PCE Domingo Malagón. En 1954 fue elegido miembro del Comité Central de la organización, y en 1957 comenzó a realizar trabajos clandestinos en el interior del país.

En 1959, a raíz de la detención de Simón Sánchez Montero, se trasladó definitivamente a Madrid, bajo las órdenes de Santiago Carrillo, donde se ocuparía principalmente del sector obrero. La negativa de otro cuadro exiliado, José María González Jerez, para ocupar ese puesto fue la que llevó a Grimau a ser el elegido. Sin embargo, la literatura del régimen señaló que este fue enviado a España por orden de los dirigentes comunistas de España para utilizarlo como «bandera»[56].

Obviamente, la detención de Grimau era uno de los principales objetivos de la DGS. Fue a través de las declaraciones de varios confidentes como la BPS se enteró de dónde se escondía. Según Gregorio Morán, fue el militante Francisco Lara el que dio la dirección. En los años cuarenta, Lara ya había sido detenido y torturado, y pasó siete años en la cárcel sin que delatara a nadie, pero en 1962 era otra persona y estaba a punto de celebrar la boda de su hija. Los datos que proporciona la BPS son diferentes, ya que señala como delator al dirigente Melitón Moreno Alcoroche, instructor del Partido en los barrios de Usera, Ventas, Torrejón de Ardoz, Legazpi y Puente de Toledo, que dijo que actuaba a las órdenes de un tal «Julián», encargado del aparato de propaganda[57].

Los investigadores también discrepan sobre la fecha de la detención: el 7 o el 8 de noviembre de 1962. Según el informe policial, el arresto se produjo a las cinco de la tarde del 8 de noviembre, aunque la mayor parte de los investigadores afirman que sucedió el día anterior, mientras Grimau cogía un autobús en la plaza de Manuel Becerra. Por la mañana se había reunido con Alberto Yébenes, un joven universitario comunista, y con Víctor Díaz Cardiel —al que también buscaba la BPS—, trabajador de Euskalduna, que se iba a encargar del movimiento obrero madrileño tras su destacada participación en las huelgas que habían tenido lugar en el País Vasco durante el verano en solidaridad con los mineros asturianos. La reunión se celebró en la casa de Yébenes y trataron de la necesidad de trasladar una multicopista a otro sitio más seguro.

A las cuatro de la tarde, Grimau había quedado con Francisco Lara, encargado de entregarle el papel para imprimir los panfletos. Después se subió a un autobús en el que solo viajaban él y otras dos personas, que resultaron ser policías. En la calle de Raimundo Fernández Villaverde, poco antes de llegar a Cuatro Caminos, le obligaron a apearse y a entrar en una ferretería, donde armó un gran alboroto para que todo el mundo viera que lo detenían por ser comunista[58].

El diario *ABC* tardó dos días en publicar en sus páginas interiores la detención del dirigente comunista. Grimau fue llevado a la sede de la DGS y, durante las pesquisas policiales, «cayó» por una ventana que daba a la calle de San Ricardo. En los interrogatorios, además de varios policías, participó el médico Vicente Sentí Montagut, quien, durante la Guerra Civil, fue alférez provisional de Sanidad en el bando franquista. En 1940 entró como médico del Cuerpo de Prisiones y fue destinado a la prisión de Uclés (Cuenca). En 1943 se trasladó al Hospital Penitenciario de Yeserías. El 15 de abril de 1950, el Consejo de Ministros le concedió la Medalla del Mérito Penitenciario y el 1 de enero de 1956 ascendió a médico jefe de Negociado de primera clase del Cuerpo Facultativo de Prisiones. A principios de los años sesenta ocupó la plaza de profesor de Anatomía Funcional, Biología e Histología en calidad de jefe del Servicio de Traumatología y Ortopedia en la Escuela de Enfermería de la Fundación Jiménez Díaz, y en marzo de 1962 intentó salvar la vida al financiero Juan March[59].

Vicente Sentí era uno de los pocos a los que Grimau recordaba de los interrogatorios en la DGS. Así se lo contó a su abogado veinte días después de ser detenido, el 29 de noviembre, en el hospital de Yeserías. Grimau tenía «la cabeza cubierta de vendajes semicubiertos de sangre seca» y los dos brazos escayolados «desde el hombro hasta la punta de los dedos». El dirigente comunista también recordó que, cuando se identificó ante los policías y dijo que estaba en España cumpliendo una misión del PCE, uno de ellos le dijo: «A ti pronto te vamos a matar».

Sobre la «caída» por la ventana declaró que recordaba a un hombre corpulento que le dijo: «¿Cómo quieres que te golpee, como policía o como médico? Te aseguro que como médico tu fanfarronería se desmoronará y será peor para ti». Cuando recuperó el conocimiento, la de ese hombre fue la primera cara que vio. Y le dijo: «Vaya, hombre, cuando usted se estaba tirando por el balcón de la Dirección General de Seguridad, yo me encontraba disfrutando de unas vacaciones en la Costa Brava. Así es la vida de paradójica». Ese hombre era Vicente Sentí[60].

A los pocos días, la DGS y la BPS elaboraron un informe sobre lo ocurrido que fue publicado en el Boletín de Investigación Social del 19 de noviembre.

> Fue trasladado desde la habitación en que se encontraba a uno de los despachos de la Brigada, y después de permanecer unos minutos allí, al invitarle a salir para reintegrarle a su primitivo lugar, giró rápidamente y tomando impulso sobre una silla, se arrojó a través del balcón al callejón de San Ricardo, rompiendo los cristales y causándose lesiones graves de las que primero fue asistido en los Servicios Sanitarios de la Dirección General de Seguridad y después en el Equipo Quirúrgico núm. 3. Ocurrió el lamentable suceso cuando el detenido llevaba escasamente una hora en las dependencias de la Brigada[61].

Sin embargo, según los informes médicos, para «suicidarse necesitaba fuerzas, carecer de vigilancia y unas ventanas limpias de obstáculos», condiciones que obviamente no se daban. Una comisión de tres médicos franceses intentó visitarlo, sin éxito, pero sus conclusiones fueron tajantes: «Es totalmente inverosímil la tesis del suicidio. Todo hace pensar que los policías que torturaron al señor Grimau, creyéndole muerto, intentaron desembarazarse del cadáver, defenestrándolo»[62]. Aun así, la versión del suicidio fue defendida, entre otros, por Manuel Fraga Iribarne. Los comunistas hicieron una campaña para que se esclarecieran los hechos. Según el PCE, el caso Grimau evidenciaba lo que era el franquismo: «represión, terror y tortura»[63].

Pero no solo el interrogatorio estuvo lleno de irregularidades; también lo estuvo el juicio, que se celebró en abril de 1963. El comandante auditor, y principal acusador de Grimau, fue un perillán que había falsificado, gracias a sus méritos de guerra, su título de abogado, ya que tan solo había hecho dos asignaturas del primer curso en la Universidad de Sevilla. Su abogado defensor fue el militar del Cuerpo de Intervención Militar del Ejército de Tierra Alejandro Rebollo, que entabló amistad con el dirigente comunista y criticó las irregularidades dentro del proceso. Por ello su carrera militar se truncó y, a partir de entonces, únicamente siguió ejerciendo como abogado[64].

Desde el momento de la detención, el PCE lanzó una importante campaña internacional para intentar salvar la vida de Julián Grimau. Se crearon comités en Europa y América en solidaridad con el detenido, y en noviembre de 1962 se celebraron concentraciones en Londres, Roma y París pidiendo su liberación. Desde La Pirenaica se informaba de su estado de salud y de los malos tratos, y en los días previos al consejo de guerra, la movilización se intensificó. Se ocupó la embajada española en Bélgica y se realizaron concentraciones en las delegaciones diplomáticas de Italia y Francia. La mujer de Grimau, Ángela, pidió el indulto para su esposo y hubo peticiones de gracia por parte de John F. Kennedy, del dirigente laborista británico Harold Wilson y del primer ministro ruso Nikita Jrushchov[65].

Pero de nada sirvieron las protestas. La prensa del régimen dijo que todo aquello formaba parte de una «campaña anti-española» y recriminó a Grimau los «crímenes de guerra» cometidos durante la Guerra Civil, que era por lo que se le juzgaba, además de por ser dirigente del PCE. Fraga también le atribuyó estar «vinculado a las checas durante nuestra guerra»[66].

Finalmente, se le acusó de delitos cometidos en Barcelona durante la Guerra Civil. Para evitar que se considerara que esos crímenes habían prescrito, se le imputó un delito de «rebelión militar prolongada», pasando por alto el hecho de que Grimau había estado fuera del país desde 1939 hasta 1957. Se admitieron como «testificales» las declaraciones obtenidas por la BPS de Barcelona sobre su caso al final de la Guerra Civil, sin la obligada confirmación de los testigos en el juicio ni la posibilidad de negación por parte del acusado. No hubo opción a réplica y se concluyó que «Grimau había dirigido actividades criminales desde la checa de la Plaza Berenguer el Grande de Barcelona». El 20 de abril de 1963, a las cinco y media de la madrugada, en el campo de tiro de los cuarteles de Campamento, un pelotón de soldados del regimiento Wad-Ras llevó a cabo la ejecución[67].

Tras su asesinato, Grimau se convirtió en una leyenda. Su mujer difundió su caso por todo el mundo, e incluso Chicho Sánchez Ferlosio le compuso una canción. El Comité Ejecutivo del PCE, a través de *Mundo Obrero,* declaró que Franco era el responsable de su muerte y que, con su decisión, ponía de manifiesto «la debilidad del régimen» al poner «el sello de la sangre sobre el definitivo crepúsculo de la tiranía»[68].

El caso de Francisco Granados y Joaquín Delgado

En aquellos primeros años de la década de 1960, otras organizaciones antifranquistas comenzaban a destacar. A raíz de la victoria de la Revolución cubana en 1959, el recurso a la lucha armada volvió a la palestra, sobre todo entre quienes estaban a la izquierda del PCE. La DGS atacó con dureza estos intentos de desestabilización, porque, como ya ocurriera en el pasado, el edificio de la Real Casa de Correos se convirtió en uno de los principales objetivos de las acciones armadas.

El 22 de septiembre de 1962 se celebró un Consejo de Guerra contra Jordi Conill, militante de las Juventudes Libertarias, acusado de realizar un atentado contra la residencia de verano de Francisco Franco, el palacio de Ayete, en San Sebastián. Aunque en un primer momento le castigaron con una pena de treinta años de cárcel, el capitán general de Cataluña, apoyado por el coronel Eymar, pidió una revisión de la condena y la pena de muerte. El 5 de octubre se celebró un nuevo juicio, pero la campaña internacional que, sobre todo, se lanzó en Italia —con el alcalde de Florencia o el cardenal Montini, futuro papa Pablo VI, a la cabeza— y en la que participaron organizaciones en el exilio, como Justicia y Paz, logró que la pena de cárcel se mantuviera. Jordi Conill, junto con su compañero Eliseo Bayo, pidieron el reingreso en el PCE al poco de la muerte de Grimau[69].

Los anarquistas, tras años ausentes, también se estaban reorganizando en el interior. Quienes tomaron el pulso a la lucha fueron sobre todo los jóvenes, muchos de ellos hijos de militantes anarquistas represaliados durante la posguerra que se habían exiliado en Francia. La principal agrupación era las Juventudes Libertarias y su grupo armado Defensa Interior (DI), del que formaban parte los dos anarquistas de los que hablaremos a continuación.

Francisco Granados y Joaquín Delgado vivían en Francia. En 1953, el primero estuvo en Madrid buscando trabajo y tres años después se casó con Pilar Vaquerizo. Al poco tiempo le diagnosticaron leucemia y en 1960 se trasladó a Alès (Francia), donde entró en contacto con grupos de antifranquistas y se afilió a las Juventudes Libertarias. Consciente de que no duraría mucho tiempo, decidió pasar a la acción y se adhirió al grupo Defensa Interior, que preparaba acciones armadas tanto en suelo español como en el extranjero (en 1963 realizaron cuarenta acciones).

Por su parte, Joaquín Delgado se había exiliado de niño en Francia, tras el final de la Guerra Civil, y en Grenoble se afilió a las Juventudes Libertarias, de la que llegó a ser secretario. En 1961 entró en el grupo Defensa Interior para pasar a la acción armada, ya que en aquel momento se preparaba un atentado contra Franco. El plan estaba más o menos trazado: tendría lugar en las inmediaciones del Palacio Real a finales del mes de julio, fecha en la que Franco nombraría a los nuevos embajadores.

A principios de mayo de 1963, Francisco Granados viajó a España con el material explosivo en una maleta que debía guardarse en el garaje de Manuel Gambín hasta que llegara la fecha indicada. Además, se había planeado otro atentado —este organizado por los jóvenes Sergio Hernández y Antonio Martín—, que consistiría en provocar una explosión en la sede de Pasaportes de la Dirección General de Seguridad y en la Delegación Nacional de Sindicatos.

Sin embargo, un cambio de planes en la agenda de Franco hizo que el atentado contra él se pospusiera. El dictador visitaría la ciudad de Burgos el 25 de julio y después se iría de vacaciones, lo que obligó a Delgado a avisar de que la acción debía ser abortada. Sin embargo, el atentado contra la DGS y los sindicatos siguió su curso, ya que los dos anarquistas implicados no fueron avisados. Así, el día 29 de julio, a las seis menos dieciocho minutos de la tarde se produjo la explosión en el edificio de la Puerta del Sol, provocando importantes daños materiales y una treintena de heridos. A las doce de la noche estalló la bomba en la Delegación Nacional de Sindicatos. Los hechos provocaron que la Policía se pusiera manos a la obra para buscar a los culpables y dar un buen escarmiento al movimiento libertario[70].

Dos días después, la BPS detuvo a Granados y a Delgado. Las diligencias habían comenzado el 30 de julio y fueron dirigidas por el comisario Jacinto Martín Herrero, que seguía las instrucciones del jefe superior de Policía, Julio Arenas Mota. Este ordenó montar un operativo de vigilancia sobre personas llegadas de Francia sin estancia justificada. Los otros policías que participan en las detenciones fueron el inspector jefe Juan García Gelabert y los agentes

Francisco Sánchez Campero, Luis Muñoz Sáez, Arturo Cerezo Trabada y Miguel Ángel Gil Gutiérrez.

A Joaquín Delgado y Francisco Granados los detuvo la Guardia Civil en el Campo del Moro, cerca del Palacio Real. Otros dos policías, Manuel Ángel Puell Espino y Óscar Montero Barreiro, detuvieron a María Cruz López, novia de Delgado, cuando fue al garaje donde trabajaba Granados a preguntar por él. En el coche de Granados, la Policía encontró varios explosivos.

En los interrogatorios, realizados por los agentes de la BPS Saturnino Yagüe González y el inspector González Herrera, Granados declaró que era militante de las Juventudes Libertarias; que nunca había estado detenido ni había sido procesado, y que padecía leucemia. Por eso cruzó la frontera con una maleta llena de explosivos. En Madrid debía esperar instrucciones de Francia para entregar los artefactos. Le enviarían un telegrama en el que pondría «ha llegado tu primo», mensaje en clave que significaba que se daba luz verde al operativo. Sin embargo, ese telegrama nunca llegó. Según la versión policial, Joaquín Delgado dijo que el material se utilizaría para provocar una explosión en la DGS[71].

El 3 de agosto, los detenidos fueron llevados ante el coronel Eymar, que sería el juez encargado del caso. Para los medios del régimen, los dos hombres eran «terroristas profesionales» que habían sido detenidos mientras piropeaban, en francés, a unas turistas en el Campo del Moro y que, tras los interrogatorios y después de encontrar los explosivos en el coche de Granados, se habían telegrafiado con Francia. Según la BPS, el material encontrado era para realizar «dos mil atentados similares al de la sección de Pasaportes de la Dirección General de Seguridad». Carlos Arias Navarro fue quien se encargó de hacer llegar toda esa información a los medios[72].

La oposición antifranquista intentó movilizarse para demostrar la inocencia de Granados y Delgado en el atentado en la DGS. Sin embargo, tras el asesinato de Julián Grimau, el país vivía una especie de parálisis a la que ayudaba el descanso vacacional del verano. El Consejo Ibérico de Liberación, organización a la que pertenecían los dos detenidos, escribió un comunicado declarando que Granados y Delgado no habían puesto las bombas en la DGS, pero el juez Eymar siguió con la instrucción. El 13 de agosto fueron condenados a muerte y, cuatro días después, ejecutados mediante garrote vil[73].

Al mes siguiente, en la prensa clandestina aparecieron diversos comunicados de repulsa por los asesinatos de los dos militantes antifranquistas. El Comité Ejecutivo del PCE declaró que, aunque no eran partidarios del terrorismo contra individuos concretos, ello no les impedía condenar con vigor el crimen cometido contra Granados y Delgado, y que la sociedad española debía luchar para terminar con la dictadura con todas sus fuerzas. La prensa anarquista también fue contundente y afirmó que los miembros de la BPS eran «los responsables del asesinato de Granados y Delgado», que el juicio era una «farsa» y que habían sido ejecutados de forma «bárbara»[74].

Tras la muerte del dictador, las familias de ambos ejecutados, con el apoyo de varias organizaciones anarquistas, lucharon por esclarecer la verdad. En 1988, la CGT pidió la revisión del caso en el Tribunal Supremo, creando el grupo «pro-revisión del caso Granados-Delgado». El recurso se basaba en que habían conseguido los testimonios de Antonio Martín y Sergio Hernández, autores materiales de los atentados. Sin embargo, la Sala de lo Militar del Tribunal Supremo se negó a la revisión y, aunque el Tribunal Constitucional no admitió esta resolución, el Supremo, por tres votos a dos, volvió a resolver en contra de la revisión del caso.

Los dos magistrados que votaron a favor criticaron el proceder de sus compañeros, señalando que se habían producido irregularidades. Ocho años después se estrenó un documental, *Granados y Delgado, un crimen legal,* en el que los anarquistas que habían participado en el atentado de la DGS reconocían los hechos. Tres décadas después se sabía la verdad, aunque ni siquiera entonces las autoridades la querían reconocer[75].

La Policía política estrecha aún más el cerco sobre la oposición

Los crímenes provocaron las críticas de la comunidad internacional, ante lo cual el régimen hizo oídos sordos e incluso decidió dar otra vuelta de tuerca a su aparato represor. El 18 de marzo de 1963 se firmó el primer anteproyecto de ley para la creación del Tribunal de Orden Público (TOP) —aprobado el 2 de diciembre de ese año—, un tribunal civil dedicado a los delitos políticos, sobre todo a los dirigidos contra el jefe del Estado, las Cortes y el Consejo de Ministros, y a los que implicaban delitos de rebelión, sedición, desórdenes públicos, propaganda ilegal y revelación de secretos.

El TOP se estableció en el palacio de las Salesas, compartiendo sede con el Tribunal Supremo, la Fiscalía General, la Audiencia Provincial y el Juzgado de Guardia de la capital. Los juicios se celebraban en las seis salas que tenía la Audiencia Provincial de Madrid.

Los atestados de la BPS y la DGS eran fundamentales para las diligencias de los jueces del TOP. Entre 1963 y 1977 se llevaron a cabo 22.660 procedimientos y fueron juzgadas unas 53.550 personas, aplicándose 8.118 penas a 6.748 personas. El TOP impuso un total de 11.958 años de cárcel, algo más de un año de condena por persona[76].

A mediados de los años sesenta se inicia la etapa conocida como «tardofranquismo», un periodo en el que el régimen tendrá que hacer frente no solo al movimiento obrero y estudiantil, sino a las protestas y movilizaciones que se producirán en el mundo de la cultura, en el de las profesiones liberales e incluso en la propia judicatura.

Mientras los «espacios de libertad» —como los definía la oposición antifranquista— se ensanchaban, el espacio de terror que suponía la DGS en la Puerta del Sol se mantenía tan sólido como antes. Durante los últimos años de la dictadura, los métodos de la Policía de Franco se recrudecieron aún más si cabe, coincidiendo con una cada vez mayor intensidad en las actividades de la oposición al régimen.

5
La DGS durante el tardofranquismo (1964-1975)

Al contrario de lo que cierta historiografía y algunos medios de comunicación sostienen, los últimos años del franquismo no fueron nada apacibles para el régimen. Cada vez eran más los sectores de la sociedad —no solo obreros y estudiantes— que se movilizaban contra la dictadura, y numerosos artistas, periodistas, abogados e intelectuales pasaron por los siniestros calabozos de la DGS y conocieron de primera mano la dura represión que allí se ejercía. Como relata Julio Gomariz en su libro *Los últimos zarpazos*, entre 1964 y 1977, además de los cerca de cincuenta mil militantes antifranquistas que fueron sometidos a consejos de guerra y a juicios en el Tribunal de Orden Público (TOP), hubo más de once mil hombres y mujeres que sufrieron prisión. Y la mayoría pasó por el edificio de la Puerta del Sol[1].

Los extranjeros también son torturados en la Real Casa de Correos

Tampoco se libraron los extranjeros, como le ocurrió al escocés Stuart Christie, que en 1964 fue detenido por la BPS y que, años después, contó en un libro lo que vivió en la sede de la DGS. La carrera política de Christie comenzó en las juventudes del Partido

Laborista de Glasgow, pero, tras irse a vivir a Londres, entró en contacto con David Betteridge y Margaret Hart, dos importantes militantes de la Federación Anarquista que le condujeron hasta los españoles exiliados en Francia que entonces formaban parte del ya mencionado grupo Defensa Interior.

Los planes de la agrupación mantenían como objetivo fundamental atentar contra el dictador y contra las instituciones del régimen, y Christie quiso poner su granito de arena. El escocés se instaló en París, donde conoció a Germinal García, militante del DI y de la CNT, que fue quien le dio unos explosivos que Christie debía entregar, ya en Madrid, a alguien que le preguntaría si le dolía la mano (de hecho, en ese momento tenía una mano escayolada), a lo que él respondería: «Sí, me la rompí». Este encuentro debería producirse durante el aniversario de la ejecución de los anarquistas Francisco Granados y Joaquín Delgado[2], de quienes ya hablamos en el capítulo anterior.

El escocés viajó haciendo autoestop hasta la capital; allí, en las oficinas de American Express en la Plaza de las Cortes, recibiría más instrucciones. Sin embargo, le estaban esperando los agentes Juan Antonio Manzano Hernández, Manuel Puell Espino y Enrique González Herrera, todos ellos miembros de la BPS a las órdenes del comisario Saturnino Yagüe. En los interrogatorios también participaron los inspectores Gonzalo Toledo Julián y Juan García Gelabert.

En un macuto, los agentes encontraron seis detonadores, cinco frascos con pólvora, una nota en la que aparecía «una hora» y una carta en la que se explicaba cómo manipular los explosivos y en qué lugares era viable atentar, como el Ministerio de Justicia o los juzgados militares. Poco después fue detenido el carpintero anarquista Fernando Carballo Blanco, que era el destinatario último de todo este material[3].

En su autobiografía, titulada *Franco me hizo terrorista,* Christie relata que los policías le dijeron que debía acompañarlos hasta la DGS porque «quería matar españoles». Aquel edificio era «la piedra angular de la ley y el orden franquista, cuyo cometido era frustrar cualquier conjura, descubrir cualquier frustración, contener cualquier sedición, iluminar cualquier intriga». En el viaje en taxi —en realidad, un coche de la Policía camuflado— hasta la Puerta del Sol, el escocés intentó prepararse psicológicamente para afrontar lo que minutos después encontraría. Atravesó el patio central del edificio de la «Lubyanka española»[4], desde donde pudo ver los barrotes de las ventanas de las celdas de la primera planta. Subió por las escaleras hasta la sala de interrogatorios de la BPS y pudo ver a hombres bien vestidos —algunos con batas blancas— interrogando, chillando y golpeando a los detenidos. Christie describe el ambiente como similar al de una «clínica dental».

Lo llevaron a una habitación hiperiluminada, de color beige, en la que había dos ventanas: una daba a la Puerta del Sol y la otra al patio central. En las paredes, muchas fotografías y baldas con ficheros y libros:

> El espacio era mucho mayor que cualquier otro que hubiésemos atravesado. En una esquina había un cuarto más pequeño con otra mesa y sillas de tubo. En la pared opuesta se abrían a otras dependencias dos amplias ventanas rectangulares. Resultaron ser espejos camuflados por los que se podía observar a los sospechosos durante los interrogatorios[5].

En la mochila del detenido, los agentes encontraron dos libros: *Cándido,* de Voltaire, y *Justine,* del Marqués de Sade. El primero lo confiscaron. Entonces apareció Saturnino Yagüe, que colocó su pistola encima de la mesa y se remangó la camisa mientras se sentaba frente a él. A su lado, otro de los jefes de la BPS, Eduardo Blanco (hablaremos de él más adelante), comenzó a explicarle que tenían información de Scotland Yard sobre sus actividades y que le vigilaban desde que había entrado en España. Le mostraron varias fotografías de miembros de la CNT, del DI y de las Juventudes Libertarias, y le preguntaron si reconocía a alguno. Cuando los jefes se cansaban de preguntar entraban los «peones» para golpearle, patearle o tirarle del pelo, tras lo cual volvían a entrar los otros para seguir con las preguntas. El interrogatorio duró cuatro horas.

Después fue conducido hasta «una buhardilla oscura con una litera simple cubierta por una áspera manta marrón de crin, una mesita y una silla. No había sitio para nada más. La bombilla del techo daba una luz desagradable. Un ventanuco con barrotes en lo alto de la pared daba al patio». Desde esa ventana Christie podía ver la calle y el reloj de la Real Casa de Correos, una «torre no muy impresionante, vara de medir coronada por una estructura como de pérgola, que era el equivalente del Big Ben, el corazón de España».

En la sala de interrogatorios, Christie volvió a ser torturado ininterrumpidamente. En una pared había un espejo que le permitió ver cómo en la sala contigua golpeaban en el estómago y en los riñones a Francisco Carballo, que, como dijimos, había sido detenido poco después que él.

Al cuarto día lo llevaron a los calabozos subterráneos de la DGS. Christie cuenta en su libro que lo primero que le vino a la cabeza cuando entró allí fue la imagen de la prisión de Marshallsea que aparece en *La pequeña Dorrit,* de Charles Dickens. El aire olía a desagüe atascado, a orina vieja, a sudor y a humedad. Apenas había luz y las celdas «eran estrechas, oscuras y húmedas, primitivas tumbas de roca con una losa por cama, un jergón de paja y una apestosa y áspera manta de crin para calentarse». El episodio más aterrador lo vivió el último día, cuando lo empujaron contra la ventana abierta que había en un rellano al lado de la sala de interrogatorios. Mientras le sujetaban los brazos a la espalda, sitió un calambre que le paralizó la nuca y el cuello. Un agente lo obligó a asomar la cabeza e incluso inclinó su torso sobre el muro de la ventana. Entonces Juan García Gelabert le susurró al oído que, si acaso se le había pasado por la cabeza la idea de saltar, supiera que desde allí mismo habían arrojado al comunista Julián Grimau.

Después de este episodio, Carballo y Christie fueron conducidos a la cárcel a la espera de juicio. Las secuelas de las palizas eran numerosas y a los dos les llevó mucho tiempo recuperarse de las heridas internas y externas[6]. El consejo de guerra se celebró un par de semanas después y la sentencia se dictó el 3 de septiembre de 1964: Christie fue condenado a veinte años de prisión, y Carballo, a treinta. Se libraron de la pena de muerte gracias a la campaña de solidaridad que se puso en marcha en diversos países occidentales. La prensa clandestina señaló que el escocés había sido tratado con menos sadismo que el español por el simple hecho de «ser extranjero, aunque con Carballo sí utilizaron las torturas más salvajes».

En Inglaterra, la Syndicalist Workers' Federation (SWF) organizó protestas e incluso se creó un comité por la libertad de Christie-Carballo. Desde el 18 de agosto de 1964 hubo concentraciones delante de la embajada española en Londres, a las que acudieron las Juventudes Socialistas. El 29 de agosto, durante el juicio, tuvo lugar una marcha desde Hyde Park hasta la embajada y se recogieron más de tres mil firmas pidiendo la libertad de los dos anarquistas. En Trafalgar Square se organizaron mítines de apoyo e incluso el escritor Bertrand Russell envió un comunicado pidiendo su libertad. También hubo manifestaciones en París, Burdeos, Nueva York, Bélgica, Italia, Venezuela, Uruguay, Alemania y Dinamarca[7]. Gracias a todas estas presiones, el 22 de septiembre de 1967, Stuart Christie fue indultado.

La DGS y el tira y afloja internacional

Las críticas internacionales provocaron una importante reestructuración en los aparatos policiales. Carlos Arias Navarro abandonó la dirección de la DGS para ocupar un puesto más apacible en el consistorio madrileño, y el 10 de abril de 1965, el mando del organismo policial volvió a recaer en un militar: Mariano Tortosa Sobejano, coronel de Artillería y del Servicio del Estado Mayor.

El 18 de julio de 1936, en pleno estallido de la Guerra Civil, Tortosa huyó de la localidad barcelonesa de Mataró —donde estaba en el regimiento de Artillería— para unirse a los sublevados en la Columna Castejón, que se dirigía hacia Madrid. Posteriormente formó parte de la IV División Navarra y luego fue profesor de la Academia de Artillería, de la Escuela del Alto Estado Mayor y de los centros de Estudios Superiores de Defensa Nacional[8]. Su paso por la DGS fue breve, ya que en noviembre de 1965 fue destinado a la Jefatura del Estado Mayor de Canarias.

Le sustituyó Eduardo Blanco Rodríguez, que se mantuvo en la dirección del organismo prácticamente hasta el final de la dictadura. Blanco conocía bien los engranajes de la DGS, pues había trabajado en ella desde 1959, y en 1962 fue nombrado jefe del Servicio de Información. Durante la Guerra Civil, con el grado de alférez provisional, se unió a los sublevados, se afilió a Falange y se fue a Rusia como voluntario de la División Azul. Hasta finales de los años cincuenta trabajó para la Legión en diversos lugares del norte de África[9].

La oposición antifranquista conocía bien al nuevo director, e incluso el escocés Stuart Christie lo describió en su autobiografía como uno de los militares que participaron en los interrogatorios que le realizaron en la sede de la DGS:

> Blanco era un hombrecillo pulcro con labios finos y exangües, cabello gris, cara anémica con papada y ojos adormilados que brillaban como los de una serpiente tras sus gruesas gafas amarillentas. Tenía una notable semejanza con Franco. Todos la tenían. Era más Goya que El Greco, con el aire de quien está acostumbrado a ejercer el poder absoluto tanto sobre sus subordinados como sobre sus prisioneros. Con una cabezada, Blanco se presentó a sí mismo y a su

colega. Su voz graznaba como un gozne sin engrasar y al hablar adelantaba la cabeza como un pájaro inquisitivo. Su rostro era una máscara inescrutable[10].

El caso Humberto Delgado

Pero, antes de asumir el cargo, el coronel Blanco tuvo que lidiar con la crisis internacional que se produjo a raíz de lo ocurrido el 27 de abril de 1965 en la localidad extremeña de Villanueva del Fresno (Badajoz), donde fueron encontrados los cuerpos sin vida del general portugués Humberto Delgado y de su secretaria, Arajair Moreira Campos. Nacido en 1906 en el pueblo de Boquilobo (Torres Novas), Delgado era uno de los principales líderes de la oposición a la dictadura salazarista, primero en el interior y después en el exilio. Pese a sus inicios como defensor de la causa antirrepublicana, en los años cincuenta viajó a Washington —como jefe de la delegación portuguesa en la OTAN—, donde abrazó los ideales liberales y democráticos. En 1958 fue candidato a la Presidencia de la República, consiguiendo un 25 % de los apoyos, y eso a pesar de los fraudes cometidos por el régimen en las elecciones.

El general, que había prometido obligar a Salazar a dimitir si ganaba los comicios, tuvo que abandonar todos sus cargos en las Fuerzas Armadas y exiliarse, ya que la Policía política portuguesa (PIDE) estaba organizando un plan para asaltar su domicilio. Se refugió en la embajada brasileña en Lisboa y, finalmente, pudo marcharse al país sudamericano. El embajador español en la capital portuguesa consideraba que el general Delgado era «un tumor maligno que en cualquier momento pudo causar graves consecuencias».

Desde el exilio, Delgado se dio cuenta de que la única manera de acabar con la dictadura era mediante levantamientos militares y populares. Por ello comenzó a realizar giras por Europa para entrevistarse con los líderes de la izquierda y con portugueses exiliados, y fue así como entró en contacto con el Gobierno republicano español en el exilio.

El 26 de noviembre de 1960 se firmó un pacto de colaboración luso-español, tras lo cual el general Delgado impulsó la creación del Directorio Revolucionario Ibérico de Liberación, que llevaría a cabo asaltos a barcos portugueses y otras acciones de sabotaje. Posteriormente se instaló en Argelia, desde donde lideró el Frente Patriótico de Liberaçao Nacional. A finales de 1961, ya con problemas de salud, regresó a Portugal —de forma clandestina— para dirigir el conocido como «golpe de Beja», que llevarían a cabo varios mandos militares. Sin embargo, cuando Delgado llegó al país, la conspiración había sido desarticulada.

Fue entonces cuando Salazar decidió acabar con su enemigo más peligroso, para lo cual pidió a la PIDE que enviara a agentes a Italia, donde el general se había refugiado, con el fin de convencerle de que volviera ante la inminencia de una nueva conspiración militar. Delgado se encontraría con los agentes en la frontera entre España y Portugal, adonde viajó de manera clandestina acompañado de su secretaria. En la frontera, el general fue asesinado por los agentes portugueses, que después fueron a buscar a la secretaria —estaba en un hotel en Badajoz— para matarla en el mismo lugar[11].

Las investigaciones realizadas por las justicias española e italiana provocaron una crisis institucional entre los organismos policiales franquista y salazarista. El Gabinete de Enlace, instrumento creado por el Ministerio de Información y Turismo en 1962 para realizar informes sobre lo que aparecía en la prensa de la dictadura y en la de la oposición, realizó un extenso dosier sobre lo ocurrido. Al parecer, el 27 de febrero de 1965, la BPS informó de que Delgado se encontraba en Sevilla con pasaporte falso, tras pasar por Algeciras y Badajoz, de donde había huido de la Policía. En ese momento se le perdió la pista, e incluso el Partido Comunista Italiano pidió al Gobierno español información sobre el paradero del portugués, ya que lo estaban protegiendo desde Italia.

Como dijimos, dos meses después, el 27 de abril, se hallaron los cuerpos de los dos portugueses. Uno de ellos tenía varios dientes de oro, un anillo con las siglas HD y, en la chaqueta, un emblema de la Aviación. Los habitantes de la zona dijeron que en el mes de febrero vieron unos coches por la zona que les habían llamado la atención. El 30 de abril se realizó la autopsia, que dejó claro que las dos personas habían muerto de forma violenta y que llevaban enterradas entre dos y tres meses.

El mismo 27 de abril, el secretario de la delegación provincial de prensa se desplazó hasta Villanueva del Fresno. Un periodista del diario *Hoy* y un fotógrafo intentaron acceder al lugar de los hechos, pero la Guardia Civil se lo impidió. En el escenario únicamente estuvieron el juez de paz, el juez de instrucción, la Policía de Badajoz y un equipo especial de la BPS que se había desplazado desde Madrid. Hasta el día 29, y por orden del gobernador civil, que acataba las órdenes de la DGS, no se permitió a los periodistas —tanto nacionales como extranjeros— informar de lo sucedido.

El día 30, el director general de Prensa convocó a los medios para pedir que no se especulara sobre lo ocurrido, pues ya corría el rumor de que la PIDE podía estar detrás de las muertes. El Gobierno portugués contraatacó diciendo que los comunistas de su país fueron los verdaderos autores de los asesinatos y que el motivo no había sido otro que las divisiones internas de la oposición. El 3 de mayo, la familia de Delgado llegó al lugar de los hechos, junto con su abogado, Mario Soares. Al día siguiente les mostraron el anillo encontrado y los familiares lo reconocieron. Unas horas después, les permitieron ver el cadáver.

La Policía española mantenía la tesis de que el general había sido asesinado en Portugal y después traído a España. Según una nota de la Guardia Civil del 5 de mayo de 1965, el 25 de febrero un coche conducido por Elie Trapiero, residente en Marruecos, sufrió una avería en Villanueva del Fresno. En el vehículo se encontraron restos de sangre, que fueron analizados por el juzgado de instrucción. La Policía pensaba que el vehículo podía haber sido utilizado por Humberto Delgado.

La oposición portuguesa envió una carta al Gobierno español pidiendo que la verdad saliera a la luz. Tres abogados de la Federación Internacional de Derechos Humanos —organismo ligado a las Naciones Unidas— visitaron la zona para seguir investigando, y llegaron a la conclusión de que la Policía española tenía conocimiento de la muerte del general Delgado desde finales del mes de febrero, afirmación que las autoridades desmintieron de inmediato.

El 7 de mayo, la prensa francesa atribuyó la autoría de la muerte de Delgado a la Policía portuguesa. La oposición a Salazar apoyaba esta versión, lo que motivó que, en el mes de agosto, varios intelectuales firmaran un manifiesto pidiendo al Gobierno luso que esclareciera los hechos. Asimismo, se dijo que la Organización del Ejército Secreto (OAS, por sus siglas en francés), una organización paramilitar de la extrema derecha francesa, estaba implicada en los asesinatos.

El magistrado español encargado del caso fue José María Crespo Márquez, juez de instrucción en el juzgado de Cáceres[12], que intentó sortear el vendaval de críticas que se cernía sobre las autoridades españolas. El 18 de mayo, el embajador en Lisboa, José Ibáñez Martín, escribió al presidente Salazar pidiendo que la PIDE colaborara con la Policía española en la investigación del caso. Al día siguiente, el jefe del Servicio de Información de la DGS, que entonces era Eduardo Blanco, recibió la visita del director adjunto de la PIDE, el señor Barbieri Cardoso, que manifestó que la Policía portuguesa no había tenido nada que ver con la muerte del general Delgado. En su opinión, todo había sido una maniobra de los comunistas, y lo mismo pensaba Eduardo Blanco. Según ellos, a Villanueva del Fresno llegaron cuatro asesinos, con identidad falsa, afirmando que eran de la PIDE de Angola, y fueron estos quienes mataron al general. Para Blanco, la eliminación de Delgado era uno de los objetivos primordiales de los comunistas, ya que así «promovían un escándalo y suprimían un estorbo». Blanco le pidió alguna información sobre esas cuatro personas, pero el portugués le respondió que había individuos de los que nada se sabía. Por eso, tras acabar la reunión, Blanco declaró que, si bien la PIDE no estaba implicada en los hechos, «sabe más cosas de las que dice»[13].

Las pesquisas judiciales continuaron sobre todo por la presión de la prensa internacional, y en un momento muy delicado para la dictadura española, ya que pretendía negociar la entrada del país en la Comunidad Económica Europea. En la primavera de 1966, el magistrado Crespo pidió la comparecencia de Lehman, exparacaidista de la Legión Francesa acusado de atentar contra el general De Gaulle; de António Gonçalves Semedo, agente de la PIDE; de Jean-Jacques Susini, agente de la OAS; del profesor Emidio Guerreiro, amigo del general Delgado, y de Mário Carvalho y Ernesto Bisogno, colaboradores de la PIDE. También fue detenido el ciudadano marroquí Elie Trapiero, el dueño del coche en el que se encontraron los cuerpos de Humberto Delgado y su secretaria.

La reacción del ministro de Exteriores portugués no se hizo esperar e inmediatamente expresó al embajador español su malestar por la actuación del juez instructor. En la carta que envió afirmaba que «las conclusiones a las que llegó la Policía española apenas tienen alguna semejanza con las conclusiones a las que llegó el magistrado señor Crespo»[14].

El caso de Humberto Delgado dio lugar a tres sumarios: el primero, contra Elie Trapiero, que acabó en libertad por falta de pruebas; el segundo, contra Felipe García Tavares, Ernesto Castro Sousa, Roberto Vurrita Barral y Vashdeo Kundanmal Mirpuri, que eran nombres falsos, y contra Ernesto Maria Bisogno y Mário Carvalho, que se encontraban en Italia; el tercero se dirigió contra António Gonçalves Semedo, jefe de la PIDE en San Leonardo, puesto fronterizo entre Extremadura y Portugal, a quien las autoridades portuguesas se negaron a extraditar.

El 6 de agosto de 1966, el magistrado dictó un auto de rebeldía contra todos los inculpados, que fue ratificado por la Audiencia Provincial de Badajoz el 9 de diciembre de ese año. La falta de respuesta de las autoridades portuguesas para localizar a los inculpados impidió que la investigación continuara, de modo que, el 16 de diciembre, el juez Crespo decretó el archivo del sumario. No fue hasta la caída de la dictadura salazarista —con la Revolución de los Claveles de abril de 1974— cuando el caso se reabrió[15].

El caso Léon Degrelle

Años después, cuando ya era director general de la DGS, Eduardo Blanco se vio envuelto en otro conflicto internacional, esta vez relacionado con los refugiados nazis en nuestro país, principalmente en lugares como Girona, Palma de Mallorca, Denia, Cádiz y, sobre todo, la Costa del Sol, donde hicieron grandes negocios en el sector inmobiliario. Fue el caso de Otto Skorzeny, militar austriaco, experto en operaciones especiales de las SS y liberador de Mussolini en 1943, tras la caída del sur de Italia en manos de las fuerzas aliadas. Cuando la guerra acabó, se refugió en Madrid y Mallorca, donde, como se muestra en el documental de Pedro de Echave y Pablo Azorín titulado *El hombre más peligroso de Europa,* vivió una vida tranquila sin arrepentirse jamás de sus crímenes. En Marbella se escondieron Otto Remer, que sofocó la «Operación Valkiria» contra Hitler, y Aribert Heim, que trabajaba en la enfermería del campo de exterminio de Mauthausen[16].

Pero, sobre todo, la DGS tuvo mucho que ver con la impunidad del belga Léon Degrelle, fundador en los años treinta del Partido Rexista, que poco a poco fue tomando tintes fascistas hasta mostrar su apoyo total a Hitler. En 1941 formó la Legión Valona, un cuerpo de voluntarios que luchó con los alemanes en el Frente oriental, principalmente en Ucrania. Cuando los Aliados tomaron

Berlín, Degrelle se encontraba en Oslo, donde se subió a un avión Heinkel-111 que aterrizó de forma aparatosa en la playa de la Concha de San Sebastián. En su país natal se celebró un juicio contra él *in absentia* (sin que estuviera presente) por crímenes de guerra, tras lo cual fue condenado a muerte por alta traición[17].

La justicia belga pidió hasta en tres ocasiones su extradición, pero el régimen de Franco y, posteriormente, los Gobiernos democráticos se negaron a concederla. La primera fue el 22 de agosto de 1946, cuando el Ejecutivo franquista alegó que ignoraba dónde se encontraba Degrelle. Sin embargo, sí sabía que, desde San Sebastián, se había marchado a Calatayud y después a Andalucía, donde se refugió en la localidad de Constantina. El entonces ministro de Trabajo, José Antonio Girón de Velasco, le había ayudado dándole un nombre falso (José León Ramírez Reina), lo que permitió que, durante casi dos décadas, le dejaran en paz.

En 1962, el grupo judío Lila intentó secuestrarlo para llevarlo a Israel, como hicieron dos años antes con Adolf Eichmann, el principal ideólogo de la solución final, que estaba viviendo en Argentina[18]. En 1964, Bélgica volvió a pedir la extradición de Degrelle, pero el Gobierno español se negó, alegando esta vez que, mientras la oposición antifranquista había encontrado refugio en aquel país, el general nazi no había realizado ninguna declaración política en España. Sin embargo, al año siguiente el Gobierno de Franco dijo que permitiría la extradición si le daban «un juicio justo», tras lo cual apareció un libro sobre su participación en la guerra mundial y su estancia en territorio español[19].

A finales de enero de 1970, cuando España negociaba para entrar en el Mercado Común, se recibió una nueva petición de extradición contra el general belga. El 31 de enero, la Policía fue a buscarlo a su casa, pero había desaparecido sin dejar rastro. Los rumores decían que se había marchado a Egipto, y desde la DGS se le intentó convencer para que regresara asegurándole que no lo meterían en un calabozo, sino que tendrían «todas las consideraciones con él». Finalmente, la DGS se cansó de buscarle. Estaba claro que el general mantenía numerosos vínculos con el aparato del Estado franquista y no era sencillo seguirle la pista. Tanto es así que, poco antes de la muerte de Franco, Degrelle fue a visitarle al hospital y apenas una década después, en 1983 y 1984, concedió dos entrevistas a la revista *Interviú* y al diario *ABC,* respectivamente, en las que describió cómo era su plácida vida en la Costa del Sol[20].

La Policía ante el aumento de la presión estudiantil

La presión exterior e interior durante los últimos años de la dictadura hizo que el aparato policial franquista tuviera que redoblar sus esfuerzos para mantener a raya a la disidencia. El incremento de la industrialización que tuvo lugar en este periodo hizo que miles de campesinos se convirtieran en obreros de la siderurgia y de la construcción y, con ello, que las ciudades aumentaran de tamaño. Como consecuencia, las universidades también experimentaron un proceso de masificación —cada vez más sectores sociales podían acceder a los estudios superiores—, que conllevó un aumento notable de las protestas estudiantiles, protestas a las que se unieron los intelectuales y los profesionales liberales.

El número de universitarios había subido de setenta mil en el lustro de 1955-1960 a cuatrocientos mil en el de 1970-1975. El movimiento estudiantil antifranquista, pese a la dura represión, había conseguido la disolución del sindicato oficial del régimen, SEU, aunque el precio que hubo de pagar fue muy alto: cuatro catedráticos —Enrique Tierno Galván, José Luis Aranguren, Mariano Aguilar y Agustín García Calvo— fueron expulsados por apoyar las movilizaciones estudiantiles, lo que provocó aún más protestas. Así, en los últimos años de la década de 1960, en los centros universitarios se organizaron grupos situados ideológicamente a la izquierda del PCE, como el marxista-leninista PCE (m-l) o la trotskista Liga Comunista Revolucionaria (LCR). Asimismo, el Frente de Liberación Popular (FLP) intentó competir por la hegemonía comunista, aunque la formación acabó disolviéndose a raíz del asesinato de Enrique Ruano a manos de la BPS en 1969 —hablaremos de ello más adelante—. El movimiento estudiantil también se extendió a los institutos de educación secundaria, donde la Unión de Juventudes Comunistas de España (UJCE) adquirió una fuerza notable.

La DGS se encontraba ante una situación cada vez más explosiva. Como declaró Rodolfo Martín Villa en 1962, el régimen veía cómo la juventud se le estaba yendo de las manos, por lo que era necesario dar una respuesta contundente. Durante los días 7 y 8 de septiembre de 1965, los jefes policiales de todo el país se reunieron en el edificio de la Puerta del Sol para analizar lo que estaba ocurriendo en las universidades. De allí salió un informe de sesenta y cinco páginas titulado «Informe del curso 1965-1966», en el que se destacaban tres grupos de oposición que aglutinaban, según sus cálculos, al 20-30 % del alumnado: los de carácter «marxista», los «independentistas» y los catedráticos y estudiantes sin adscripción política, pero contrarios a la dictadura. Para intentar frenarlos, la DGS infiltró en las facultades a agentes recién salidos de la Escuela de Policía para vigilar a los estudiantes y a los dirigentes de las organizaciones clandestinas. Todos aquellos que fueran detenidos podían ver rescindida su beca de estudios[21].

Durante estos años, no cesaron los incidentes entre la DGS —con la Policía Armada y la BPS como principales brazos ejecutores— y los estudiantes, e incluso muchos inocentes tuvieron que soportar la brutalidad policial. Así, por ejemplo, el 31 de enero de 1967, dos periodistas de *ABC* resultaron heridos por la Policía en el comedor de la Universidad Complutense después de que los estudiantes antifranquistas huyeran de los «grises» por ese edificio, e incluso un funcionario de la Policía tuvo que ir a buscar a su hijo porque había sido detenido por participar en las movilizaciones estudiantiles[22].

Además, la DGS usó a bandas de estudiantes de ultraderecha para atacar a los universitarios antifranquistas. En 1963 se creó el Frente de Estudiantes Sindicalistas, dirigido por Sigfredo Hillers de Luque, bajo la consigna de «Falange sí, Movimiento no», con el que se pretendía unir a la juventud descontenta con la «moderación» de la dictadura. Asimismo, aparecieron otras organizaciones falangistas disidentes, como el Frente Sindicalista Revolucionario, Falange Española Independiente o Falange Española Auténtica. Estos grupos crearon la llamada Defensa Universitaria, que se enfrentó a tiros y a palos con las organizaciones «marxistas», como el Sindicato Democrático de Estudiantes Universitarios, dirigido por el PCE. Este grupúsculo de ultraderecha fue aupado no solo por la dirección policial, sino también por los servicios de inteligencia, y tuvo a la Organización Contrasubversiva Nacional (OCN) como punta de lanza. En 1969, dicho grupo pasó a llamarse Guerrilleros de Cristo Rey, participando en numerosas acciones violentas durante los últimos años de la dictadura y los primeros de la Transición.

También en este periodo, concretamente en 1966, el notario falangista Blas Piñar fundó la revista *Fuerza Nueva,* con la que pretendía apoyar a la dictadura en su lucha contra la «subversión»[23], cada vez más extendida y mejor organizada. Aun así, los testimonios de la época muestran con claridad el ambiente asfixiante que se vivía en la universidad:

> Había una gran oposición a la dictadura y que se traducía en actos, como, por ejemplo, asambleas, reparto de propaganda. Y eso suponía que las facultades se cerraban. Porque había tal actividad política que para cortarla el único recurso era cerrar la universidad. El primer curso que estuve ahí por la mañana había clases, por las tardes, a cierta hora se cerraba la universidad por las protestas. Así un curso entero[24].

Y respecto al uso de la fuerza por parte de la Policía:

> Los grises patrullaban por los pasillos, entraban en las aulas de vez en cuando, los sociales se movían a su aire, y eso generaba muchos problemas y enfrentamientos [...] los líos se provocaban por la presencia de estos, nadie los quería ver [...] se generó mucha violencia y problema. En la Facultad de Ciencias, había una asamblea en Físicas y estaba la Policía desalojando y nos encontramos un coche de la Social. La gente atacó el coche, salió un social, pistola en mano, disparó a un tío, no de los que estaban allí, porque la gente que estaba en los hechos salió huyendo; el policía, como en una película de Harry el Sucio, cogió la pistola con las dos manos y apuntó a un estudiante. No murió porque el Hospital Clínico estaba cerca[25].

En ocasiones, algunos recintos universitarios escapaban de la censura del régimen y de la DGS, como sucedió durante el concierto del cantautor valenciano Raimon, celebrado en la Facultad de Económicas de la Universidad de Madrid (hoy Facultad de Geografía e Historia) el 18 de mayo de 1968, que fue permitido por las autoridades académicas y al que asistieron centenares de personas. Sin embargo, a la salida del recital los asistentes fueron recibidos por los coches de la Policía Armada, tres coches cisterna y más de cuarenta policías a caballo. Que el régimen hubiera permitido la celebración del concierto era un síntoma de apertura, pero estaba claro que el aparato policial no iba a permitirlo. De hecho, el año anterior, la DGS ya actuó contra los asistentes a un concierto del mismo cantautor que iba a celebrarse en el cine Monumental de Madrid y que terminó suspendiéndose[26].

Los estudiantes, cuando caían en las garras de la BPS y eran llevados a la Puerta del Sol, sufrían malos tratos y vejaciones de todo tipo. Así, en abril de 1965, los estudiantes Andrés Martínez Lorca, Francisco Perena y Enrique Sandoval fueron conducidos hasta la sede de la DGS y torturados durante horas por repartir panfletos. Los condenaron a un año de cárcel y a pagar una multa de ocho mil pesetas. Los jóvenes escribieron una carta al arzobispo de Madrid relatando los malos tratos que habían sufrido, pero la denuncia cayó en saco roto. Al año siguiente, el 12 de septiembre de 1966, veintisiete estudiantes fueron detenidos y llevados a la DGS por haber participado en una asamblea en la Facultad de Filosofía de Madrid, junto con sesenta y ocho profesores, que fueron suspendidos de empleo y sueldo durante un año. Además, a los estudiantes que disfrutaban de una beca para ir al extranjero a continuar sus estudios se les suspendía dicha ayuda, como le ocurrió a Margarita, a quien, tras ser detenida, no le permitieron hacer una estancia posdoctoral en Canadá[27].

A menudo, los estudiantes también participaban en las movilizaciones obreras, lo que provocaba su detención. En noviembre de 1968, por ejemplo, varios obreros y estudiantes fueron detenidos delante de la sede del Sindicato Provincial de Madrid, en la Gran Vía, en la plaza de Callao, en la glorieta de Embajadores y en la Puerta de Toledo por pedir la legalización de los sindicatos libres[28].

El asesinato de dos estudiantes se convierte en el ojo del huracán

Los hechos más brutales ocurridos en estos años —protagonizados por la DGS y la BPS— contra el movimiento estudiantil fueron los que tuvieron como víctimas a Rafael Guijarro y Enrique Ruano. El primero, de veintitrés años y militante del PCE (m-l), trabajaba como celador en un ambulatorio y estudiaba en la Escuela de Graduado Social. La Policía fue a buscarlo a su casa a las seis de la mañana del 31 de enero de 1967. La versión que dio la DGS fue que, mientras los agentes registraban la vivienda en busca de documentación de «carácter marxista», el joven pidió permiso para ir a por un vaso de agua, y después, desde la ventana de una de las habitaciones, se arrojó al vacío. La madre de Guijarro declaró que no sabía que su hijo formaba parte de ninguna organización política y que, seguramente, se había suicidado para evitar las reprimendas de su padre. Obviamente, la oposición no se creyó esta versión y afirmó que, aunque no se conocían las circunstancias reales de la muerte, era evidente que había sido provocada por «el Estado sin ley, la psicosis del terror, los procedimientos policiales». Poco después, la cantautora Maria del Mar Bonet y el escritor Lluís Serrahima le dedicaron una canción, *Que volen aquesta gent?,* que rápidamente fue censurada[29].

En el caso de Enrique Ruano, la DGS tuvo que esforzarse un poco más para ofrecer una versión «creíble», lo que provocó aún más indignación entre los estudiantes antifranquistas. Así me lo confirmaron Julio Gomariz, Margarita Martín, Pablo Mayoral, Rosa García y Julio Pacheco, que subrayaron que el asesinato de Ruano fue esencial para la politización de numerosos jóvenes.

Militante del Frente de Liberación Popular (FLP) —brazo del Partido Comunista Revolucionario (PCR)—, Enrique Ruano fue detenido el 20 de enero de 1969 junto a sus compañeros José Bailo Ramonde, Dolores González Ruiz y Abilio Villena Pérez. Los policías que participaron en las diligencias fueron Francisco Saturnino Yagüe, Juan García Gelabert, Luis Colino Herranz, Celso Galván Abascal y Jesús Simón Cristóbal. Antes de morir, el joven pasó por los calabozos de la DGS en la Puerta del Sol, tras lo cual fue conducido hasta su casa, en la calle del General Mola 60, donde fue asesinado.

Según la DGS, el joven se suicidó, mientras los agentes realizaban el registro de su casa, tirándose a un patio interior desde el séptimo piso. Esta versión se vio reforzada por el diario que la Policía encontró en el registro, donde, según declararon, se reflejaban las tendencias suicidas del joven[30]. Sin embargo, el relato ni mucho menos convenció ni a la familia de Ruano ni a la oposición, sobre todo porque no les permitieron ver el cuerpo ni le hicieron autopsia. Según la prensa clandestina, Ruano fue «golpeado brutalmente» en las dependencias policiales de la Puerta del Sol y después fue arrojado al vacío.

Tuvieron que pasar veintisiete años para que se celebrara un juicio con garantías sobre lo ocurrido. En 1996, la familia de Ruano consiguió sentar en el banquillo a tres de los agentes que participaron en los hechos: Francisco Colino, Celso Galván y Jesús Simón, que fueron absueltos por falta de pruebas. Entre las evidencias que la acusación presentó se encontraba un hueso de la clavícula del joven, que había sido serrada por la mitad. Según los jueces, el hueso completo habría sido «determinante para el esclarecimiento de los hechos». La conclusión a la que llegaron fue que la muerte no se debió a la caída, sino al impacto de un «objeto cilíndrico cónico», como una bala, que no pudo encontrarse al desaparecer dicho hueso[31].

La dictadura declara la guerra a los «quinquis»

Otro joven que cayó en las garras de la BPS fue José Luis Pacheco, conocido más tarde como Dum Dum Pacheco, apelativo que recibió durante su etapa como boxeador profesional. Pertenecía a la banda de Los Ojos Negros, que se dedicaba a robar farmacias y coches en el entorno del barrio de Lavapiés.

En este punto conviene aclarar que el fenómeno de los «quinquis» surgió durante el llamado «desarrollismo» franquista, tal y como Íñigo López Simón relata en su libro *Los olvidados,* a raíz, sobre todo, del éxodo de millones de inmigrantes del campo a la ciudad, que hizo que en las periferias de las grandes ciudades se crearan focos de marginalidad. En Madrid se puso en marcha el Plan de Urgencia Social para construir viviendas, subvencionando para ese fin a empresas privadas. Estos nuevos barrios, aunque acabaron con parte del chabolismo, no consiguieron una gran mejora para quienes allí se alojaban, ya que no había aceras, ni alumbrado, ni centros educativos, ni agua corriente. La situación era tal que surgió el «movimiento vecinal», en el que el antifranquismo también puso su sello, y apareció el fenómeno de los «quinquis»[32], cuya expresión más nítida fue el cine de los años sesenta y setenta. En 1960 se rodó la película *Los golfos,* de Carlos Saura, que, aunque estuvo censurada, mostraba la realidad marginal de estos jóvenes. Dos años después apareció en *ABC* la noticia de la detención de Juan González Lara, alias *El Quinqui,* junto con otros compañeros que formaban una banda de ladrones. El caso es que, en 1965, la Policía ya se refería a estos delincuentes juveniles como «quinquis»[33]. En 1969, el *ABC* recogía una descripción del fenómeno:

> Hijos de la noche y el camino, rabadanes de la bellaquería y el latrocinio, catedráticos de la ganzúa y el alicate, desabrochadores de cerraduras, destripadores de la verdad, iconos del delito y ladrones de todo. Son los «quinquis», esa clase de gentes que constituyen el último grupo de pícaros de mayor cuantía que se ganan, día a día, su corbata —de cáñamo— y polemizan a punta de navaja[34].

Muchos de ellos acabaron en los calabozos de la DGS, como le ocurrió a José Luis Pacheco, que el 29 de julio de 1966 fue detenido en su casa tras huir de la Policía. Se le acusaba de pertenecer a una banda dedicada al «tirón» de bolsos y lo enviaron al edificio de la Puerta del Sol, ese «Gran Agujero» que Servando Rocha ha descrito en su libro *Todo el odio que tenía dentro.* Un lugar en el que «la entrada, unos pasillos largos, estrechos y casi siempre en penumbra, con habitaciones y salas a ambos lados, en que suelen escucharse gemidos y gritos, no invita a nada bueno»[35]. Allí, dos filas de agentes le golpearon con porras, vergajos y puños americanos. Después, en la sala de interrogatorios, le hicieron el «repasito», que consistía en propinarle patadas y golpes por todo el cuerpo, aunque sin dejar marcas, usando para ello porras de goma o toallas húmedas. Luego le hicieron el «colgamiento de barra», en el que al detenido se le esposaban las muñecas a los tobillos y quedaba suspendido por las rodillas a través de una barra, para después golpearle en los glúteos, en los genitales y en las plantas de los pies. También recibió los clásicos tortazos con la mano abierta, que podían causar sordera permanente[36].

La DGS contra la cultura disidente

Pero, como dijimos, no solo los jóvenes —ya fueran estudiantes o delincuentes— eran vigilados, detenidos y torturados por las fuerzas de orden público. La brutalidad policial también la sufrieron artistas, intelectuales, abogados y profesionales liberales.

Durante los últimos años del franquismo, España vivió un periodo de efervescencia cultural como resultado del empuje que venía del exterior y de los cambios que se estaban produciendo en el interior. La influencia de la música (Los Beatles actuaron en Madrid en 1965), del erotismo y de las nuevas corrientes artísticas permitió que surgieran revistas como *Hermano Lobo,* que intentaba traspasar los límites de la censura a través del humor. Otras lo intentaron mediante la exhibición de desnudos, como sucedió en 1968 en el semanario deportivo *El Pito,* que mostró a la actriz Sylva Koscina en traje de baño y que por ello tuvo que pagar una importante multa. Finalmente, el 26 de febrero de 1970, el Tribunal Supremo permitió que aparecieran mujeres en bikini en la prensa gráfica.

Otra revista que desafió al régimen fue *El Papus,* que, desde que apareció en 1973, sufrió diversos atentados a manos de la ultraderecha. En el periodo comprendido entre 1966 y 1975 se abrieron miles de expedientes sancionadores a diferentes medios de comunicación por «atentar contra la moral» del régimen o mostrar una ideología política contraria a la dictadura[37].

Uno de los profesionales vigilados por la DGS fue el locutor de radio y doblador Rafael Taibo Carballo. Nacido en Ferrol en 1935, pronto comenzó a colaborar en Radio Galicia y en el Teatro Español Universitario (TEU). Cuando se trasladó a Madrid, entró en la plantilla de actores de la Cadena Ser, aunque poco después se marchó a Radio Nacional. En la capital, formó parte del Club de Amigos de la UNESCO (CAUM), organización cultural que se erigió en uno de los epicentros del antifranquismo en su última etapa. Sus primeras actividades tuvieron lugar en 1963, con una conferencia de Jorge Luis Borges, a partir de la cual la asociación se convirtió en el motor de una explosión de actividad cultural frenética. Por su sede (en la calle de Tirso de Molina) pasaron Antonio Buero Vallejo, Fernando Fernán Gómez e incluso el propio Raimon, que no había podido actuar en el Teatro de la Zarzuela. En 1967, el CAUM llegó a imprimir setenta y un mil setecientos ejemplares de diferentes publicaciones de organismos internacionales —treinta y ocho mil de la Declaración de los Derechos del Hombre—, y allí dieron conferencias algunas de las principales figuras de la oposición al régimen, como Armando López Salinas, Ramón Tamames, Marcelino Camacho o Enrique Tierno Galván, que dio una charla tras su expulsión de la cátedra en la Universidad de Salamanca[38]. Desde su creación en 1961, la asociación fue clausurada en tres ocasiones: En enero de 1969, durante tres meses; en diciembre de 1971, durante otros tres meses, y en enero de 1975, durante casi dos años, hasta octubre de 1976[39].

Por su pertenencia al CAUM, Rafael Taibo sufrió el hostigamiento del régimen. En 1963 le echaron de Radio Nacional de España, a donde no pudo volver hasta 1978. En diciembre de 1964, ya como presidente de la asociación, dio una charla sobre derechos humanos, lo que motivó que la vigilancia de la DGS hacia su persona y su entorno familiar se intensificara. La Oficina de Enlace y la Jefatura Superior de Policía de Madrid realizaron varios informes sobre el locutor, y el 8 de junio de 1965, las fuerzas de orden público vigilaron un cine fórum presidido por él, en el que se emitieron varios documentales cubanos y se debatió sobre la Revolución de 1959 y los avances económicos y sociales que se habían producido en la isla. Para el régimen, aquel acto exaltaba los valores «marxistas» y «comunistas», por lo que se impondrían sanciones y se tomarían acciones legales. Un año y medio después, el 24 de diciembre de 1966, la Oficina de Enlace redactó un informe sobre Rafael Taibo en el que se le definía como un hombre de «ideas galleguistas», amigo de Alberto Míguez Alvarellos, que poco antes había sido condenado por publicar el libro *El pensamiento político de Castelao,* y de Raúl Morodo, brazo derecho de Tierno Galván y uno de los fundadores del Partido Socialista Popular (PSP).

En julio de 1967, Taibo firmó, junto con otros intelectuales, una «Carta Cívica» contra las medidas de excepción que el Gobierno había decretado en abril y que declararon el estado de excepción en Vizcaya, lo que permita la arbitrariedad en las detenciones y que los apresados pudieran estar más de tres días retenidos en comisaría. La firma de dicha Carta hizo que la Policía volviera a ficharlo. La DGS sabía que en su domicilio se alojaban varios comunistas brasileños y chilenos, así como miembros de Comisiones Obreras (CC. OO.) que huían de la represión. Aunque Comisiones no se constituiría como sindicato hasta 1976, ya en 1967 era una organización a nivel estatal sobradamente conocida por la DGS. También estaban al corriente de que Taibo había creado una empresa llamada Audiosistemas en la que editaba discos sobre la Guerra Civil. Por supuesto, muchos pasajes de ellos fueron prohibidos por la censura, como el discurso de Mussolini hablando de la toma de Barcelona, o el homenaje en Moscú a la «España roja».

Durante el estado de excepción de enero de 1969 como consecuencia del asesinato de Enrique Ruano y las consiguientes movilizaciones estudiantiles, Rafael Taibo fue detenido y trasladado, el 2 de febrero, a los calabozos de la DGS, mientras otros cinco miembros de la junta directiva del CAUM y catorce afiliados tuvieron que soportar el registro de sus viviendas[40]. Hasta el final de la dictadura, el locutor estuvo vigilado por la BPS, un control del que ni siquiera escaparon su mujer y sus hijos[41].

Los escritores antifranquistas alzan la voz

Algunos de los más eminentes escritores del país tampoco lograron zafarse de la DGS. Fue el caso, por ejemplo, del dramaturgo Fernando Arrabal, que desde 1955 vivía exiliado en París por la situación asfixiante que atravesaba el país y por el pasado republicano de su padre, que fue condenado a treinta años de prisión por negarse a participar en el golpe de Estado del 18 de julio de 1936. Aun así, el joven Arrabal de vez en cuando venía a España a firmar libros y a presentar algunas de sus obras teatrales[42]. Fue lo que ocurrió en septiembre de 1967, cuando, tras la publicación de *Arrabal celebrando la ceremonia de la confusión,* se celebró una firma de ejemplares en Galerías Preciados. El dramaturgo apareció vestido de *hippie* y luciendo una larga melena, y le contó a la prensa que llevaba bragas de mujer. En la dedicatoria que le escribió al joven Antonio Biosca Cotovad, menor de dieciséis años, podía leerse lo siguiente: «A Antonio, me cago en dios, en la patria y en todo lo demás», tras lo cual fue detenido y trasladado a los calabozos de la DGS.

El 27 de septiembre de 1967, el Tribunal de Orden Público instruyó la causa contra el escritor, a quien la Fiscalía pidió un año de prisión menor por aparecer vestido de mujer, y cuatro meses de prisión mayor y diez mil pesetas de multa por escribir la mencionada dedicatoria. Al juicio asistió José Velasco Escassi, director del departamento psiquiátrico de la cárcel de Carabanchel, que declaró que Arrabal era un hombre inteligente que no tenía problemas psicológicos. Finalmente, fue absuelto, pero hasta 1976 no se le permitió volver a España[43].

Otro escritor polémico que se dio de bruces contra las fuerzas de orden público y la justicia fue Gonzalo Arias. Jurista y escritor, en 1956 fue elegido traductor de la Unesco, puesto que ocupó hasta 1968. Allí conoció los escritos sobre la «no violencia» de Mahatma Gandhi y Martin Luther King, lo que le llevó a hacerse objetor de conciencia del servicio militar. El 20 de octubre de 1968, la DGS lo detuvo por portar una pancarta pidiendo «Elecciones libres» y enviar diversas cartas a Franco y a otras autoridades políticas del régimen[44].

En 1968 escribió una novela titulada *Los encartelados,* publicada por Ruedo Ibérico (París), en la que el protagonista, Eusebio Martín, ciudadano de un país llamado Trujiberia, gobernado por el dictador Tranco, se coloca un cartel pidiendo «elecciones libres», por lo que es detenido y conducido a la sede de la DGS. Cientos de manifestantes acuden a la plaza donde se encuentra el edificio para pedir su liberación, pero son recibidos por los palos y golpes de la Policía[45].

En febrero de 1969, Arias fue condenado a siete meses de cárcel y a pagar una multa de diez mil pesetas. En el mes de abril volvió a ser detenido y trasladado a la DGS por escribir y enviar cartas al dictador. Dos periodistas extranjeros, Mike Gore y Barry James, intentaron visitarlo, pero la Policía los detuvo por negarse a entregar sus cámaras, tras lo cual cientos de jóvenes acudieron a manifestarse a la Puerta del Sol. Las fuerzas policiales decidieron —sin ningún examen previo— que el escritor padecía un trastorno psicológico, lo que le llevó a iniciar una huelga de hambre. Finalmente, tras pagar veinticinco mil pesetas de fianza, consiguió la libertad condicional y huyó al extranjero.

En abril de 1971, Arias participó en una marcha desde Ginebra (Suiza) hasta Valencia por la libertad de los objetores de conciencia presos, a quienes la Policía consideraba una «secta». Nada más cruzar la frontera, el escritor fue detenido, junto con otras doscientas personas, y fue conducido, primero, a la comisaría de Barcelona y después a la sede de la DGS en la capital. Tres años después, el 27 de marzo de 1974, participó en un homenaje en la Ciudad Condal al objetor de conciencia José Luis Buenza Vázquez[46].

Pese a la brutal represión, fueron muchos los intelectuales que se atrevieron a firmar cartas públicas contra la tortura y los procesos judiciales arbitrarios. Por ejemplo, en diciembre de 1970, trescientos artistas se encerraron en el monasterio de Montserrat y redactaron un manifiesto pidiendo el fin de los malos tratos policiales y la libertad de los encausados en el Proceso de Burgos, que iban a ser condenados a muerte[47].

A comienzos de 1975, el pulso al régimen por parte de la intelectualidad española adquirió una nueva dimensión con la huelga de actores que paralizó prácticamente toda la actividad cultural del país. Durante la huelga, el poeta gaditano José Manuel Caballero Bonald, entonces militante del PCE, y los escritores Juan Benet y Armando López Salinas fueron multados por la DGS (diez mil pesetas cada uno) por participar en una asamblea estudiantil. Los tres se negaron a pagar la sanción, por lo que fueron detenidos y llevados a la Puerta del Sol y, posteriormente, a la cárcel de Carabanchel[48].

En realidad, desde mayo de 1972 la DGS vigilaba a algunos de estos intelectuales (Tina Sainz, Juan Diego, Lola Gaos) que destacaban por su participación en todo tipo de protestas contra el régimen, situación que llevó a que el 4 de febrero de 1975 se iniciara «la primera huelga de actores en la historia de España». Su principal demanda era disponer de un día libre a la semana, aunque, por supuesto, la crítica a la dictadura fue el motivo principal de las movilizaciones. A los pocos días, en el Teatro Bellas Artes de Madrid, Tina Sainz y Rocío Dúrcal, entre otros muchos actores, fueron detenidas y conducidas hasta la DGS, y posteriormente varios compañeros, como Carlos Larrañaga o María Luisa Merlo, las visitaron en el edificio de la Puerta del Sol[49].

Los curas obreros, nuevo objetivo de la represión

La Iglesia fue uno de los pilares esenciales de la dictadura franquista. Sin embargo, en los últimos años, en el seno de la institución apareció un movimiento disidente, los «curas obreros», que, siguiendo las doctrinas del Concilio Vaticano II, abogaba por una

Iglesia más apegada al pueblo y a sus necesidades. Las iglesias se convirtieron en lugares de reunión de los obreros, de las asociaciones de vecinos y de muchos militantes antifranquistas, situación que, obviamente, el régimen no podía tolerar. Así, en julio de 1968, se abrió la cárcel concordataria de Zamora, que comenzó a llenarse de religiosos críticos con el régimen. Llegó a albergar a casi un centenar de religiosos en 1976[50].

Muchos pasaron por los calabozos de la DGS, como Mariano Gamo, párroco de la iglesia de Nuestra Señora de la Montaña, en el barrio de Moratalaz, y José María Llanos, de la iglesia del Pozo del Tío Raimundo, en Vallecas, ambas en la ciudad de Madrid. El primero permitió que en su iglesia se construyera un barracón —rápidamente comenzó a llamarse «Casa del pueblo de Dios»— en el que se celebraron reuniones clandestinas de Comisiones Obreras y del PCE. Gamo fue detenido por la BPS durante el estado de excepción de 1969 y condenado a tres años de prisión por sus actividades políticas, por repartir «propaganda ilegal» y por llevar una carta —firmada por mil quinientas personas— a la sede de la DGS en la que se pedía el fin de las torturas. En 1971 fue indultado y regresó a su parroquia, momento a partir del cual comenzó a militar en la Organización Revolucionaria de Trabajadores (ORT), de orientación maoísta. En febrero de 1974 volvió a ser detenido y se le impuso una multa de veinticinco mil pesetas[51].

Por su parte, José María Llanos, que durante la posguerra llegó a dirigir los ejercicios espirituales de Franco —era un fiel seguidor de las doctrinas nacional-católicas—, en los años cincuenta pasó por un proceso de radicalización que lo llevó, primero, a organizar los campamentos de alfabetización del Servicio Universitario de Trabajo (SUT), donde comenzó a conocer las miserias de la clase obrera, y, después, en 1955, a afincarse en el Pozo del Tío Raimundo. Allí, con el apoyo de Comisiones Obreras y del PCE, en los años sesenta creó la asociación Cristianos por el Socialismo[52], momento a partir del cual comenzó a ser vigilado por la DGS.

El 24 de enero de 1968, un grupo de falangistas y de la Guardia Civil quitaron una bandera comunista —con la hoz y el martillo— del patio del bar de su capilla y se la entregaron al Gobierno Civil. El 28 de septiembre de 1972, la DGS realizó un informe sobre las conferencias que Llanos había dado en Zaragoza con el título «María y el pueblo», y un año y medio después, el 17 de abril de 1974, otro sobre las publicaciones del religioso en la revista *Vida Nueva,* donde, según la Policía, se apreciaban «sus conceptos progresistas de la sociedad actual, su incidencia en el mundo de los obreros y la escasa solución que da el trato de poder entre Iglesia y Estado». En el informe también se mencionaba el texto que Llanos escribió sobre el cura guerrillero colombiano Domingo Laín, en el que destacaba «la importancia del hombre y sacerdote que se rebela contra las injusticias, sin analizar los medios que emplea»[53].

Las mujeres y los homosexuales tampoco escapan a la DGS

Sin embargo, la Iglesia, como guardiana de la moral, siguió siendo un pilar fundamental del aparato represor del régimen. El franquismo era un sistema patriarcal en el que las mujeres carecían de derechos fundamentales y su participación política y social estaba subordinada al varón. De hecho, las mujeres no podían trabajar, votar, abrir una cuenta en el banco o conducir sin el permiso de su padre o de su marido. Por supuesto, el aborto estaba totalmente prohibido y penado con entre seis meses y seis años de prisión, y no solo para las mujeres que interrumpieran su embarazo, sino para médicos, matronas o cualquiera que interviniera en la operación. Sin embargo, los abortos se seguían practicando en la clandestinidad o en el extranjero. Tanto es así que en 1977 unas diez mil mujeres viajaron a Londres para interrumpir su embarazo y se produjeron unos trescientos mil abortos clandestinos en el país[54].

La DGS persiguió estas actividades hasta el final de la dictadura. Por ejemplo, en 1972 llevó a cabo una macrooperación policial en Bilbao, Barcelona y Madrid para detener a estudiantes universitarias, médicos y matronas que practicaban abortos. Se detuvo a dos muchachas y a una de sus parejas, a dos médicos y a una matrona, que pasaron por los calabozos de la DGS, pues la Policía los consideró miembros de una «organización criminal»[55].

Además, el régimen también actuó con contundencia contra la libertad sexual y el colectivo LGTB. El 4 de agosto de 1970 se aprobó la Ley de Peligrosidad Social —en sustitución de la Ley de Vagos y Maleantes de 1933—, en la que los homosexuales eran considerados «peligrosos», junto con los borrachos, los proxenetas o los traficantes de drogas. A los homosexuales se les internaba en centros de reeducación y en las llamadas «casas de templanza», donde se les aplicaba tratamiento médico. Más de cinco mil personas fueron detenidas a raíz de esta normativa y cerca de un millar pasaron por prisión. Se habilitaron dos centros de reclusión para las personas homosexuales, uno en Badajoz, para los «pasivos», y otro en Huelva, para los «activos». Asimismo, se detuvo a cientos de hombres que portaban «vestimentas femeninas» en discotecas de Barcelona y Madrid[56].

Numerosos homosexuales pasaron por la sede de la DGS de la Puerta del Sol, como, por ejemplo, José Luis Amarilla, que fue arrestado en 1967 después de salir del cine y mientras miccionaba en la calle. Dos agentes se le acercaron, le preguntaron: «¿Qué haces? ¿Buscas una polla gorda?», y se lo llevaron. En la DGS le ficharon, le tomaron las huellas y le obligaron a firmar un papel en el que escribieron «cosas que no eran ciertas», un suceso que recordaba al protagonizado unos años antes, en 1956, por el bailaor y cantante Miguel Frías Molina, que fue detenido por la DGS —entonces dirigida por el conde de Mayalde— y llevado hasta el descampado del hipódromo de Madrid (donde ahora está el estadio Santiago Bernabéu), donde le raparon «con una máquina de cortar el pelo»[57] y le vejaron de mil y una maneras.

Como hemos podido ver, el aparato de Estado franquista, con la DGS a la cabeza, persiguió a todos aquellos que desafiaron al régimen desde el punto de vista político y moral. Su objetivo no solo fueron colectivos históricos, como los obreros o estudiantes, sino que también estuvieron en su punto de mira artistas, intelectuales, «quinquis», mujeres abortistas o miembros del colectivo LGTBI.

6

El canto final de la dictadura: el terror se ceba en la Real Casa de Correos

Pese a que, como estamos viendo, en los últimos años de la dictadura las presiones externas adquirían cada vez más intensidad, la gran bestia negra seguía siendo el movimiento obrero, que había comenzado a articularse alrededor de Comisiones Obreras, en las que, aunque el PCE llevaba la voz cantante, participaban trabajadores de diferentes organizaciones clandestinas que organizaron importantes movilizaciones en Asturias, Cataluña, País Vasco, Valencia, Sevilla y, por supuesto, Madrid.

La DGS vigiló de cerca no solo las protestas, sino a sus principales cabecillas, que hacían verdaderos malabarismos para poder convocar sus actos. El 27 de enero de 1967 se celebró la llamada «Marcha sobre Madrid» —que llevaba meses organizándose—, en la que participaron miles de obreros de la periferia de la capital. Marcelino Camacho era entonces el líder de la conocida como Intersindical, donde, desde 1966, coincidían diversas ramas de Comisiones Obreras. Fue este organismo el que se encargó de llamar a la protesta masiva, una protesta cuyo objetivo principal era la Ley Orgánica del Estado, aprobada el 14 de diciembre de 1966 y que la oposición consideraba una farsa.

Según el vicesecretario de Ordenación Social, a lo largo de 1966 se habían producido en Madrid más de ciento cincuenta conflictos laborales y la situación se había vuelto insostenible. El 6 de enero de 1967, en la iglesia de Moratalaz se celebró una reunión de varios delegados del sector del metal para revisar el convenio de los trabajadores, tras lo cual, y ante la negativa de la patronal, se convocó la mencionada «Marcha sobre Madrid». Los obreros saldrían de sus fábricas hacia Cuatro Caminos, Legazpi y la Cruz de los Caídos, para después ir hacia la Puerta de Atocha y el Paseo del Prado, donde se encontraba la sede del Sindicato Vertical[1].

La DGS se preparó para hacer frente a la protesta. Cientos de coches de la Policía y varios helicópteros vigilaron las salidas de las fábricas y transmitieron lo que iba sucediendo:

> En la carretera de Andalucía con Camino Viejo de Villaverde, nos han dicho que han procedido a dispersar a grupos de obreros de Barreiros que venían en un bloque compacto, aunque en actitud pacífica. Ahora no se observa ningún obrero por estos alrededores.
>
> La Guardia Civil ha realizado unos disparos al aire donde estaban todos concentrados, en la carretera de Pegaso. En fin… La cosa está un poco alarmada.
>
> En Getafe, salieron pacíficamente a la plaza del ayuntamiento, y en las calles adyacentes había personas con ánimo de manifestarse. Por el lado de la izquierda había hombres, y por la de la derecha, mujeres y niños. Unas dos mil personas. La Guardia Civil está llamando a que se dispersen. Uno de los miembros de la Policía Armada consideró contraproducente la medida de realizar detenciones, opinando lo mismo miembros de la Guardia Civil, ya que la gente estaba en actitud pacífica.
>
> En el paseo de la Infanta Isabel, frente a la estación de Atocha, había un grupo de personas en actitud expectante. Estaban sentados tomando el fresco. Actúen todos los miembros de la Policía en la glorieta de Atocha. Actúen en consecuencia contra todas las personas que están gritando «libertad, libertad». Han dicho que la Policía vaya hacia Méndez Álvaro porque hay un grupo que quiere incendiar unos vehículos. En Embajadores y Argumosa hay un grupo importante de

personas. Hay cargas, pero la gente no se va. Han destrozado unos cuatro autobuses y un conductor ha resultado herido en San Blas. Carga de la Policía Armada en Bravo Murillo. Se ha disuelto un grupo de jóvenes. Un grupo va por Atocha gritando «libertad, libertad»[2].

La DGS amenazó con detener a todo aquel que participara en las manifestaciones. Finalmente, entre ciento sesenta y trescientos obreros fueron arrestados y pasaron tres días en los calabozos del edificio de la Puerta del Sol. Algunos de los dirigentes de las Comisiones Obreras, como Julián Ariza o Marcelino Camacho, fueron hasta allí a interesarse por el estado de salud de los detenidos, y cientos de obreros realizaron paros en solidaridad con los represaliados[3].

Pulso contra CC. OO. y el PCE

La reacción del aparato del Estado no se hizo esperar. El 17 de febrero de 1967, el Tribunal Supremo confirmó una sentencia del TOP contra los integrantes de las Comisiones Obreras de Vizcaya, organización a la que consideró ilegal. Ocurrió lo mismo el 4 de octubre de 1968 sobre las Comisiones Obreras de Guipúzcoa, y poco después se creó jurisprudencia, con la sentencia del 15 de octubre de 1968, sobre las Comisiones Obreras del Arenal Alto (Madrid), a las que declararon también ilegales «porque están doctrinalmente entroncadas con el Partido Comunista Español, organizadas y tuteladas por el mismo»[4]. Así pues, se declaró la ilegalización *de facto* de todas las comisiones obreras del país y la persecución de sus militantes, una persecución que no se detendría hasta el final de la dictadura.

En las fábricas, cuando se convocaba una huelga, la DGS enviaba escritos declarando «terminantemente prohibidas las asambleas»[5] y amenazando a los trabajadores con que acabarían delante de la justicia militar y siendo sustituidos en sus puestos por militares. Así ocurrió durante la huelga de Metro de julio de 1970, en Madrid, en la que participaron tres mil trabajadores. Para el director de la DGS, Eduardo Blanco, aquello suponía un quebrantamiento del «orden público y de la marcha normal de la ciudad», y amenazó a los huelguistas con romper las negociaciones y remplazarlos por soldados si no regresaban a sus puestos de trabajo. El propio Francisco Franco, desde el Consejo de Ministros, apoyó estas medidas, tras lo cual los trabajadores volvieron al tajo[6]. Seis años después, durante la celebración de otra huelga en el Metro, el régimen cumplió sus amenazas y los militares entraron en acción.

Sin embargo, la organización obrera seguía creciendo. Comisiones Obreras se convirtió en la principal organización sindical antifranquista, hecho que el propio Ministerio de la Gobernación reconoció al considerarla «una manifestación parcial, aunque la más importante actualmente en España, de la lucha obrera ilegal», ya que, en el último decenio de la dictadura, en todas las luchas «han estado presentes miembros de Comisiones Obreras». Al régimen no le resultaba sencillo vigilar la actividad de la plataforma, sobre todo por su diversidad. Es cierto que el papel protagonista lo tenía el PCE, pero no era el único que actuaba. Las diversas formaciones que integraban el sindicato tenían en común su lucha «contra al Sindicato Oficial», lo que podía acarrear conflictos con países extranjeros en el caso de que las protestas se masificaran en las grandes empresas multinacionales.

Ante el pulso planteado por el movimiento obrero, el régimen decidió que lo primero era impedir que las asambleas de trabajadores se celebraran y evitar cualquier negociación con «representantes obreros no pertenecientes al sindicato oficial». Al mismo tiempo era necesario elevar el nivel político de los representantes del Sindicato Vertical e infiltrarse en el interior de las Comisiones Obreras para sembrar la confusión y desunirlas para que dejaran de estar bajo el manto del PCE[7].

Marcelino Camacho, en el punto de mira de la DGS

Fue a partir de este momento cuando el régimen decidió ir contra uno de los principales líderes de la organización, Marcelino Camacho, quien, posteriormente, en 1976, se convirtió en el secretario general de CC. OO.

Nacido en Osma de la Rasa (Soria) en 1918, en 1935 se afilió al PCE y a la UGT. Tras el golpe de Estado del 18 de julio de 1936, junto con su padre —que era guardagujas en la estación de tren de su pueblo— y otros trabajadores ferroviarios, participó en el corte de las vías del tren para impedir el avance de las tropas franquistas. Cuando los sublevados tomaron su pueblo, el joven Camacho cruzó la sierra de Guadarrama para unirse a los republicanos.

Una vez acabado el conflicto, el 27 de marzo de 1940 fue detenido por primera vez. Llevaba varios meses viviendo en la capital de manera clandestina —con el nombre de José Marcelino González—, pero, tras varias semanas de búsqueda, fue arrestado y juzgado por «pasarse a zona roja» durante la guerra[8]. Fue condenado a trabajos forzados en varios campos, hasta que, finalmente, llegó a Tánger —zona española de Marruecos—, de donde se fugó en 1944. La Policía lo detuvo de nuevo en la frontera con el Marruecos francés y lo envió a Orán (Argelia). Allí conoció a la que posteriormente, en 1948, se convertiría en su mujer, Josefina Samper[9].

En 1957 fue indultado y pudo volver a España, donde retomó su actividad contra la dictadura, en esta ocasión como enlace sindical —del Sindicato Vertical— de la fábrica Perkins, respondiendo a la estrategia de los comunistas de «infiltrarse» en las organizaciones sindicales y políticas del régimen. Camacho fue uno de los fundadores de la rama del metal de Comisiones Obreras en la capital, que posteriormente, en 1966, se incluiría en el Inter-Ramas, que aglutinaba a todas las comisiones de la metalurgia de Madrid.

Pronto volvió a caer en las garras del aparato policial franquista, en concreto de Conrado Delso, miembro de la BPS y experto en el movimiento obrero. Junto a varios compañeros, el 28 de junio de 1966 Camacho fue detenido por llevar treinta mil firmas al Ministerio de Trabajo para pedir libertad sindical y una clara mejora de las condiciones laborales[10]. Y fue conducido a la sede de la DGS de la Puerta del Sol:

> En los tres días que estuvimos allí, el máximo que permite la ley, en los interrogatorios la Policía nos preguntaba a todos constantemente por la carta y yo les explicaba, una y otra vez, que íbamos al Ministerio de Trabajo a entregar este documento respaldado por treinta mil firmas [...].
>
> Estuvimos tres días en la Dirección General de Seguridad separados en calabozos diferentes y a mí me toco la celda diecisiete. Era un espacio reducidísimo que estaba ocupado en su mayor parte por una especie de cama de cemento cubierta por una esterilla de esparto. El servicio estaba fuera y cada vez que querías ir tenías que llamar para que te abrieran. Siempre era una buena ocasión para ver a los compañeros que estaban en otras celdas, pero no lo logré en ninguna ocasión. [...]
>
> La Brigada Político-Social, a diferencia de lo que ocurría cuando detenían a miembros del aparato clandestino del PCE, no nos torturó, aunque nos dieron algún puñetazo. Ese cierto respeto que nos tenían no se debía, sin ninguna duda, a ningún gesto humanitario de aquellos policías especializados en la más dura represión. Lo que ocurría en nuestro caso es que la detención de los líderes del movimiento obrero siempre repercutía en las fábricas, que reaccionaban con huelgas y manifestaciones. Además, en la medida en que los líderes éramos conocidos, no solo aquí sino internacionalmente, también era más difícil la tortura o los malos tratos[11].

Sin duda, el régimen no podía permitir que unos cuantos líderes obreros aparecieran en la prensa internacional como víctimas de torturas y vejaciones. Aun así, salir de la DGS siempre era un alivio, principalmente «por lo tétrico de los pasillos y las celdas de los sótanos, más las malas condiciones en los calabozos, incomunicados, con largos interrogatorios y, sobre todo, por los malos tratos»[12].

De hecho, el 9 de diciembre de 1966, tras abandonar la cárcel y quedar a la espera de juicio, Camacho denunció amenazas y coacciones en la misma DGS, ya que todos los días un coche —que resultó ser de la BPS— le vigilaba cuando salía del trabajo. Los policías, como era de esperar, lo negaron, y tan solo reconocieron que conocían sus actividades en Comisiones Obreras[13].

El 28 de enero de 1967, un día después de la «Marcha sobre Madrid», Camacho volvió a ser detenido por «instigar a la huelga a los trabajadores a la salida de la Pegaso». Cumplió cinco años de cárcel en las prisiones de Carabanchel y Soria por «manifestación ilegal» y «asociación ilícita», tras lo cual solo estuvo seis meses en libertad. El 24 de junio de 1972 volvió a ser arrestado por participar en la reunión que los líderes de la dirección de CC. OO. mantuvieron en el monasterio de los padres oblatos, en Pozuelo de Alarcón (Madrid) —lo que después se llamaría el «Proceso 1001»—. En la redada fueron detenidos diez dirigentes, a los que después llevaron a las dependencias de la DGS:

> Allí nos llevaron y entramos con los coches por un patio interior, al que se accedía por la calle del Correo. Directamente nos llevaron a los calabozos que estaban en los sótanos, tomándonos previamente la filiación y retirándonos las pertenencias personales, dinero, documentación y cinturones. A cambio, nos dieron las consabidas mantas. Aquellos calabozos no tenían ninguna ventana al exterior, solo una mirilla en la puerta de hierro por la que te miraban de vez en cuando los guardias.
>
> […] A las pocas horas de llegar, la Policía me subió por un laberinto de pasillos y escaleras a declarar al primer piso, donde estaba la Brigada Político-Social. En aquellos cuarenta minutos que duró el interrogatorio, les dije que únicamente diría mi identidad y que estaba en la residencia de los padres Oblatos para ver al padre Carlos

> Giner, porque estaba redactando un artículo para la revista *Mundo Social.* […] La Policía insistía en que firmara la versión que ellos daban de los hechos. Les dije que, si insistían con sus preguntas, no firmaría ninguna declaración, ya que aquella situación me generaba tensión y afectaba a mis afecciones cardiovasculares. Me negué a firmar cualquier declaración. Al día siguiente me vinieron con una multa gubernativa de doscientas cincuenta mil pesetas[14].

Marcelino Camacho estuvo en prisión hasta que, tras la muerte del dictador, fue indultado. Su hijo, Marcel Camacho, también fue arrestado en 1967, y el 26 de junio de 1969, su mujer, Josefina Samper, por participar en reuniones de la Organización Internacional del Trabajo (OIT) pidiendo la libertad de su marido[15].

El PCE en el foco policial

Los militantes de base del movimiento obrero sufrieron una represión bastante más salvaje y muchos terminaron muertos a manos de las fuerzas del orden, como sucedió en Granada, Ferrol, Leganés y Sant Adrià de Besòs entre 1970 y 1973.

Entre los cientos de trabajadores que sufrieron torturas podemos mencionar a Luis Royo Muñoz, del Metro de Madrid, y a Evelio Sánchez-Garrido, de Construcciones Leonesas, que soportaron las vejaciones más ruines y a quienes les hicieron «proposiciones que atentan contra la moral». A muchos se les sacaba de la cama de madrugada, como a Manuel González de la Rubia o a Antonio Pérez Adahuela, que estuvieron veintinueve días en los calabozos de la DGS sufriendo malos tratos y palizas ininterrumpidamente[16].

El Primero de Mayo —fiesta por antonomasia de la clase trabajadora— había que tener especial cuidado, ya que la BPS esperaba cualquier acto de protesta para actuar. Así, en 1973, cerca de cien obreros fueron llevados hasta la DGS, donde tuvieron que soportar torturas y «la angustia de los días inciertos, con sus vidas en manos de bandas fascistas y policías incontrolables»[17].

Pero, pese a todo, el movimiento obrero seguía cosechando importantes victorias, como sucedió en las elecciones a jurado de empresa —sobre todo en las grandes empresas de las principales ciudades—, donde CC. OO. consiguió un 60 % de los apoyos de las candidaturas de la oposición, aunque, obviamente, los puestos de dirección los ocupaban siempre personas fieles al régimen. En estos jurados de empresa los trabajadores negociaban directamente con los patronos sus condiciones laborales.

Era evidente que el PCE se había convertido en el partido antifranquista por excelencia y sus éxitos se apreciaban en diferentes ámbitos, como en los movimientos vecinal, intelectual y artístico. Incluso había militantes del PCE trabajando en la DGS, como relató Dueñas —el hombre que trajo a Santiago Carrillo del exilio durante la Transición— en el pódcast *Ayer,* de RNE Exterior. Quienes lograron infiltrarse en el organismo policial se dedicaban a expedir documentos con el sello de la DGS, con datos ficticios que se incorporaban a las fichas de las personas que salían al extranjero para de este modo no ser apresadas[18].

En este tira y afloja constante, el principal órgano del partido, *Mundo Obrero*, seguía publicando noticias sobre torturas y malos tratos en la DGS. Fue el caso de los poetas Carlos Álvarez y Ramón Andújar, y del periodista Ernesto Contreras, que en 1974 fueron apaleados y vejados durante «las setenta y dos horas que duró el secuestro» en los calabozos de la Puerta del Sol. Para el diario clandestino, la DGS y la BPS eran los «instrumentos de la patronal y los jerarcas verticales para mantener los bajos salarios y la falta de todo derecho social»[19]. Y, mientras tanto, la DGS se preparaba para asestar ese mismo verano un nuevo golpe, en esta ocasión contra los dirigentes comunistas Simón Sánchez Montero, Francisco Romero Marín, alias *El Tanque,* y Pilar Brabo, que se habían convertido en tres de los objetivos más destacados para las fuerzas policiales.

Como contamos en el capítulo 4, Simón Sánchez Montero ya había pasado por los calabozos de la Puerta del Sol. No era el caso de Francisco Romero Marín, al que también apodaban *El Superclandestino.* Nacido en 1915 en la localidad de Nerva (Huelva), en noviembre de 1936 se afilió al PCE y luchó en la defensa de Madrid y en la batalla del Ebro, consiguiendo el grado de teniente coronel. Cuando la guerra acabó, se exilió a la URSS, donde formó parte del Ejército Rojo —con la misma graduación— y se convirtió en profesor de la Academia Frunze. Tras el final de la Segunda Guerra Mundial marchó a Francia para trabajar en el aparato del PCE en el exilio. En 1954 fue nombrado miembro del Comité Central, y en 1956 regresó clandestinamente a España. Rápidamente, la DGS lo convirtió en un objetivo esencial y estuvieron a punto de detenerle en varias ocasiones. Una de ellas fue en 1964, en una tienda de electrodomésticos, de la que Romero logró huir tras estamparle una bombilla en la cara al agente que iba tras él.

Sin embargo, en 1974 se le acabó la «suerte». El 4 de abril, una patrulla de la BPS —liderada por el mencionado Roberto Conesa— entró en su domicilio, en la madrileña calle de Londres, y se lo llevaron preso. Una vez en la sede de la DGS, el propio Conesa le dijo que «si lo hubiera detenido unos años antes, lo habría fusilado, como a Grimau». Sin embargo, no le tocaron. Tampoco a Pilar Brabo, miembro de la Federación Universitaria Democrática Española (FUDE) desde 1964, militante del PCE desde 1965 y miembro del Comité Central desde 1968. A Brabo la arrestaron hasta en catorce ocasiones y conoció de primera mano lo que se vivía en los calabozos de la DGS de la Puerta del Sol. Cuando la detuvieron ese año, le preguntaron si había estado en Cuba, a lo que contestó negativamente —sin embargo, sí había estado de visita en la isla con Santiago Carrillo—. No había duda de que esa información había llegado a la BPS a través de un chivatazo[20].

Los dirigentes menos conocidos sufrieron con más brutalidad los malos tratos de la Policía. Fue el caso de Víctor Díaz Cardiel, encargado del movimiento obrero en el PCE de Madrid y, posteriormente, miembro del Comité Central y del Comité Ejecutivo de la organización en los primeros años de la Transición. Fue detenido hasta en cinco ocasiones: la primera, en 1956, cuando lo arrestaron junto a su padre —también militante comunista—, que se llamaba igual que él. De hecho, era al padre al que buscaban, pero al final los agentes de la BPS decidieron llevarse a los dos a los calabozos de la Puerta del Sol. Allí, al padre le dieron una brutal paliza para que aprendiera de sus errores y «no tuviera más hijos comunistas».

Por su parte, las actividades de Víctor Díaz Cardiel se centraban principalmente en el reparto de propaganda en los tranvías que iban hasta las fábricas de Villaverde Bajo. La casa familiar era un depósito de propaganda y, tras varios años haciendo trabajo clandestino en la capital, el 4 de abril de 1965 fue detenido por la BPS y trasladado a la Puerta del Sol:

> Fueron a buscarme a mi casa, en la calle de José Barbastre, siete agentes. La Policía sabía que yo estaba al frente del movimiento obrero en Madrid. En mi casa rasgaron el cochecito de mi hijo para buscar propaganda. Fue indignante. Habíamos quemado la mayoría en el horno. Al bajarme por las escaleras de mi portal, cinco pisos, iban cuatro detrás y tres delante de mí, ya me iban golpeando en la cabeza. Me quitaron los cordones de los zapatos y la correa y me decían que «con ellos me iban a ahorcar». Yo pegaba palmas y decía que «no soy un ladrón, que soy comunista». Al llegar a la DGS, me bajaron por unas escalaras, me pasaron primero por un despacho donde me hicieron la ficha policial, la huella dactilar. Los calabozos eran tétricos. Había un poyete en el fondo, eran de dos metros cuadrados, muy pequeño. Los despachos policiales también eran minúsculos, daban a la calle de San Ricardo, por donde cayó Grimau. El médico que torturó a Grimau fue a verme y me dijo:

«Mira, está la ventana abierta, a ver si haces como Grimau», y me retó a un duelo, mientras me miraban siete policías. Me dejaron grogui y les dije: «No veo nada, estoy ciego», y ellos decían que era mentira, que me quejaba igual que Grimau. Después de la detención, estuve siete años y medio seguidos en la cárcel. Cuando retomé la libertad, los vecinos me dijeron: «Vaya lío montaste aquel día»[21].

La tercera detención tuvo lugar en diciembre de 1973, mientras trabajaba en el despacho de la abogada laboralista María Luisa Suárez Roldán en la campaña por el «Proceso 1001», que se saldó con la condena a prisión de toda la dirección de Comisiones Obreras y que demostró, una vez más, la dureza represora del régimen. La cuarta, en noviembre de 1975, y la última, junto con Santiago Carrillo, el 22 de diciembre de 1976.

Un nuevo enemigo para la dictadura: la Liga Comunista Revolucionaria

Aunque pese a todos estos tropiezos el PCE seguía liderando la oposición antifranquista, a finales de los años sesenta y comienzos de los setenta surgieron partidos a su izquierda, algunos como resultado de escisiones de dentro de sus filas y otros de antiguas organizaciones —como el FLP— que se nutrían sobre todo de jóvenes universitarios. Uno de ellos fue la Liga Comunista Revolucionaria (LCR), de tendencia trotskista, surgida en 1971 tras la desintegración del FLP, que se convirtió en uno de los principales objetivos de las fuerzas de orden público. Agentes como Antonio González Pacheco, alias *Billy el Niño,* se especializaron en la vigilancia y represión de esta formación, y muchos de sus miembros pasaron noches en los calabozos de la DGS. Chato Galante, uno de sus dirigentes —fue detenido en cuatro ocasiones—, llegó a estar allí catorce días, durante los cuales los agentes de la BPS lo torturaron, aunque se esforzaron por no dejar marcas[22].

También sufrió la crueldad de los métodos de la BPS Felisa Echegoyen, militante de la LCR, que fue detenida en 1975 por Billy el Niño y conducida a las dependencias de la DGS:

> Me condujeron a una celda con una tenue luz en el techo, manchas de sangre seca en las paredes, cucarachas deambulando a su antojo y una trampilla en la puerta por la que te metían, una vez al día, algo que parecía comida. Me pegaban en los pies, me decían que mi marido me ponía los cuernos [...]. Al segundo día de interrogatorios, en los que Billy el Niño se ensañó pegándome, insultándome e instigándome a que «cantara», me sobrevino tal ataque de nervios que me dejó completamente rígida, sin poder mover ni un músculo[23].

Ángela Gutiérrez, militante de la LCR y de CC. OO., fue detenida en tres ocasiones; dos en 1973 y una en 1976:

> Me llevaron a la DGS, donde me hicieron el registro, la huella digital. Me llevaron al despacho. Me golpearon, me hicieron la rueda. No di mi domicilio. Me interrogó la BPS. Estaba en bata y me pasaron entre los policías como una peonza. Me rompieron los botones y me quedé en bragas y sujetador. Había mucha gente del FRAP en los calabozos. Me pusieron una multa de doscientas mil pesetas. Me acusaban de estar en CC. OO. Yo lo negué.
>
> La segunda vez me detuvo Billy el Niño en la Gran Vía. Estaban buscando a mi pareja. Habían quedado para comer con otros compañeros. A la salida nos estaban vigilando. Ese año habían detenido a varios miembros de la dirección de la LCR. Me cogieron por estar con él, no sabían que estaba en la LCR también.
>
> Al llegar a la DGS, en el despacho donde me iban a tomar los datos, me dieron una patada en mis partes. Todavía no sabía que había sido detenido. Cuando vio que yo era extremeña, se hizo el bueno. Me golpearon otros: uno que se llamaba el Gitano, que me hizo el pato, me daban por todos lados, en la planta del pie. Cuando este lo dejaba, entraba otro. Fueron a registrar la casa de mi madre, en Extremadura, que era la dirección que tenía en el DNI[24].

El estado de excepción como arma contra el movimiento obrero

La aplicación del estado de excepción fue uno de los métodos que el régimen usó para acabar con los movimientos obreros y estudiantiles. Se trataba de una herramienta jurídica que permitía actuar a la BPS con total libertad: registrar domicilios sin autorización, prohibir la circulación de personas y vehículos a determinadas horas del día, censurar artículos, libros y espectáculos, y permitir detenciones de más de tres días en los calabozos de la Puerta del Sol. El primer estado de excepción se aprobó en 1956 (a través del Fuero de los Españoles), pero fue la Ley de Orden Público de 1959 la que le dio una forma jurídica definitiva.

En el verano 1962 se aplicó en Asturias y Vizcaya, a raíz de las huelgas en la minería y la siderurgia. En enero de 1969, tras el asesinato de Enrique Ruano, por primera vez se impuso en toda España, lo que permitió que, en apenas tres meses, 1.278 personas fueran detenidas —solo en Madrid se produjeron 338 arrestos—. En diciembre de 1970, durante el llamado «proceso de Burgos», volvería a aplicarse, lo que resultó en 1.221 detenciones. La última vez que se impuso un estado de excepción en España fue el 25 de abril de 1975, aunque solo en las provincias de Guipúzcoa y Vizcaya[25].

Los detenidos llenaban los calabozos de la Puerta del Sol, sin saber cuándo los liberarían. Uno de ellos fue José Benito, que en una entrevista personal me contó su experiencia:

> Me detuvieron seis veces durante el franquismo. Una de ellas fue durante el estado de excepción del 28 de enero de 1969. Tenía diecisiete años y estaba en las Comisiones Obreras Juveniles. Me detienen junto a mi padre, que era militante clandestino del PCE y de CC. OO. En aquellos días detuvieron a la mayoría de los que estaban fichados. A mi padre lo llevaron al día siguiente de la DGS a Carabanchel. Pero a mí, como a otros compañeros, me tuvieron doce días en dependencias policiales. En aquella

> detención me golpearon bastante, como a todos. Nos interrogaban cuatro horas por la mañana y cuatro horas por la tarde. Nos abofeteaban, nos ataban a la mesa. A uno de los que estaban detenidos, que estaba acusado de tener una multicopista en Getafe, le golpearon en la cabeza con un radiador[26].

La DGS y el terrorismo

A finales de los años sesenta resurgió el fenómeno de la lucha armada de manos, sobre todo, de ETA y del FRAP. La primera se había creado en 1959 como consecuencia del descontento de un nutrido grupo de jóvenes nacionalistas vascos respecto a la política del Partido Nacionalista Vasco (PNV) y alrededor de organizaciones universitarias como Ekin. Su inspiración la hallaban en las luchas guerrilleras del Tercer Mundo y en la Revolución cubana, y, tras intensos debates entre sus tres alas —nacionalista, obrerista y tercermundista—, a mediados de los años sesenta optaron por la «estrategia de la guerra revolucionaria» y por plantear un programa de carácter nacionalista y socialista[27].

ETA desafía al régimen franquista

En un primer momento, cuando las acciones de ETA se producían solo en territorio vasco, las autoridades franquistas no le dieron excesiva importancia. Tan solo se creó, en la Policía de Bilbao, un grupo especializado en «separatismo vasco», que era como la BPS definía a la banda, una especie de «brazo armado del PNV» constituido por «cuatro jóvenes universitarios». Tanto es así que en un primer momento fueron los servicios secretos estadounidenses los que más atención prestaron al peligro que implicaba la banda terrorista[28].

La situación cambió a partir de finales de los años sesenta y principios de los setenta. El 2 de agosto de 1968, Melitón Manzanas, jefe de la BPS de Guipúzcoa y conocido torturador entre los militantes de la oposición antifranquista vasca, fue acribillado a balazos a manos de ETA, y el 20 de diciembre de 1973 se produjo el magnicidio que acabó con la vida del almirante Luis Carrero Blanco —entonces presidente del Gobierno— en pleno centro de Madrid.

Las autoridades reaccionaron rápidamente: la DGS cambió de dirección, que el 2 de febrero de 1974 recayó en Francisco Dueñas Gavilán, un militar de la vieja guardia. Nacido en Burgos en 1919, había participado en la Guerra Civil como voluntario falangista y como alférez provisional en la IV División Navarra, resultando tres veces herido. Estuvo en las capitanías generales de Burgos, Valencia y Barcelona, y fue profesor de la Academia de Infantería y de la Escuela del Alto Estado Mayor del Ejército de Tierra. En 1962 fue ascendido a teniente coronel de Infantería y en 1968 ocupó el cargo de director de la Academia Especial de las Fuerzas de la Policía Armada. Además, era comisario honorario del Cuerpo General de Policía[29]. Como comisario general de Investigación Social, Dueñas nombró a José Sainz González, que tenía una larga experiencia dentro de la Policía, ya que había participado en la lucha contra la guerrilla en Asturias y desde finales de los años cuarenta estaba destinado en la BPS de Bilbao, de la que fue jefe de brigada en 1960. Tras un breve paso por Madrid, donde ocupó importantes puestos en la BPS, en 1970 regresó al País Vasco y fue nombrado jefe superior de la Policía de Bilbao. También formó parte de los servicios de Seguridad de Francisco Franco y del príncipe Juan Carlos[30].

Respecto a su nombramiento como comisario de Investigación Social, Sainz cuenta en su autobiografía que

> [...] en los primeros días del mes de febrero de 1974, o acaso antes, visito al director general de Seguridad en Madrid. El caso es que en

> el transcurso de la visita me habla de que ha pensado que debo ser el responsable de la Comisaría General de Investigación Social, cesando por lo tanto de mi «larga», «delicada» y «eficaz» gestión policial, pese a tener que continuar prestándole la atención supervisora e indirecta desde Madrid, que corresponde al nuevo puesto que me asigna[31].

No había duda de que su experiencia en el País Vasco le avalaba para el cargo. Así, el 13 de septiembre de 1974, mientras estaba en su despacho de comisario, escuchó la explosión que se produjo en la cafetería Rolando, en la calle del Correo, muy cerca de las dependencias de la DGS. El objetivo del atentado, llevado a cabo por ETA, eran los agentes de la Policía que desayunaban o almorzaban en el establecimiento. Murieron once personas y hubo cerca de setenta heridos, la mayoría civiles. Dos personas que trabajaban en la DGS perdieron la vida como consecuencia de la explosión: la administrativa Concepción Pérez Paino y el inspector Félix Ayuso Pinel, que falleció dos años y cuatro meses después, el 22 de enero de 1977[32].

Como decimos, mientras se encontraba en su despacho, en la parte sureste de la primera planta del edificio de la DGS, Sainz González escuchó —y sintió— la fuerte explosión, tanto que pensó que la bomba había estallado en el interior de las dependencias policiales. Cuando bajó al patio se encontró con numerosas personas ensangrentadas que entraban en la DGS por la calle del Correo. Fue entonces cuando supo que el atentado se había producido en la cafetería Rolando[33].

El 15 de septiembre tuvo lugar el entierro de Concepción Pérez, en el cementerio de la Almudena, aunque previamente hubo un velatorio en la DGS, al que asistieron unas dos mil personas, entre ellas el presidente del Gobierno, Arias Navarro; el presidente de las Cortes; los ministros de la Gobernación, de Presidencia, de Hacienda, de Educación, de Justicia, del Ejército, de la Marina y del Aire; el secretario general del Movimiento y el de la Organización Sindical; el alcalde de Madrid, el gobernador civil, el director general de Seguridad, el director general de la Guardia Civil, el director general de Política Interior y el subsecretario de Gobernación. El féretro fue trasladado por seis policías armados hasta el furgón que lo llevó al cementerio, mientras los allí congregados entonaban el *Cara al sol* y otros «cantos patrióticos»[34].

Rápidamente comenzaron las detenciones. El 16 de septiembre arrestaron a Eva Forest, antigua militante comunista y miembro de varios comandos de ETA, a quien acusaron de participar en el atentado. La encerraron en un calabozo de la DGS, donde quedó incomunicada durante un día entero. Varios agentes de la BPS le dijeron que iban a acabar con ella y que le meterían un tiro en la sien. Después la llevaron esposada a una habitación del tercer piso, la pusieron contra un muro y la obligaron a permanecer con los ojos cerrados. La insultaron, llamándola «asesina comunista», y la amenazaron con tirarla por una ventana y decir «que se había suicidado». Si se movía, le golpeaban la espalda y, de hecho, uno de los golpes le hizo perder el conocimiento.

En su autobiografía, Forest recuerda que un cubano le dijo que «a tus hijos los ha matado Fidel y tu hijo está en Cuba para estudiar para asesino». Después la llevaron a rastras hasta otra habitación, donde la interrogaron y le pegaron en la cabeza y en los oídos, aunque evitando dejar marcas. Estuvo nueve días en la DGS y la sometieron a diecisiete interrogatorios, en los que la torturaron y vejaron sin descanso. Los agentes Roberto Conesa y José Sainz estuvieron presentes en varias sesiones[35].

Otra de las detenidas en aquellos días fue María Luz Fernández, militante del FRAP, que fue sacada de su casa a las dos y media de la madrugada a punta de pistola. Su padre y su hermano, que no estaban implicados, también fueron arrestados. Le dieron bofetadas y puñetazos en el estómago, y a consecuencia de los golpes le rompieron tres costillas. Estuvo incomunicada durante ciento seis días.

La abogada feminista Lidia Falcón, que tenía contacto con Eva Forest, estuvo tres días en la DGS. En aquel momento se encontraba embarazada, pero eso no impidió que la golpearan y le dieran patadas en la barriga. De hecho, Antonio González Pacheco llegó a decirle: «No parirás, puta»[36].

En un primer momento, La DGS mantuvo la versión de que el PCE estaba detrás del atentado, pero Santiago Carrillo lo negó en una nota que apareció publicada en *Mundo Obrero.* Años después, José Sainz declaró que los comunistas no habían tenido nada que ver[37].

La Policía persigue a los dirigentes del FRAP

Torturas similares a las descritas sufrieron los militantes del Frente Revolucionario Antifascista y Patriota (FRAP) en los últimos meses del franquismo. Tres de ellos y dos de ETA fueron fusilados el 27 de septiembre de 1975, apenas dos meses antes de que Franco muriera.

Ese mismo año, José Sainz González fue sustituido por el militar José Ramón Piñeiro en la Comisaría de Investigación Social. Originario de Pontevedra, su experiencia en la persecución de guerrilleros en Orense, Madrid y Barcelona le llevó, en los años cincuenta, a realizar algunos trabajos de seguridad en los desplazamientos de Franco a San Sebastián y a La Coruña. Pronto fue nombrado jefe de brigada de Investigación de Galicia y, después, jefe superior de Policía de La Coruña, ya con el grado de comisario de primera clase. En julio de 1974 lo nombraron jefe superior de Policía de Andalucía Oriental.

Cuando asumió el cargo de comisario de Investigación Social, Piñeiro señaló que la DGS carecía de «cobertura informativa y enlaces» para llevar a cabo una lucha tan enconada como la que entonces se libraba contra el terrorismo. Sin duda, el organismo policial no tenía la estructura suficiente ni era de fiar en ningún sentido. Tanto es así que Vicente Reguengo, jefe de la BPS en Madrid, le dijo a Piñeiro que tuviera cuidado «con los tropiezos» que pudieran ponerle en su trabajo[38].

El caso es que, en el verano de 1975, José Ramón Piñeiro y Francisco Dueñas se hicieron cargo de las detenciones de varios miembros del FRAP, una organización nacida del PCE (m-l), aunque, en realidad, surgió en París en 1971. Con apenas un año de vida, en octubre de 1972 se produjeron las primeras detenciones de militantes de la formación y la incautación de numerosa prensa clandestina[39] de su propiedad. Sin embargo, fue el Primero de Mayo de 1973 cuando la DGS y la BPS dejaron claro que lucharían contra la organización comunista sin que les dolieran prendas. Por la tarde, el FRAP había convocado una manifestación en la plaza de Antón Martín, a la que acudieron centenares de personas que enseguida se vieron cercadas por la Policía. Varios miembros de la organización resultaron heridos, y un subinspector de la Policía, Juan Antonio Fernández, murió tras ser apuñalado entre las calles de Atocha y Santa Isabel. Jesús Quintero, uno de los jefes de la Policía de Madrid, dijo que había «que declarar la guerra al FRAP»[40]. En total, setenta y ocho personas fueron detenidas.

En septiembre de 1973, a raíz de la desarticulación de la organización en la capital, la militante Matilde Muñoz fue conducida a los calabozos de la DGS.

> Tenía una cita en la plaza de Puerta Cerrada. Íbamos con mucho cuidado, para esquivar a la Policía. Llegué bastante antes y me metí en un bar. Olía que aquello estaba tomado, que había policías en todas partes. En el sitio de la cita, había un quisco de periódicos, se me cruzó una compañera y decidimos que debíamos irnos. Pero en ese instante se me cayeron encima los policías. No había ningún coche de Policía, pero sí unos taxis. Me metieron en uno de ellos. Intenté salir corriendo. Me tiraron del vestido y me lo rompieron.

Era todo muy humillante, llevaba el vestido roto por detrás. En ese taxi me llevaron a la DGS. Entramos por la puerta de la calle del Correo. Me bajaron al calabozo. Los calabozos no tenían ventanas. Estaban absolutamente a oscuras. Tenían una luz que colgaba, una puerta metálica con mirilla y rejilla. Había también una bombilla que colgaba encima de la puerta y un poyo de cemento en una esquina. No había colchoneta. Era una cosa de cemento pura y dura. Enseguida me subieron arriba, a los despachos. Me recibió Billy el Niño, que se presentó. Sin preguntarme nada, me empezó a dar bofetadas. Me empezó a salir sangre por la nariz. Estuve tres días, los de rigor. En estos tres días estuve siempre en los despachos de arriba, perdiendo la noción del tiempo. Me quitaron todo, el bolso, el reloj... Mi mayor miedo era que me bajara la regla. Una vez pedí ir al baño y no me dejaron, me decía que me meara encima. Me interrogaron poco. Me enseñaban fotos. Yo decía que no conocía a nadie y que no estaba en las fotos. Pero llevaba dinero de cuotas, informes de gente, de organización encima. Todo el tiempo lo pasé sin declarar nada ni denunciar a nadie. No me dieron ni de beber ni de comer.

Aparte de las bofetadas, había el juego del poli bueno y malo. El poli bueno me enseñaba las fotos y me pedía que dijera nombres, que no me iba a pasar nada, que me iban a dejar libre. Como yo decía que no, el poli malo llegaba y me pegaba. Una de las cosas más fuertes fue cuando me tumbaron en una cosa metálica, con el culo al aire, y me pusieron corrientes eléctricas en los pies y los tobillos, sin preguntar nada. Nunca tuve un interrogatorio clásico, salvo lo de enseñarme las fotos. Delante del juez dije que me habían torturado, pero el juez no me hizo caso[41].

Sin embargo, el momento álgido de la represión contra el FRAP se produjo a raíz de los atentados contra el policía Lucio Rodríguez Martínez (14 de julio de 1975) y el guardia civil Antonio Pose Rodríguez (16 de agosto de 1975). Diez días después de la muerte del segundo se promulgó el decreto ley 10/1975 sobre Prevención del Terrorismo, por el cual se imponía la pena de muerte para los delitos de terrorismo que causaran la muerte a agentes de la autoridad. Además, se determinó que la ley podría aplicarse con carácter retroactivo a los miembros del FRAP que hubieran sido detenidos con anterioridad.

A raíz de la nueva normativa, muchos fueron a parar a los calabozos de la Puerta del Sol. Así, por ejemplo, a Pablo Mayoral Rueda, obrero y militante del PCE (m-l) desde 1969 y después del FRAP, lo acusaron del asesinato de Antonio Pose (aunque estaba en prisión desde el 16 de julio) y pasó cuarenta días en una celda de aislamiento, donde sufrió las torturas de la Policía:

> Me detuvieron a finales del mes de julio, en medio de un gran operativo de policías, con bastantes coches. Me detuvieron en Leganés, en casa de un compañero de trabajo. También detuvieron a mi compañera y a toda la gente que estaba allí, salvo a la mujer del compañero, que tenía una hija pequeña. Me acusaron de ser uno de los que había matado al policía unos días antes. No tenía fecha de entrada en la DGS, podía estar todos los días que ellos quisieran. Me detuvieron sobre la una de la mañana. Toda esa noche me estuvieron dando golpes. Por la mañana llegó Yagüe, uno de los que dirigía la Brigada. Golpes cada vez más fuertes, *in crescendo.* Me hicieron mucho el pato, con las manos esposadas en la espalda, caminar en cuclillas todo el rato. Al cabo de las horas resultaba bastante doloroso. Luego me encararon con una compañera, me amenazaron con que le iban a hacer cosas a ella. Así estuve ocho días. Me hicieron pasear por el patio de la DGS, que estaba lleno de policías armados, y me empezaron a dar patadas, a lincharme. Me sacaron a rastras, como queriendo hacer ver que me estaba salvando del linchamiento. Tenía la ropa rota. Fue una cosa preparada[42].

Para Mayoral, los calabozos eran «tétricos», sobre todo al saber que allí se habían producido muertes y que numerosos compañeros habían sido torturados brutalmente. En los despachos, Manuel Blanco Chivite y Vladimiro Fernández Tovar, que fueron condenados a muerte (aunque después se les conmutaron las penas), estuvieron dos o tres semanas en la DGS, sin firmar ningún registro de entrada ni de salida, y fueron torturados con barras de hierro y mazas de madera[43].

Margarita y Julio Gomariz, militantes del FRAP, sufrieron similares malos tratos en la sede de la DGS. Margarita fue detenida por primera vez en 1974 por pegar carteles en la glorieta de Cuatro Caminos. Estuvo dos días incomunicada en la DGS, en «un calabozo asqueroso», y le pusieron una multa gubernativa de cien mil pesetas. La segunda vez fue arrestada también junto a su compañero, Julio Gomariz, a quien, el 11 de agosto de 1975, fueron a buscar a su trabajo. La pareja tenía propaganda en su casa, así que Margarita intentó quemarla antes de que los agentes llegaran al domicilio. Justo cuando se marchaba, la detuvieron y la condujeron hasta la Puerta del Sol. Allí la agarraron del pelo y la abofetearon. Un policía le dijo: «¿Por qué no matáis a tu padre?», mientras le ponía la pistola en la cara. Le pegaron en la planta de los pies y en otras partes del cuerpo, hasta que un policía ordenó que no la «tocaran más», seguramente por ser hija de un militar[44].

Sin embargo, con Julio Gomariz no mostraron ningún tipo de clemencia. Tal y como escribió en su libro *Memoria de un militante del FRAP* —y me relató personalmente—, el agente Conesa llegó a decir: «Con este haced lo que os dé la gana»:

> Cuando estaba en el coche para ir a la DGS, me comenzaron a golpear y me decían: «Como esto está cerca de Paracuellos, te vamos a llevar allí». Llegados a la Puerta del Sol, me llevaron a la Brigada Central de Investigación Social. La bienvenida fueron unas cuantas bofetadas. Me bajaron a las celdas. A los diez minutos, me llevaron para arriba, hasta la cuarta planta. Lo primero que hicieron fue un círculo de gente, y me dieron palos, patadas, puñetazos. Otro me dio un golpe con unas esposas. Estaban interesados en saber dónde vivía. No se lo decía y me seguían dando palos. Conesa dijo que me pu-

sieran en el suelo. Me dieron golpes en la planta de los pies. Me llevaron en volandas hasta el baño. Oriné sangre. Di mi domicilio cuando sabía que mi mujer ya se había enterado de todo. Pero no permití el registro de mi casa y siguieron con los palos. Me dieron antiinflamatorios. Me sacaron de allí para que viera que habían detenido a mi mujer y también toda la propaganda que nos habían cogido. Después siguieron con los golpes, echándome la culpa de la muerte del guardia civil. Intentaron liarnos con esto. Me dejaron un rato comiendo.

A las dos o tres de la mañana, vino Billy el Niño, que me obligó a hacer el pato y me dio una patada en los testículos. Me quedó un cardenal negro en la ingle. Al día siguiente me tomaron declaración, después de golpearme. El último día me llamó Conesa a su despacho. Tenía un montón de propaganda, que se la traían todos los días. Me dijo que, si decía todo lo que sabía del FRAP, me ponía en cualquier sitio en el extranjero. Me negué. Pasó un militar y me tomó declaración. Le conté las torturas y este lo hizo constar. No podía andar ni ponerme unas zapatillas de los golpes[45].

El 24 de agosto de 1975, Julio Pacheco y Rosa García, miembros de la FUDE y militantes del FRAP, también fueron detenidos. A ella la cogieron en plena calle, mientras iba a ver a Julio al piso en el que estaba escondido, en la calle de San Cosme y San Damián. El testimonio de Rosa resulta esclarecedor:

Me llevaron a la DGS y me subieron al despacho. Ahí estaba Billy el Niño. Me dieron patadas, me gritaba. Era un tío muy desagradable, tenía unos ojos muy grandes, olía fatal. Se me tiraba encima. Muchos golpes, me tiraba del pelo, me caía. Me levantaba por los pelos. No me preguntaba nada, me decía que me iba a enterar, pero ya.

Pasé a otro despacho, donde estaba el Gitano, un tipo enorme. Un hombre más tranquilo. Me daba golpes en la planta de los pies. Venía otro y me golpeaba. La primera noche fue caótica. Entraban, salían, me daban puñetazos entre varios. A mitad de la noche me llevaron a un piso franco. Iba en un coche con cuatro policías de madrugada por las calles de Madrid. Iban hablando de prostitutas, de dónde vivían. Me amenazaban con llevarme a la casa de campo. Lo que más me importaba es que mis padres no supieran nada de lo que pudiera pasar, que no se lo dijeran a mis padres. En el piso franco no había nadie y fuimos de nuevo hasta la DGS. Al día siguiente me llevaron de nuevo a dar vueltas por Madrid en coche. En la tercera mañana me llevaron al registro. Entré el 24 y me registraron el 27. Ahí me bajaron a los calabozos. Los otros días solo había estado en los despachos. Vi a la gente y escuché a los que estaban interrogando en los despachos. En los calabozos me bajaban y subían hasta que apareció un señor que seguramente sería Yagüe. Me llevaron a su despacho y me dijo: «¿Qué te han hecho mis compañeros?». Le dije que me habían pegado y él me dijo que tenía que colaborar y me pregunto si quería tomar algo[46].

Julio estuvo siete días en los calabozos de la Puerta del Sol:

> Me daban golpes y me preguntaban por el comando terrorista. Me esposaron a un radiador durante tres, cuatro días. No me acuerdo de lo que comí. Billy el Niño me recibió, me dijo que si sabía quién era, qué hacía, y me pidió colaboración. Una noche me metió en un cuarto donde tenían toda la propaganda, llamado cuarto de banderas. Era un cuarto grande con banderas republicanas, propaganda del FRAP, dos multicopistas. Eso luego salía en la prensa, ya que hacían fotos. Villarejo estaba por allí, era un policía tonto, con el pelo rubio y la cara muy roja, me preguntaba por las descripciones de las personas. El juez militar nos vio antes de firmar la declaración, algo totalmente ilegal[47].

Aunque lo que ocurría intramuros en la DGS era bien sabido por el conjunto de la población española, el director general de Seguridad se defendió diciendo que «se había creado una psicosis que no responde a la realidad» y que en absoluto «se había alterado el orden público». Francisco Dueñas Gavilán llegó a afirmar que las críticas a las acciones de la DGS pretendían acabar «con la moral pública de las fuerzas del orden», después de que estas hubieran logrado desarticular a los grupos que habían atentado contra ese mismo orden público.

Nunca se llegó a demostrar que los dos militantes de ETA, Jon Paredes, alias *Txiki*, y Ángel Otaegi, y los tres del FRAP, José Luis Sánchez Bravo, Ramón García Sanz y Humberto Baena, que fueron fusilados el 27 de septiembre de 1975 participaran en los atentados por los que fueron detenidos. Sus confesiones se consiguieron bajo tortura, mientras que los que participaron en las detenciones fueron premiados. Entre ellos, el comisario general de Investigación Social, José Ramón Piñeiro, que el 29 de octubre recibió la Medalla de Plata al Mérito Policial.

El 20 de noviembre de 1975 murió el dictador. Faltaba poco más de un año para que el reloj de la antigua Real Casa de Correos de la Puerta del Sol diera las campanadas que anunciaban la llegada de 1976, el primer año de la Transición, durante la cual, como veremos en el siguiente capítulo, la represión siguió campando a sus anchas en los calabozos de la plaza más emblemática de la capital.

7
La Real Casa de Correos en la Transición y después

Durante las últimas décadas, la madrileña Puerta del Sol ha sufrido importantes modificaciones que han transformado casi por entero su fisionomía; a día de hoy no pasan coches y está totalmente peatonalizada. Cualquiera que haya nacido en este siglo difícilmente podrá hacerse una idea del horror que se vivió en ese lugar que hoy es todo un símbolo turístico y de encuentro cultural. Sin embargo, la verdad es que hasta hace no tantos años la plaza y su edificio principal aún conservaban su significado de lugar donde se ejerció la represión contra la oposición antifranquista, una represión que ni siquiera durante la Transición —que no fue ni tan modélica ni tan pacífica como algunos pretenden vendernos— dejó de estar presente en la vida de los españoles.

En efecto, durante los años posteriores a la muerte del dictador, no hubo ni rendición de cuentas ni depuración de responsabilidades por los crímenes cometidos durante el franquismo. Tanto es así que, en 1982 —siete años después de la muerte de Franco—, nueve de las trece jefaturas de Policía que había en España estaban dirigidas por miembros de la Policía de Franco. Los agentes de la Brigada Político-Social se integraron en la Brigada Nacional de Información; los jueces del Tribunal de Orden Público pasaron a la Audiencia Nacional o al Tribunal Supremo; los militares de la dictadura se reciclaron en las Fuerzas Armadas; numerosos políticos franquistas crearon partidos como Alianza Popular (AP) o Unión de Centro Democrático (UCD), y los grandes empresarios que se beneficiaron de la corrupción del franquismo y de la explotación de los trabajadores —que carecían de derechos laborales— coparon los puestos más altos de las compañías que cotizaban en el IBEX 35[1].

En 1979, la DGS pasó a ser la Dirección General de Policía, pero muchos de sus mandos procedían de las estructuras de poder franquistas y, por tanto, entre las paredes del edificio continuaron produciéndose episodios de torturas y malos tratos.

En el periodo comprendido entre el 20 de noviembre de 1975 —fecha de la muerte de Franco— y el 28 de octubre de 1982 —cuando el Partido Socialista Obrero Español (PSOE) ganó las elecciones— se produjeron numerosas luchas laborales, sociales y políticas que propiciaron la democratización del país. Así lo demuestran las investigaciones realizadas en los últimos años por historiadores de la talla de Enrique González de Andrés, Xavier Domènech o Alberto Sabio, que inciden en el esencial papel de las masas obreras y estudiantiles para que la Transición llegara a buen término. Durante estos años, el movimiento obrero y las movilizaciones se extendieron por todo el territorio nacional, y llegaron a ser consideradas como las únicas vías posibles para conseguir una mejora de las condiciones de vida de la mayoría de los españoles[2].

Los herederos del franquismo se ven desbordados por la movilización popular

Aunque en un primer momento se intentó «mantener el franquismo sin Franco», la movilización popular hizo que esa opción fuera inviable. En 1976 se produjeron entre 1.568 y 3.662 huelgas, en las que participaron entre 2.555.900 y 3.638.952 personas —de una población activa de poco más de nueve millones de trabajadores—, y se perdieron más de cien millones de horas de trabajo. Por cada mil trabajadores se dejaban de trabajar 2.085 días, frente a los 595 de media de la Comunidad Económica Europea (CEE). Sin duda, España era el país con mayor número de huelgas del continente: entre noviembre de 1975 y junio de 1977 se produjeron ochocientas veinte manifestaciones —en las que participaron más de 3,5 millones de personas— de carácter laboral, vecinal y político, convocadas en su mayoría por la izquierda y los sindicatos, mientras que la derecha tan solo movilizó a ochenta y cinco mil personas[3].

La crisis económica —fruto de la crisis del petróleo— hizo que casi todos los sectores sociales salieran a la calle, en muchas ocasiones por la altísima inflación, que se situaba entre el 16,9 % y el 17,7 %. Y, como es lógico, Madrid fue uno de los principales núcleos de lucha. Una semana después de morir el dictador, el 27 de noviembre, el PCE organizó una movilización en la cárcel de Carabanchel por la amnistía de los presos políticos, en la que participaron más de cinco mil trabajadores. Poco después, el 7 de diciembre, tuvo lugar otra —convocada también por el PCE y por CC. OO.— por la libertad de los encarcelados, a la que asistieron más de diez mil personas, y el 19 de diciembre se convocó una huelga de taxistas.

En el cómputo del año siguiente, un 10,4 % de las empresas de la capital había tenido algún conflicto, que se visualizaba no solo en las fábricas, sino en los barrios más céntricos de Madrid. El 8 de enero de 1976, los trabajadores de Standard se manifestaron en la Gran Vía contra los posibles despidos, y ese mismo día, los obreros de la construcción se concentraron frente al estadio Santiago Bernabéu para pedir un aumento salarial, pagas extraordinarias y que los sueldos se mantuvieran durante las bajas laborales. La banca y la hostelería también protagonizaron paros durante los primeros días del año: unos veinticuatro mil trabajadores se pusieron en huelga y cerca de mil se encerraron en las entidades bancarias[4].

Asimismo, el sector del metal —sobre todo en municipios como Getafe—, en empresas como CASA, Kelvinator o Intelsa, fue masivamente a la huelga, y desde el 5 de enero los trabajadores del Metro paralizaron toda la capital. Esta circunstancia llevó al Gobierno a decretar la militarización del servicio para que este siguiera funcionando. Sin embargo, los paros y las movilizaciones continuaron, llegando a participar —entre el 12 y el 18 de enero— más de cuatro cientos mil trabajadores. En Telefónica, Renfe y Correos hubo paros que se extendieron por todo el país. En definitiva: si al cierre de 1975 en Madrid había treinta y tres empresas en conflicto, con 36.655 trabajadores en huelga y 322.586 horas perdidas, a comienzos de 1976 había ciento treinta y seis empresas en conflicto, con 361.389 huelguistas y 14.432.199 horas de trabajo perdidas[5].

En los meses de septiembre y octubre hubo más paros en Correos, Telefónica y en la Empresa Municipal de Transportes (EMT). Las asociaciones de vecinos se movilizaron contra la carestía de la vida, por la amnistía, por la mejora de las condiciones de las calles, por un mayor número de centros hospitalarios y educativos… En Moratalaz, Aluche, San Blas, Villaverde o Carabanchel hubo manifestaciones en las que participaron miles de personas, que fueron convocadas por organizaciones de izquierda. El 22 de junio, la Federación Provincial de Asociaciones de Vecinos de Madrid organizó una manifestación multitudinaria (de aproximadamente cincuenta mil personas) pidiendo libertades y derechos democráticos. Fue la primera manifestación no oficialista autorizada en Madrid, ya que las formaciones clandestinas aprovecharon la cobertura legal de la que gozaban las asociaciones vecinales[6].

Las fuerzas del orden responden con más represión

Toda esta respuesta popular llevó a que el régimen se viera desbordado. El Sindicato Vertical reconoció que había perdido el control en las empresas, ante lo cual las autoridades decidieron utilizar las fuerzas policiales y la represión para acabar con las movilizaciones.

Como relataron los investigadores Mariano Sánchez Soler y Sophie Baby, entre octubre de 1975 y finales de 1982, las Fuerzas de Seguridad mataron a ciento setenta y ocho personas en unas ciento cincuenta y tres acciones —disparos en manifestaciones y huelgas, controles de carreteras y torturas en comisarías—. El 80 % de los fallecidos eran civiles, la mitad anónimos, transeúntes o personas que se estaban manifestando. David Ballester, en su última investigación sobre la violencia policial, acota la cifra a ciento treinta y cuatro víctimas, noventa y una de ellas por «gatillo fácil» —reyertas en bares o controles de carretera—, treinta y ocho por manifestarse y cinco por torturas.

Las prácticas policiales se heredaron de los tiempos de la dictadura, ya que, como dijimos antes, las fuerzas del orden en ningún momento fueron depuradas[7]. La tortura, extendida e impulsada durante la dictadura, se mantuvo en democracia, mientras el Estado la pasaba por alto o intentaba negarla, y ni siquiera se realizaron investigaciones públicas relacionadas con ella durante la Transición. Ministros de aquellos años, como Rodolfo Martín Villa, negaron que existiera, e incluso cuando el PSOE llegó al poder, la formación criticó los informes de Amnistía Internacional sobre los malos tratos en España, aduciendo únicamente que se trataba de una práctica de los grupos terroristas. En 1975, Amnistía Internacional publicó un informe en el que se afirmaba que «había un uso sistemático de la tortura, entre veinticinco y treinta casos al año», e incluso en 1983 denunció una situación similar[8].

La DGS mantiene sus usos y costumbres

La Ley de Amnistía de 1977, en su segundo artículo, «perdonó» los crímenes de los funcionarios públicos, policías, jueces, militares y políticos que hubieran participado en la represión durante el franquismo. El «pacto de silencio» hizo que durante la Transición se hiciera lo posible por acallar las críticas contra los malos tratos policiales, lo que en buena medida explica por qué tantos altos cargos de la Policía franquista se mantuvieron en la democracia.

Un buen ejemplo de ello lo ofrecen los dos primeros jefes de la DGS tras la muerte del dictador, Víctor Castro Sanmartín y Emilio Rodríguez Román. El primero, nacido en Bolea (Huesca) en 1917, fue general de brigada de Artillería en el bando sublevado durante la Guerra Civil, tras lo cual se marchó a Rusia con la División Azul para luchar al lado de los nazis. A finales de los años sesenta participó en la denuncia del «caso Matesa», una trama de corrupción en el interior del régimen franquista, aunque ya ocupaba el cargo de delegado de la lucha contra el contrabando. En 1967 le impusieron la Gran Cruz al Mérito Militar[9].

Castro estuvo en el cargo de diciembre de 1975 a julio de 1976, cuando fue sustituido por Emilio Rodríguez Román. Nacido en 1931 en Santa Cruz de Tenerife y abogado de profesión, pertenecía a la Escala Técnica de la Jefatura Central de Tráfico y era un experto en todo lo relacionado con el orden público. Durante la dictadura fue gobernador civil de Segovia, cargo que ocupó hasta que recibió el nombramiento de director general de la DGS. Rodríguez Román llegó a declarar que los estados de excepción del franquismo —durante los cuales la Policía podía actuar a su antojo contra la oposición antifranquista— eran «el instrumento más ágil y eficaz en manos de las fuerzas de orden público y de las autoridades para combatir los movimientos subversivos», idea que se vio reforzada por la declaración del ministro de la Gobernación, Manuel Fraga Iribarne, justo el día en que Rodríguez fue nombrado jefe de la DGS: «Los propósitos del Gobierno requieren una defensa eficaz del orden público»[10].

Sin embargo, Rodríguez Román tan solo estuvo en el cargo cinco meses, ya que, en diciembre de 1976, se vio superado por las movilizaciones y concentraciones que los mismos policías llevaron a cabo ante la propia sede de la DGS en la Puerta del Sol[11]. Le sustituyó Mariano Nicolás García, que se mantuvo en la dirección del organismo hasta su disolución el 10 de mayo de 1979. Nacido en Cartagena en 1932 y licenciado en Derecho, era un hombre del Movimiento, sin experiencia policial alguna, que había sido secretario general del SEU, secretario nacional de Juventudes, consejero nacional de Educación y miembro del Gabinete de Estudios de la Vicesecretaría Nacional de Ordenación Social durante la dictadura[12]. A principios de los años sesenta, fue gobernador civil de Cuenca, Santa Cruz de Tenerife, Alicante, Córdoba y Valencia, cargos que le permitieron afianzar un fuerte vínculo con Martín Villa, a la sazón ministro de la Gobernación y, por tanto, el encargado de nombrar a los cargos policiales. En junio de 1977, la revista *Interviú* denunció que el nuevo director había permitido que agentes como José Sainz, Claudio Ramos o Roberto Conesa, que habían participado activamente en la represión franquista, alcanzaran altos puestos en la Policía de la Transición[13].

Pero ¿qué fue de los antiguos directores generales del franquismo? El que desarrolló una carrera más notoria fue, sin duda, Carlos Arias Navarro, que asumió el cargo de presidente del Gobierno tras la muerte de Luis Carrero Blanco. Juan Carlos I lo mantuvo en el puesto hasta el 1 de julio de 1976, lo que le permitió participar en importantes episodios de represión política y policial en los primeros meses de la Transición. En 1977 se presentó a las elecciones al Senado por Alianza Popular, pero no sacó escaño y dejó la política. El rey le otorgó el título de marqués de Arias Navarro a perpetuidad[14].

Eduardo Blanco, que había sido destinado a trabajar como diplomático en el Sáhara, durante los años de la Transición fue presidente de la Comisión para la Transferencia de los Intereses Españoles en dicho territorio. En 1986, ya retirado, fue condecorado con la Gran Cruz de San Hermenegildo.

Y, por último, Francisco Dueñas Gavilán, que a finales de los años setenta fue jefe del Estado Mayor de la VIII Región Militar, y durante los juicios del 23-F participó como abogado defensor de varios militares golpistas[15].

Con estos antecedentes, estaba claro que la Dirección General de Seguridad seguiría estando en manos de personajes que no dudarían en utilizar la represión para neutralizar a la oposición antifranquista, que, obviamente, ahora ya se atrevía a enfrentarse a las autoridades de forma descarada, en ocasiones delante de la propia sede de la DGS.

Marcelino Camacho, por ejemplo, fue uno de los que regresó a los calabozos de la Puerta del Sol durante los primeros años de la Transición. Había sido puesto en libertad tras la muerte del dictador, pero el 7 de diciembre de 1975, después de una manifestación en la cárcel de Carabanchel, volvió a ser detenido por la Policía junto con otras cien personas, entre las que se encontraba el cura Francisco García Salve.

En la DGS, el dirigente sindical sufrió una crisis cardiaca y, aunque los médicos de la Policía se ofrecieron a tratarlo, él se negó y pidió que le atendiera un cardiólogo particular, pues de lo contrario iniciaría una huelga de hambre. Esta «actitud insultante» hizo que fuera devuelto a su celda. El 26 de marzo de 1976 volvió a ser arrestado por participar en una reunión de la Plataforma Democrática, una «organización orientada por el PCE», según fuentes policiales, aunque estaban adheridas diversas formaciones de izquierdas y democráticas.

En 1980, Camacho escribió a la DGS porque había recibido una carta del Batallón Vasco Español (BVE) amenazándole de muerte y diciéndole que «iba a acabar como Yolanda González», la joven trotskista asesinada por el grupo de ultraderecha en febrero de ese mismo año. Habían pasado dos años de la aprobación de la Constitución, pero, sin duda, todavía había coletazos de la reacción[16].

Artistas, abogados y periodistas en la diana

El dirigente sindical no fue el único que sufrió las represalias de las autoridades policiales durante los primeros años de la Transición. Se produjeron cientos de detenciones de obreros durante las huelgas del invierno y la primavera de 1976, ante lo cual la DGS alegó, en una nota oficial, que nadie había sido arrestado por participar en una huelga, sino que lo habían sido por participar en una reunión ilegal[17]. El Primero de Mayo de ese año, los obreros volvieron a manifestarse por varias zonas de la capital, como en la Casa de Campo, donde CC. OO. intentó organizar un acto sobre el paro obrero que fue prohibido. En total, sesenta y cinco personas fueron detenidas y llevadas a la DGS por manifestaciones que se realizaron en las zonas de Carabanchel y Manoteras[18].

Dos meses antes, el 2 de marzo de 1976, la actriz Lola Gaos, que había participado en películas tan notables como *Tristana* o *Viridiana,* de Luis Buñuel; *Atraco a las tres,* de José María Forqué, o *Furtivos,* de José Luis Borau, fue detenida por participar en Aranjuez en una reunión de enlaces sindicales que quería convocar una huelga en demanda de una mejora salarial a la dirección de la sucursal de la multinacional UNILEVER. Gaos, que entonces militaba en la Organización Revolucionaria de los Trabajadores (ORT), fue llevada a los calabozos de la DGS y obligada a pagar una multa de cien mil pesetas para ser liberada. Poco después, el 23 de abril, se le impidió hablar en unos premios de cinematografía alegando «prudencia política»; entonces, se limitó a levantar el puño y arrancó el aplauso de los asistentes[19].

El 16 de marzo, mientras pintaba el famoso cuadro de *El Abrazo,* que se convirtió en un símbolo de la Transición, Juan Genovés fue arrestado y trasladado a la DGS. También fue detenido el muralista Rafael Muyor, lo que dio lugar, el 18 de marzo, al encierro de cincuenta y un artistas en el Museo del Prado y a la redacción de un escrito —pidiendo la liberación inmediata de los dos artistas— que enviaron al Ministerio de Educación. Genovés se vio obligado a pagar una multa de doscientas cincuenta mil pesetas para ser puesto en libertad[20].

Los abogados —sobre todo los laboralistas— también fueron reprimidos durante los primeros años de la Transición. El 27 de enero de 1977 tuvo lugar la «matanza de Atocha», en la que murieron cuatro abogados laboralistas y un trabajador a manos de un grupo de extrema derecha con vínculos con las fuerzas policiales —volveremos a este asunto un poco más adelante—. Pero, antes, el 19 de enero de 1976, cincuenta y cinco letrados fueron detenidos en un chalé de Arturo Soria por participar en una reunión clandestina. Entre los detenidos estaban Manuela Carmena, Cristina Almeida, Javier Sauquillo y Eduardo Leila, este último miembro de la Junta del Colegio de Arquitectos[21].

Los periodistas también sufrieron las represalias de las fuerzas de orden público, como les sucedió, en febrero de 1976, a los reporteros Alfonso Lavandeira y Domingo Roibás, que fueron golpeados por los agentes de la Policía Armada mientras cubrían una manifestación. La DGS hizo público un comunicado desmintiendo los hechos y alegando que los dos periodistas estaban mezclados con los manifestantes y que no habían sido «agredidos». Los periodistas se defendieron argumentando que tan solo hacían su trabajo y que por ello fueron esposados y golpeados. El Primero de Mayo de ese mismo año, la Asociación de la Prensa de Madrid publicó una nota explicando que en las manifestaciones de esa jornada varios reporteros habían sido detenidos y golpeados, y sus cámaras fotográficas destrozadas, y pidiendo explicaciones a las autoridades[22].

Obviamente, los partidos clandestinos seguían siendo vigilados de cerca. Así, por ejemplo, el abogado y militante del PSOE Enrique Barón fue detenido y obligado a prestar declaración en la DGS por organizar federaciones socialistas[23] en distintas regiones del país. Aun así, y como era de esperar, quienes más represalias sufrieron fueron los miembros del PCE. El 21 de febrero de 1976, a

Simón Sánchez Montero lo detuvo la BPS por quinta vez tras participar en una asamblea a la que asistieron más de dos mil estudiantes de la Universidad Autónoma de Madrid. Un par de meses después, *Mundo Obrero* denunció que varios militantes de la UJCE habían sido torturados y que «se les había obligado a caminar en cuclillas y a saltos, con las manos esposadas sobre el dorso o bajo las nalgas; [fueron] brutalmente golpeados y suspendidos de los cabellos». Se trataba de Elia Martínez, José Dupla, Aparicio Sáez, Víctor Viñuelas, Ángel Ezama, Domingo Martínez, Rafael Zamora y María Concepción Fondo, que explicaron en el mismo diario que les habían aplicado la ley antiterrorista del franquismo[24].

Diciembre de 1976: Carrillo es llevado a la Real Casa de Correos

Mención aparte merece la primera detención —después de cuarenta años de dictadura— del secretario general del PCE, Santiago Carrillo, quien desde hacía meses viajaba de Francia a España para dirigir la organización en el interior. Nadie en el Gobierno sabía que el dirigente comunista realizaba esos trayectos —lo hacía camuflado en el coche del empresario y simpatizante del PCE Teodulfo Lagunero, y ataviado con una peluca—, aunque la Policía tenía algunas sospechas. Sin embargo, según le contó el comisario Francisco de Asís Pastor a José Ramón Piñeiro, comisario general de Policía, aunque desde el mes de noviembre vigilaban sus movimientos, no se le podía hacer un buen seguimiento «porque había pocos agentes»[25].

Cuando faltaban cuatro días para el referéndum de la Ley para la Reforma Política (15 de diciembre de 1976), Carrillo dio una rueda de prensa en un piso del centro de Madrid, en la que explicó el programa político de los comunistas españoles y dejó bien clara la necesidad de la legalización del partido. También dijo que, si no fuera dirigente, «hacía años que estaría paseando tranquilamente por Madrid»[26], lo que muchos interpretaron como una burla a las fuerzas policiales. Inmediatamente, la DGS y el Ministerio de la Gobernación reaccionaron y once días después, el 22 de diciembre, fue detenido. Según la nota que publicó la propia Dirección General de Seguridad, el operativo consistió, primero, en encontrar a Julio Arastizábal Cerezo, secretario particular de Carrillo:

> [Arastizábal], en la mañana de ese día, se dirigió a la calle de López de Hoyos. Tras realizar varias maniobras de distracción, se dirigió al número 14 de la calle del Padre Jesús Ordóñez, donde a las 18:40 horas bajó un hombre «de larga cabellera, grisácea, gafas». Ese hombre resultó ser Carrillo, que fue detenido por la BPS. También apresaron a otros dirigentes del Comité Ejecutivo, como Víctor Díaz Cardiel, Jaime Ballesteros, Pilar Brabo, Simón Sánchez Montero, Juan Manuel Azcárate y Santiago Álvarez. Cuando fue detenido, el comisario Pastor le dijo al comisario Piñeiro: «Tenemos al submarino amarillo»[27].

En el documental *La Transición,* de Victoria Prego, el dirigente comunista contó cómo vivió la detención:

> Cuando llego al portal, veo que el camarada que me llevaba en su coche me está haciendo señas, queriéndome decir algo. Había muchísima gente, no era normal, sabía que venían a por mí. Me detienen, me preguntan si yo soy yo. Y yo les digo: «¿Ustedes quiénes son?». Me enseñan la placa. Pero no, no, la placa no, el carné. Me enseñan el carné. Y les digo: «Se la regalo», y les doy la peluca[28].

Para el Gobierno, la detención de Santiago Carrillo se convirtió en un gran problema. Pronto se produjeron manifestaciones de protesta, y no solo de familiares —su esposa dio una rueda de prensa denunciando lo ocurrido—, sino de militantes de la organización, que comenzaron a concentrarse delante de la DGS. La plaza, que durante años había dejado de ser un espacio de reivindicación, durante la Transición retomó su significado, ya que, además, en ella seguía estando el epicentro del poder policial. Dos horas después de la detención, unas dos mil personas gritaban «Amnistía» y «Libertad» delante de la Real Casa de Correos, y aparecieron pintadas pidiendo la liberación del dirigente del PCE. Se convocaron huelgas en las minas de Asturias, se redactaron y firmaron manifiestos por doquier y hubo numerosas manifestaciones en el extranjero, sobre todo en Francia y en Italia. Los dirigentes comunistas que se encontraban con Carrillo en el momento de su detención llamaron a otros líderes del partido para que organizaran una movilización masiva[29].

Pero también estaba en juego el prestigio de la Policía. Carrillo no se sentía del todo seguro en el interior de la DGS, y eso que el comisario de Madrid, Francisco Pastor, le dijo que no le pasaría nada. Aun así, la reacción violenta de algunos agentes y de ciertos grupos de ultraderecha era altamente probable, por lo que se decidió trasladar al detenido a una comisaría en la calle de Leganitos, en la capital. Pastor le pidió a Carrillo que se quitara las gafas para que los franquistas no le reconocieran.

Después lo volvieron a llevar a la DGS y allí le metieron en una sala «con el retrato de Franco, y donde pasaron policías, que decían: "A este hijo de puta le vamos a aplicar la ley de fugas, qué se ha creído. Si no lo hacemos, el mes que viene está en el Gobierno". Me bajaron al sótano y me desnudaron». Según el comisario Piñeiro, lo trataron de la mejor forma posible: hablaron con él de manera informal y le dieron tabaco rubio para que fumara[30].

El Gobierno quiso enviarlo de vuelta a Francia, pero Carrillo se opuso. Finalmente, Adolfo Suárez —presidente del Gobierno desde el 5 de julio de 1976— decidió que le condujeran a la cárcel y fuera juzgado, aunque únicamente se le podía declarar culpable de «asociación ilícita». Finalmente, ni siquiera los «ultras» pudieron hacerle nada. El 29 de diciembre salió de la cárcel de Carabanchel y quedó en libertad bajo fianza.

La «semana negra» de la Transición

En efecto, los ultras no tocaron al dirigente comunista, pero sí lo hicieron con otros militantes de base antifranquistas. Como ya hemos mencionado, durante los últimos años de la dictadura aparecieron diversos grupos de extrema derecha que desempeñaron un papel clave en la tarea de desestabilizar a la izquierda y evitar que llegaran la libertad y los derechos democráticos. Y en muchas ocasiones esos grupos actuaban en connivencia con las fuerzas del orden.

Como ha demostrado Pau Casanellas en su libro *Morir matando. El franquismo ante la práctica armada,* los informes de los Servicios de Información de la DGS de aquellos primeros años de la Transición ponen de manifiesto que las bandas fascistas estaban controladas por funcionarios de la Policía —sobre todo en ciudades como Barcelona— y que muchos agentes ingresaron en dichas bandas de manera voluntaria. También lo hicieron en organizaciones vinculadas al terrorismo de extrema derecha, como el Batallón Vasco Español, sin que ningún Gobierno tomara cartas en el asunto[31].

En este sentido, uno de los grupos más importantes vinculados a la extrema derecha fue Fuerza Nueva, que el 19 de octubre de 1976 se fundó como un partido político «fiel a los ideales del 18 de julio». Su momento de esplendor lo vivió en las elecciones generales de 1979, cuando su líder, Blas Piñar, consiguió el acta de diputado por Madrid en el Congreso, en un frente en el que figuraban otras organizaciones ultras bajo el nombre de Unión Nacional.

Su organización juvenil, Fuerza Joven, y varias de sus ramas sindicales se vieron envueltas en algunos de los episodios más violentos de la Transición[32]. Fue lo que ocurrió, por ejemplo, a finales de enero de 1977, cuando tuvo lugar la llamada «semana negra», momento en el que se temió que se produjera una vuelta a la dictadura.

El 23 de enero de 1977 fue asesinado en una manifestación proamnistía el joven Arturo Ruiz. Dos testigos en los acontecimientos contaron lo ocurrido en los interrogatorios a los que fueron sometidos en las dependencias de la DGS:

> Un nutrido grupo de personas iba por la calle de Silva gritando «Amnistía, amnistía» cuando la Brigada de Antidisturbios, desde la Gran Vía, comenzó a disparar botes de humo. Unos siete manifestantes se refugiaron en una iglesia, pero salieron poco después y se dirigieron a la calle de la Estrella. De pronto aparecieron dos señores, uno de ellos de unos cincuenta años, de mediana estatura y con entradas, que se apreciaban pese a ir cubierto por una especie de gorra aplastada de color negro. Llevaba un abrigo Loden de color verde, traje azul marino, camisa blanca y corbata azul, e iba acompañado por otro, de unos veinticinco años, más bien grueso, que iba vestido con un anorak azul marino.
>
> Cuando los vieron, pensaron que eran policías, pero uno de los hombres les dijo: «No somos policías, somos guerrilleros, hijos de puta». Entonces una chica dijo: «Llevan pistola», a lo que el otro replicó: «Llevamos pistola, sí, qué pasa». Levantó el arma y disparó. Al momento, Arturo cayó al suelo. Era un chico con el pelo afro, pantalón de *sport,* camisa a cuadros y jersey de cuello alto. Estaba ensangrentado. El joven volvió a disparar a Arturo, que se puso pálido y empezó a sangrar por la boca y la espalda. La chica dijo: «Está muerto». Apareció un coche particular, verde, un Renault 12, justo en la plaza Santa María de la Soledad esquina con la calle de la Estrella, y el conductor se ofreció a llevar al herido a la casa de socorro[33].

Los dos «guerrilleros» eran el argentino Jorge Cesarky y José Ignacio Fernández Gauza, que trabajaba como guardaespaldas de Blas Piñar. También estaban por los alrededores los ultras Ángel Sierra y un «neofascista italiano llamado Alfredo». La Policía fue a la casa de Fernández Gauza, en la calle de López de Hoyos, y encontraron armas, propaganda de Fuerza Nueva y una nota con el nombre de Cesarky, que permitió que este fuera detenido. Varios vecinos de Fernández Gauza declararon que creían que «era policía». Y no, no lo era, aunque sí colaboraba con los servicios de inteligencia de la Guardia Civil. De hecho, después del asesinato de Arturo Ruiz, la mujer de Gauza puso un giro telegráfico de quince mil pesetas a un guardia civil de Guernica, en el País Vasco, lo que permitió que el sospechoso pudiera fugarse. El juez no quiso investigar más y únicamente condenó a Jorge Cesarky a cinco años de cárcel, que le fueron reducidos al poco tiempo[34].

Al día siguiente, la estudiante Mari Luz Nájera fue asesinada por la Policía a consecuencia del impacto de un bote de humo durante una manifestación en repulsa por el asesinato de Arturo Ruiz. A las diez de la noche de ese día, 24 de enero de 1977, la situación llegó al límite cuando un grupo de ultras dirigidos por el responsable de la rama de Transportes del Sindicato Vertical, Francisco Albaladejo Corredera, entró en el despacho de los abogados laboralistas de la calle de Atocha 55.

La matanza de Atocha

El objetivo era Joaquín Navarro, secretario general del Sindicato de Transportes de CC. OO. en la capital, que unos minutos antes había salido del despacho de abogados. En realidad, a los ultras les daba igual uno que otro, así que decidieron entrar en la sala donde varios abogados estaban reunidos y comenzaron a disparar. Murieron los letrados Enrique Valdelvira Ibáñez, Luis Javier Benavides Orgaz y Francisco Javier Sauquillo; el estudiante de Derecho Serafín Holgado y el administrativo Ángel Rodríguez Leal. Además, resultaron gravemente heridos Miguel Sarabia Gil, Alejandro Ruiz-Huerta Carbonell, Luis Ramos Pardo y Lola González Ruiz.

La matanza conmocionó a buena parte de la sociedad española. En Madrid, el día del entierro, centenares de miles de personas acompañaron al cortejo fúnebre. Los comunistas fueron los encargados de llevar a cabo el servicio de orden para que la procesión de los féretros se hiciera en silencio y no hubiera ningún disturbio. Una demostración de fuerza que debió de impresionar a las autoridades, que pronto se pusieron a trabajar para detener a los culpables: José Fernández Cerrá, Carlos García Juliá, Fernando Lerdo Tejada, Leocadio Jiménez Caravaca y Gloria Herguedas, todos ellos comandados por el jefe del Sindicato de Transportes. La mayoría estaban vinculados a Fuerza Nueva, e incluso García Juliá había formado parte del servicio de seguridad de Blas Piñar[35], que a los pocos días fue a la DGS a aclarar su supuesta relación con el crimen.

La reunión se llevó a cabo a instancias del ministro de la Gobernación, Rodolfo Martín Villa, pero Piñar no fue interrogado ni por la Brigada de Información ni por la Segunda Brigada, como lo estaban siendo los detenidos. Según confesó años después el líder de Fuerza Nueva, el director general de Seguridad le dijo que el gobernador civil de Madrid, Juan José Rosón, sospechaba que él estaba detrás de la matanza de Atocha[36]. Sin embargo, la decisión fue no ir más allá. Durante los juicios, se interrogó a varios agentes de Policía, como Antonio González Pacheco o José Luis González Gay, que quedaron exculpados. Finalmente, todo quedó como si hubiera sido el resultado de una reyerta entre sindicalistas. Los acusados fueron condenados a penas importantes, pero ninguno llegó a cumplirla. Fernando Lerdo Tejada huyó antes de que se celebrara el juicio —gracias a un permiso penitenciario— y Carlos García Juliá se fugó después de que le concedieran la libertad condicional. En 2018 fue encontrado en Brasil y extraditado a España. En 2020, tras una revisión de la condena, salió de prisión, y en 2023 se presentó a las elecciones municipales por Falange en Bilbao[37].

Los torturadores y los asesinos de la DGS quedan impunes

Tras aquella cruenta «semana negra», los pasos hacia la democratización del país tomaron un mayor impulso. Los partidos de izquierda mayoritarios (sobre todo PCE y PSOE) fueron legalizados y aceptaron las reglas del juego. De hecho, admitieron —sin poner ningún «pero»— la Ley de Amnistía de 1977, tal y como declaró Marcelino Camacho, diputado comunista, en sede parlamentaria. En su discurso expuso que la amnistía era la máxima de su política de reconciliación nacional, ya que de ese modo «hemos enterrado nuestros muertos y nuestros rencores»[38]. Lo que nadie dijo entonces fue que con esa ley se «perdonaban» los delitos cometidos por las fuerzas del orden durante la dictadura. Eso lo hemos ido conociendo con el paso de los años, cuando se han intentado juzgar los crímenes del franquismo en nuestro país, y luego en Argentina, y la Audiencia Nacional se ha apoyado en aquella ley para que no se realice ningún tipo de juicio.

De hecho, ya en aquellos años se pretendió procesar a los policías que habían participado en torturas y malos tratos a militantes antifranquistas. En la primavera de 1976 se redactó un informe —firmado por dos mil setecientas personas, la mayoría profesionales del Derecho— para que las torturas policiales fueran investigadas[39], e incluso un agente, el inspector Matute, fue condenado a una pena de cárcel por matar al obrero comunista Antonio Ramos en comisaría. Sin embargo, gracias a la Ley de Amnistía no tuvo que entrar prisión.

En 1978 se hizo un nuevo intento, esta vez por una iniciativa del PCE (m-l), cuya pretensión era crear el Tribunal Internacional contra los Crímenes del Franquismo. En la propuesta participaron, entre otros, Pablo Mayoral, a quien, como vimos, conmutaron la pena de muerte durante los últimos años de la dictadura; el magistrado Enrique Álvarez Cruz; Eduardo Álvarez Puga, subdirector de *Mundo Diario;* el escultor Ferran Soriano; el periodista de *Interviú* José Luis Morales; el presidente de la Diputación de Huesca durante la República Jaime Pla; el teniente de las Milicias Populares durante la Guerra Civil Juan José Garrido; la actriz y cantante Marisol, y el marido de esta, el bailaor Antonio Gades. En la iniciativa se denunciaba que en esos años se estaba «haciendo borrón y cuenta nueva», por lo que pedían, al menos, una condena moral y pública de los crímenes del franquismo. Asimismo, los firmantes denunciaban «los crímenes cometidos durante la monarquía», en referencia a las muertes que se estaban produciendo en manifestaciones a manos de la ultraderecha y de la Policía.

La idea era que el proyecto lo defendieran en las Cortes los senadores Rossend Audet, que se había presentado como independiente con los socialistas en Cataluña, y Lluís Maria Xiniracs. Sin embargo, la iniciativa fue abortada por la DGS y la Brigada de Información, que tras un acto en la fosa común de Paterna (Valencia) detuvo en Madrid a unos veinte integrantes de la plataforma que estaban reunidos en el Hotel Convención. Entre ellos se encontraba Pablo Mayoral, que pasó tres días en los calabozos de la Puerta del Sol, aunque no le torturaron. A Audet, que se encontraba también en la reunión, le avisó la Policía, por lo que pudo marcharse a tiempo. A los pocos días fueron arrestados otros cuarenta y dos integrantes de la organización en Valencia. Aunque las detenciones fueron publicadas en la prensa internacional, y numerosos grupos de obreros (como los trabajadores de Pegaso), intelectuales y periodistas se solidarizaron con los detenidos, la iniciativa quedó desarticulada. No fue hasta 2008, con los juicios del juez Baltasar Garzón, cuando se volvió a intentar llevar al banquillo de los acusados a miembros de la dictadura franquista[40].

Nuevos atropellos por parte de las fuerzas del orden

Pero ¿qué pasó durante los cuarenta años que transcurrieron entre la iniciativa del Tribunal Internacional y los juicios del magistrado Garzón? Pues que los antiguos miembros de la DGS —reciclados para la democracia— tuvieron a la legislación de su parte. En 1978 y 1979, con la Constitución ya en vigor, se aprobaron proyectos de leyes antiterroristas que finalmente desembocaron en la Ley Orgánica 11/1980, de 2 de diciembre, sobre seguridad ciudadana, que dio aún más poder a los agentes policiales. En efecto, con el pretexto de la lucha contra el terrorismo, se extendió hasta diez días el periodo de tiempo que una persona podía estar detenida; se permitía la incomunicación del detenido; se derogaba la inviolabilidad de los domicilios y de las comunicaciones, y los jueces y fiscales dejaban de estar obligados a velar por la suerte de los detenidos. Estas normativas permitieron que las torturas y los malos tratos siguieran estando a la orden del día[41] y, como veremos, no solo contra supuestos «terroristas», sino también contra militantes de la izquierda radical, que siguieron siendo detenidos y represaliados a pesar de la legalización de la mayoría de las organizaciones políticas, y contra los delincuentes comunes. Esta situación no se corrigió hasta 1986, cuando se aprobó la Ley de Fuerzas y Cuerpos de Seguridad, que permitió que la Policía española se homologara a la de los países democráticos de nuestro entorno.

Los atropellos que se produjeron a raíz de la Ley de Seguridad Ciudadana de 1980 son incontables. Tras el proceso de elecciones y después de la aprobación de la Constitución, parecía que las cosas estaban más calmadas: la mayor parte de las organizaciones políticas y sindicales habían sido legalizadas y numerosos dirigentes comunistas y socialistas habían pasado de ser vigilados y detenidos a tener un escaño en el Congreso de los Diputados. Sin embargo, fruto de la herencia franquista, se mantuvo la represión en las movilizaciones y muchos militantes de grupos a la izquierda del PCE sufrieron represalias al no aceptar los pactos que se estaban creando entre los dirigentes del antifranquismo y los herederos de la dictadura.

Así, el 14 de marzo de 1978, mientras en las Cortes se debatía sobre la Constitución, fue asesinado en la cárcel de Carabanchel el anarquista catalán Agustín Rueda, que había sido detenido en 1977 por participar en actividades clandestinas de la CNT en Francia. En la cárcel de Girona, Rueda fue uno de los organizadores de la Coordinadora de Presos en Lucha (COPEL), por lo que se decidió su traslado a la de Carabanchel, donde varios presos intentaron construir un túnel para huir. Los funcionarios descubrieron el plan de fuga y ocho presos fueron interrogados y apaleados. Entre ellos estaba Agustín, que regresó a su celda con el cuerpo negro por los moratones. Unas horas después falleció. Tuvieron que pasar diez años para que una decena de funcionarios y el jefe de la prisión fueran juzgados y condenados por aquellos hechos, aunque ninguno pasó más de ocho meses en la cárcel[42].

En diciembre de 1979, los estudiantes José Luis Montañés y Emilio Martínez fueron asesinados por la Policía durante una manifestación en la glorieta de Atocha. El 2 de febrero de 1980, los miembros de Fuerza Nueva Emilio Hellín Moro e Ignacio Abda Valavázquez, con la colaboración del policía Juan Carlos Rodas Crespo, secuestraron y asesinaron a la militante trotskista Yolanda González. Un crimen que conmocionó a la izquierda y que provocó importantes movilizaciones contra la formación ultraderechista, ya que pronto se supo que detrás estaba David Martínez Loza, jefe de seguridad de Fuerza Nueva. A los pocos días, otro grupo de ultraderechistas asesinó a Vicente Cuervo, estudiante de Electrónica, que se dirigía a una cita con su novia en el barrio de Vallecas, donde se estaba celebrando un acto ilegal de Fuerza Nacional del Trabajo (organización sindical de Fuerza Nueva) y donde varios grupos de izquierda habían organizado una contramanifestación. En marzo de 1980, tres militantes de Fuerza Nueva apuñalaron, a la salida del cine Azul, en la Gran Vía, al joven Jorge Caballero Sánchez por llevar una insignia de la CNT en su chaqueta[43].

Como era de esperar, el ambiente represivo se trasladó a la Real Casa de Correos, donde se encontraba la Dirección General de la Policía. En aquel momento, los asesinatos de miembros de las fuerzas de orden público y de las Fuerzas Armadas a manos de grupos terroristas estaban a la orden del día. El 2 de septiembre de 1980, el GRAPO asesinó en Barcelona al general Enrique Briz Armengol y a su chófer, y dos días después, la noche del 4 al 5 de septiembre, el joven José España Vivas, de veinticinco años, militante del PCE (r), ecologista y miembro de la Asociación de Vecinos de Alcalá de Henares, fue arrestado por miembros de la Brigada de Información en una operación policial contra la organización terrorista. La familia siempre negó que el joven formara parte del GRAPO, que llevaba tiempo denunciando casos de malos tratos en comisarías y en la DGS. El año anterior, Eva María Alonso Arce, de diecisiete años, relató en *Interviú* los golpes que le propinaron, durante más de seis horas, en los calabozos de la Puerta del Sol. Las palizas le dejaron heridas en los senos que no se curaron hasta bastante tiempo después, mientras estaba en la cárcel[44].

Pero José España Vivas ni siquiera tuvo la ocasión de contar lo que le sucedió. Nada más llegar a la Dirección General de la Policía lo incomunicaron —en aplicación de la Ley Antiterrorista— y, según la versión oficial, le realizaron un examen médico en el que no se le encontró ninguna anomalía. Le preguntaron si padecía alguna enfermedad, a lo que contestó que no. Después de varias horas, a las siete de la tarde del 6 de septiembre, lo llevaron a la sala de interrogatorios de la Brigada Central de Información, donde, veinte minutos después —según la versión policial—, se desvaneció, mostrando «pérdida de consciencia, miosis (contracción de la pupila) y frialdad de los miembros con acriacionosis (coloración azulada, persistente e indolora en ambas manos)». Al momento su corazón dejó de latir. A las siete y media fue trasladado a la Ciudad Sanitaria Provincial, el actual hospital Gregorio Marañón, donde ingresó cadáver.

Varias horas después, durante la madrugada, se produjo una llamada anónima a la redacción de *El País* informando de que la muerte de José España Vivas había sido consecuencia de las torturas sufridas en la Real Casa de Correos. Sin embargo, la Policía y el Gobierno trasladaron el mensaje de que había fallecido de muerte natural. Según esta versión, al hacerle la autopsia vieron que el deceso fue debido a una insuficiencia cardíaca, fruto, a su vez, de una insuficiencia hepática por un quiste hidatídico que le ocupaba medio hígado. Pero había algunas contradicciones: un quiste de ese tamaño debería haberse visto a simple vista y en el informe constaba que no se apreciaban heridas ni externas ni internas[45].

La familia y los grupos de la oposición (PSOE y PCE) dudaron de la veracidad de esta versión. La cuestión se llevó al Congreso de los Diputados mediante una pregunta del diputado comunista Simón Sánchez Montero al ministro de la Gobernación, Juan José Rosón, que compareció en sede parlamentaria el 11 de septiembre.

Sánchez Montero cuestionó la versión oficial del quiste hepático y dijo que era bastante posible que la muerte del joven se hubiera producido como consecuencia de los golpes recibidos en las dependencias policiales. Por ello, haciendo suyas las palabras de los familiares de la víctima y de sus abogados, pidió una segunda autopsia independiente para esclarecer los hechos. El diputado socialista Antonio Sotillos apoyó la petición, pero el ministro Rosón defendió la versión oficial, argumentando que en la dirección policial había diecisiete facultativos y ocho ayudantes técnicos sanitarios, y que estos, cuando el joven perdió el conocimiento, intentaron reanimarle, lo que indicaba, según el ministro, que se trataba de una muerte natural. Tanto el Gobierno como la DGS se negaron a realizar una segunda autopsia[46].

Ante la negativa del Ejecutivo de llevar a cabo ningún tipo de investigación, la lucha por saber la verdad se trasladó a la localidad natal de José España Vivas, Alcalá de Henares, donde varios grupos sindicales y numerosos miembros de la izquierda local firmaron un manifiesto pidiendo el esclarecimiento de los hechos.

El día 15 de septiembre tuvo lugar una protesta en el centro de la ciudad que fue abortada por la Policía. Hubo ocho detenidos.

Al día siguiente, CC. OO. y UGT convocaron un paro de una hora; se celebró un pleno en el ayuntamiento, donde PSOE y PCE —que gobernaban en coalición— apoyaron a los familiares, mientras los concejales de UCD y AP apoyaron a la Policía, y se aprobó una moción pidiendo una comisión parlamentaria para investigar los hechos. Sin embargo, el caso nunca se esclareció y se olvidó en un cajón. Cuando se cumplieron diez años de la muerte de José España, sus familiares escribieron una nota a *El País* pidiendo que la verdad saliera a la luz e insistiendo en que el joven nunca perteneció al GRAPO[47].

Otro caso de torturas y muerte en la DGS ocurrió poco tiempo después, cuando, el 12 de febrero de 1981, el miembro de ETA político-militar José Ignacio Arregui Izaguirre murió en el hospital de Carabanchel a causa de las torturas sufridas en la Real Casa de Correos. El terrorista fue detenido el 4 de febrero en la plaza de Neptuno, cuando la Policía supo que la banda terrorista planeaba el secuestro del vicepresidente del Banco de Descuento. Pertenecía a la «línea dura» de la organización, vivía como «liberado» en Francia y había llevado a cabo varios atentados en Logroño y en Madrid. A Arregui se le aplicó la Ley Antiterrorista, lo que permitió que la Policía lo mantuviera encerrado durante diez días. De hecho, mientras estuvo en la Puerta del Sol no le bajaron a los calabozos y fue torturado e interrogado por la Policía de manera ininterrumpida. Posteriormente, lo condujeron al hospital penitenciario, donde los médicos comprobaron que sufría «hematomas periorbitales con derrame conjuntival en el ojo derecho; diversos hematomas en el hombro derecho y en las caras internas de los muslos; grandes hematomas en ambos glúteos y quemaduras de segundo grado en las plantas de los dos pies, así como estado poroso, disnea intensa [imposibilidad de respirar], dolor abdominal difuso y bronconeumonía, con un pulmón encharcado». Un funcionario de prisiones declaró a *Cambio 16* que «nunca la *poli* nos había entregado un preso así»[48], y otros tres internos de la prisión —Iñaki Aguirre (de ETA político-militar), José Luis Fernández (del GRAPO) y Luis Alonso Rivero (del PCE-r)— escribieron una carta relatando el estado de Arregui tras su paso por las dependencias policiales:

> Arregui tenía todo el cuerpo lleno de moratones, con los párpados amoratados. Tenía también las manos hinchadas y en los pies tenía hematomas ennegrecidos. Tenía la cama llena de heces fruto de la diarrea que padecía, y no podía mear. Pidió bebida a la gente de la celda, ya que tenía mucha sed. Contó: «Me colgaron en la barra varias veces dándome golpes en los pies, llegando a quemármelos no sé con qué; saltaron encima de mi pecho; los porrazos, puñetazos y patadas fueron en todas partes».

Sus últimas palabras fueron: *«Oso latza izan da»* («Ha sido muy duro»)[49]. Al día siguiente murió. El caso provocó una gran conmoción mediática, social y política. Hubo movilizaciones y huelgas en el País Vasco y Navarra, y el funeral congregó a más de diez mil personas. También se produjeron protestas en Madrid y Barcelona. El 18 de febrero, en el pleno del Congreso de los Diputados, se trató el asunto, con bronca incluida. Y no era para menos. El Gobierno, a través de su ministro de la Gobernación, Juan José Rosón, tuvo que reconocer los hechos —era la primera vez que ocurría— y asumir responsabilidades: se destituyó de su cargo al jefe de la Brigada Regional de Información, Tomás Agrela Fernández (que tenía vínculos nazis), y al encargado de los médicos de la Dirección General de Policía. Sin embargo, ante las preguntas de los diputados de Euskadiko Ezkerra sobre si pensaba depurar el aparato del Estado, «porque no se puede hacer la democracia con una Policía franquista», Rosón respondió que «por unos cuantos policías no se puede juzgar a todo un cuerpo», y que la ley antiterrorista era «válida» y garantista[50].

Fulgurantes carreras de los policías franquistas

El debate parlamentario sobre las torturas policiales cesó cuando se produjo el golpe de Estado del 23-F. La investigación judicial sí continuó, aunque se quedó lejos de llegar al fondo del asunto. De los setenta y tres policías implicados en torturas y malos tratos, entre los que se encontraban el comisario Sandoval, el inspector José Antonio González Pacheco, *Billy el Niño,* y agentes procedentes de Logroño y el País Vasco, solo cinco fueron llamados a declarar ante la Audiencia Provincial de Madrid: Juan Antonio Gil Rubiales, Juan Luis Méndez Moreno, Julián Marín Ríos, Juan Antonio González y Ricardo Sánchez. Finalmente, solo Marín Ríos y Gil Rubiales fueron juzgados como instructor y secretario, respectivamente, en los interrogatorios a Arregui. En diciembre de 1983, los dos policías quedaron en libertad y en septiembre de 1985 fueron absueltos de sus cargos.

La sentencia fue recurrida en el Tribunal Supremo, que en octubre de 1989 condenó a los policías a cuatro años y tres meses de arresto y a dos y tres años, respectivamente, de suspensión de empleo y sueldo. Esta sentencia —irrisoria— fue anulada por el Gobierno de Felipe González, que al año siguiente indultó a los agentes[51]. Los tres policías inicialmente encausados continuaron desarrollando sus fulgurantes carreras: Juan Luis Méndez Moreno ascendió a comisario en 1988, y seis años después era jefe de la Brigada Provincial de Seguridad Ciudadana de Madrid; Juan Antonio González García dirigía, a mediados de los años noventa, la Brigada Central de Policía Judicial, y Ricardo Sánchez llegó a ser inspector-jefe de la misma. En 2004, Méndez Moreno fue ascendido a la dirección de la Comisaría General de la Policía Judicial y nombró a Ricardo Sánchez responsable de una unidad, creada por él mismo, encargada de la resolución de casos de desapariciones de origen criminal.

Por su parte, los que fueron condenados también obtuvieron destinos de relevancia. Julián Marín fue agregado del Ministerio del Interior en la embajada de Quito (Ecuador), y en 1987 se le nombró jefe de la Unidad de Desactivación de Explosivos. Gil Rubiales, tras formar parte de las patrullas de seguridad ciudadana de Madrid, se reincorporó en 1992 y fue destinado a Las Palmas de Gran Canaria, donde se encargó de dirigir la X Unidad de las Unidades de Intervención Policial (UIP). En 2003 fue nombrado jefe de la Policía de Arona y, posteriormente, se hizo cargo de la comisaría de Playa de las Américas. Finalmente, en febrero de 2005 asumió la Jefatura Provincial de la Policía en Santa Cruz de Tenerife, lo que provocó las críticas de los grupos de izquierda y de los nacionalistas vascos. Además, recibió varias condecoraciones, como la Cruz al Mérito Militar con Distintivo Blanco (1998), la Medalla del Mérito Policial con Distintivo Blanco (2004) y el nombramiento de Caballero Legionario de Honor[52].

La falta de depuración en las fuerzas del orden salpica al PSOE

El 28 de octubre de 1982, el PSOE ganó las elecciones generales con una amplia mayoría absoluta. Se esperaba que, a raíz del cambio de Gobierno, las estructuras policiales se depuraran, pero pronto se demostró que las famosas «cloacas del Estado» estaban incrustadas en el interior de la propia Policía. José Barrionuevo, ministro del Interior socialista, llegó a decir que no realizaría ningún cambio en las estructuras internas de la Policía porque lo de las torturas era «un invento de los terroristas de ETA»[53].

Como era de esperar, esta inmovilidad se contagió a la sede de la Dirección General de Policía, que vivió un final macabro con la desaparición de Santiago Corella, alias *El Nani.*

El caso El Nani

Ya vimos cómo durante los últimos años del franquismo y los primeros de la Transición apareció el fenómeno de los «quinquis» y la delincuencia juvenil. Y no era para menos. El desempleo afectaba a 2,2 millones de personas —una de cada cinco en edad de trabajar— y solo uno de cada cuatro tenía algún tipo de cobertura social. La mayoría de los parados eran jóvenes, lo que explica que muchos optaran por la delincuencia. España pasó de ciento ocho atracos a entidades bancarias en 1976 a 6.239 en 1983 (un robo cada ochenta minutos), convirtiéndolo en el país con más atracos a oficinas bancarias del mundo. Según datos de la Brigada de Estupefacientes, tres de cada cuatro detenidos por tráfico de drogas o tenencia de estupefacientes eran menores de veinticinco años[54].

El 31 de octubre de 1982 se llevó a cabo el atraco de la joyería Payber, en el número 3 de la calle de Tribulete, en el barrio de Lavapiés (Madrid), en el que fue tiroteado el joyero Pablo Perea, que murió poco después. Los joyeros de la capital se manifestaron y ello provocó que la Policía actuara con suma rapidez. Varios agentes de la Brigada de Policía Judicial le enseñaron unas fotografías a Juan Sánchez, trabajador de la joyería, entre las que se encontraba la de El Nani, a quien el testigo señaló como uno de los autores del atraco. Asimismo, el joyero santanderino Federico Venero, que había formado parte de una red de atracadores que actuaba en el norte de España dando chivatazos, dijo a la Policía que El Nani le había pedido armas para realizar el atraco de la joyería Payber[55].

El 12 de noviembre de 1983 los agentes de la comisaría de San Blas detuvieron en su domicilio a Santiago Corella y a su mujer, Soledad Montero. También apresaron a Ángel Manzano Rubio, que era miembro de la banda de atracadores. Se los llevaron a la Dirección General de la Policía y a las siete y cuarto de la tarde le llegó un télex al ministro comunicándole la detención y pidiéndole permiso para aplicar la Ley Antiterrorista. De hecho, durante 1982 esa ley se autorizó en ciento veintiocho ocasiones —una vez cada tres días—, casi siempre en casos de delincuencia común. Los detenidos fueron aislados e interrogados por varios agentes de los grupos I y III de Atracos de la Brigada Regional, y a partir de ese momento nada más se supo de El Nani.

Javier Valenzuela, periodista de *El País,* relató la sucesión de los hechos en el documental *Pacto de silencio: caso El Nani:*

> Yo era cronista de sucesos de *El País*. En aquel momento estaba de guardia en la redacción, cuando me avisan de que llegan dos personas muy excitadas, que contaban no sé qué de una detención. Pedí permiso al subdirector para ir hasta el barrio de San Blas, donde se había producido la detención. Al entrar en el domicilio, la puerta estaba destrozada. Había visto gestos policiales, y aquello era muy excesivo, más propio de una acción antiterrorista que de la detención de un chorizo. Me dirigí a la Puerta del Sol, sede de la Jefatura Superior de Policía, y pregunté a una fuente si tenía información de esta detención [la de El Nani]. Al poco volvió y me dijo que no. Que había chequeado en todas las comisarías de Madrid y no había ninguna información de Santiago Corella y compañía[56].

Santiago Corella se convirtió en «el primer desaparecido de la democracia», aunque, en realidad, ya lo habían sido José Antonio Lasa y José Ignacio Zabala, miembros de ETA asesinados por los Grupos Antiterroristas de Liberación (GAL), aunque sus cuerpos no se encontraron hasta 1995. El caso es que en la Dirección General de la Policía nunca se supo bien qué pasó con el joven delincuente. Al parecer, los agentes no solo le preguntaron por su participación en el atraco y en la muerte de Pablo Perea, sino también por unos lingotes de oro que había escondido en un granero de Valladolid y por unas armas que, supuestamente, se encontraban en un piso en el barrio de Vicálvaro. Según la versión policial, los agentes Francisco Javier Fernández, Victoriano Gutiérrez y Francisco Aguilar fueron con El Nani hasta allí, pero el joven huyó entre la niebla y no se supo más de él. Para apoyar su versión enseñaron una supuesta declaración del Nani reconociendo que tenía una escopeta de caza escondida[57].

Sin embargo, este relato no encajaba con el testimonio de sus hermanas, su mujer y su compañero, que denunciaron haber escuchado a Corella gritar en las salas de interrogatorio de la Real Casa de Correos mientras los agentes le decían: «¡Canta, Nani, canta! ¿Dónde está el oro?». El médico de la Jefatura de Policía emitió un parte en el que afirmó que el joven sufría «erosiones en ambas axilas. Contusión pectoral izquierda. Contusión región lumbar. Erosión pierna derecha. Contusión epigástrica. Herida segundo dedo de la mano derecha. Equimosis brazo mismo lado, cara dorsal. Erosiones en ambas muñecas», heridas que, según la Policía, se produjeron porque el detenido había intentado resistirse[58].

Sin embargo, durante el juicio, Ángel Manzano relató las torturas a las que él mismo fue sometido tras ser detenido:

> Yo iba a entrar en el portal de casa y se adelantó un señor a abrirme la puerta. Entonces le dije «gracias», y cuando entré para dentro, me agarró de los pelos y me puso una pistola en la cabeza. Me preguntó: «¿Tú eres Ángel Manzano?». Le dije que sí. Salieron entonces dos que estaban detrás de un mueblecito donde se pone el portero y me esposaron y me taparon la boca. Fui así todo el camino hasta la Dirección General de Seguridad. Me dieron golpes en el coche. Al salir del coche les dije que tenía derecho a abogado y ellos me dijeron: «Tú eres un hijo de puta y te hemos aplicado la Ley Antiterrorista». Me pusieron de rodillas, esposado con las manos hacia atrás, y me metieron una barra de hierro entre las piernas y las esposas. Hicieron pasar a mi mujer y dijeron: «Vamos a hacerle la mesa y vamos a hacerla abortar». Empezamos a llorar. Sacan un casco de un armario y me lo ponen. Me bajan la visera y la tapan con esparadrapo. Estaba ahí un señor que mandaba y dice: «Hacerle la mesa». Me atan los pies y las manos encima de una mesa. Me sacaron las par-

> tes y con una zapatilla me dieron en mis partes. Me dieron puñetazos, patadas, de todo. Me preguntaban dónde está el oro, que El Nani se ha derrotado. Que sabemos que tú no hiciste el atraco [el de calle de Tribulete], pero nos ha dicho El Nani que tú sabes dónde están el oro y las armas. Me torturaron como a un cerdo[59].

En un primer momento, el Gobierno y los medios de comunicación apoyaron la versión policial sobre la huida de Santiago Corella. Sin embargo, en mayo de 1984, su mujer, Soledad Montero, denunció la desaparición de su marido, tras lo cual el juez de instrucción Andrés Martínez Arrieta decidió abrir una investigación, ya que había un detalle que se había pasado por alto: los agentes que participaron en los interrogatorios habían trabajado setenta y dos horas seguidas, y eso resultaba bastante sospechoso. La investigación indignó a la Policía, que a través de un portavoz llegó a declarar que «también los de ETA desaparecen y a nadie le parece raro». La Fiscalía pidió el sobreseimiento del caso.

Sin embargo, tanto el juez de instrucción como los familiares y el abogado de estos, José Antonio Sanz Grasa, siguieron presionando para que el caso se llevara a juicio. En un primer momento, en 1985, la Audiencia Provincial se negó a hacerlo por falta de pruebas. Pero se encontraron en el atestado policial, cuyo análisis demostró que la firma de Santiago Corella era falsa, y en el libro de detenciones de la Policía, en el que, junto al nombre del Nani, aparecían borradas con típex las letras «R. I. P.» y una cruz. La versión oficial terminó derrumbándose del todo cuando varios agentes fueron a Vicálvaro —donde supuestamente se había producido la desaparición de Corella— y comprobaron que nada de lo declarado por los policías cuadraba. Buscaron el cuerpo en la finca de Jaime Mesía Figueroa, un aristócrata vinculado al joyero Federico Venero y a los agentes que participaron en la detención, pero no encontraron nada.

El juez Arrieta interrogó al joyero, que le confesó que El Nani trabajaba para él y para los policías que estaban en el punto de mira, y que uno de ellos, Victoriano Gutiérrez, le confesó en el pub Montparnasse que le «dieron matarile».

El 1 de julio de 1986 fueron detenidos José María Pérez-Reverte Gutiérrez, Felipe Pindado Berruezo, Gonzalo Álvarez Fernández y Miguel Ángel Lebrón Díaz-Flor, que finalmente quedaron en libertad. También se celebraron diversos juicios en los que se demostró que en el interior de la Policía había una trama de agentes que se dedicaba a sacar rédito de los atracos a joyerías y sucursales bancarias. El Ministerio del Interior también se colocó en la diana por el uso desproporcionado de la Ley Antiterrorista.

El 13 de abril de 1988 comenzó el juicio por el «caso Nani». El 7 de septiembre, tras ochenta y dos sesiones, ocho mil folios de transcripción, doscientos cuarenta testigos y treinta y ocho peritos, se dictó la sentencia, en la que se reconocían las torturas sobre Corella, Soledad Montero y Ángel Manzano. Se condenó a veintinueve años de cárcel a los tres inculpados (Francisco Javier Fernández, Victoriano Gutiérrez y Francisco Aguilar) y al pago de quince millones a la familia[60]. Sin embargo, cuarenta años después, el cuerpo del Nani sigue desaparecido.

El significado de la Puerta del Sol a día de hoy

En 1983, el mismo año de la desaparición de Santiago Corella, se celebraron las primeras elecciones en la Comunidad de Madrid, que permitieron que el socialista Joaquín Leguina se convirtiera en el primer presidente madrileño. Uno de sus proyectos más ambiciosos fue el de trasladar la sede de su Gobierno desde el palacete de la calle de Miguel Ángel, cerca del Paseo de la Castellana, hasta la Real Casa de Correos. Finalmente, en enero de 1985 tuvo lugar el intercambio de edificios entre el Gobierno madrileño y el Ministerio del Interior.

En un artículo en *La Vanguardia* se exponía la importancia del edificio a lo largo de su historia, destacando su uso represivo durante la dictadura franquista y los primeros años de la democracia:

> La antigua Casa de Correos condicionó desde su construcción las distintas edificaciones que hoy componen el kilómetro cero de las carreteras nacionales. Asimismo, el edificio asistió a los acontecimientos más importantes de la vida nacional desde mediados del siglo XVIII. A nadie se le oculta su leyenda negra, iniciada desde que fue Ministerio de la Gobernación, y consolidada en los años en que fue Dirección General de Seguridad. Se podría afirmar que prácticamente toda la clase política del momento ha pasado por sus dependencias en circunstancias poco agradables. Sus calabozos y ficheros dieron sus últimos coletazos con los primeros años del actual régimen democrático. Dos muertes ocurridas en su interior permanecen hoy en la memoria colectiva: la del estudiante Enrique Ruano, ocurrida en los años sesenta, y la del etarra Arregui, muerto en su interior una semana antes del fallido golpe de Estado del 23-F[61].

Joaquín Leguina declaró a *El País* que «espero que se lleven de aquí las mazmorras antes de que me metan en ellas», aunque no fue hasta 1991 cuando se desalojaron las últimas unidades policiales del edificio de la Puerta del Sol, coexistiendo durante seis años con el Gobierno de la Comunidad de Madrid[62].

A partir de ese año, la Real Casa de Correos ha sido exclusivamente la sede de la Comunidad de Madrid, y los antiguos calabozos se han convertido en el archivo del Gobierno de la Comunidad, al que algunas víctimas del franquismo han podido acceder.

Pero ¿qué ha pasado con la Puerta del Sol? Como dijimos al principio del libro, en la plaza han tenido lugar importantes acontecimientos y su fisonomía ha cambiado radicalmente: la ubicación de sus monumentos se ha modificado y se ha construido una gran pirámide de cristal —llamada popularmente «la Ballena»— en la entrada de la estación de tren y metro. Los últimos cambios, realizados el año pasado (2023), han provocado numerosas críticas, ya que la Puerta del Sol, sin ningún tipo de espacio verde, es uno de los lugares más calurosos de la capital en los meses de verano, cuando llega a haber quince grados más que en el parque del Palacio Real[63].

Con el restablecimiento de las libertades y los derechos democráticos, la Puerta del Sol también recuperó su uso como epicentro de las protestas sociales, un uso que el franquismo intentó arrebatarle. En los años ochenta, noventa y primeros dos mil la plaza fue el lugar elegido para celebrar trascendentales movilizaciones, como las que tuvieron lugar contra el terrorismo, la guerra de Irak o tras los atentados del 11 de marzo de 2004, aunque fue durante el 15 de mayo de 2011 cuando el lugar pasó a ser el centro neurálgico de la protesta social con el movimiento de los indignados, que se extendió por todo el país durante algunos meses y dio lugar a varios años de importantes manifestaciones.

Desde entonces, la Puerta del Sol es el lugar por antonomasia de reivindicación para el movimiento estudiantil, para las movilizaciones ecologistas, feministas y antirracistas, y contra los diferentes Gobiernos de la Comunidad de Madrid por sus constantes recortes. Incluso Podemos, tras su irrupción en las elecciones europeas, convocó en la plaza el final de su «Marcha del cambio», que congregó a más de trescientas mil personas, algo que no había conseguido ningún partido político desde la Transición.

La Puerta del Sol ya no son solo las campanadas de Fin de Año, sino la protesta y la reivindicación social. En ella, incluso han vuelto a ondear banderas republicanas, como sucedió tras la abdicación del rey Juan Carlos I el 2 de junio de 2014, en idéntico acto al que tuvo lugar ochenta años atrás con su abuelo. Como bien explica Sergio Claudio González, «la movilización política en la Puerta del Sol suponía una reapropiación de un lugar emblemático que estaba en la memoria como espacio de protesta, resistencia y reclamación democrática»[64].

También es lugar de referencia para las luchas del movimiento por la recuperación de la memoria de las víctimas del franquismo. Y no es para menos. Como bien recuerdan cada jueves diferentes colectivos memorialistas y numerosas víctimas del franquismo —englobados en la Plataforma contra la Impunidad del Franquismo— desde hace más de diez años (al estilo de las Madres de la Plaza de Mayo en Argentina), en la Real Casa de Correos «se torturaba y se asesinaba». Y, sin embargo, no hay ni una sola mención que recuerde que ese edificio fue sede de la Dirección General de Seguridad durante la dictadura franquista.

Desde diferentes asociaciones y partidos políticos (Podemos y Más Madrid) se ha pedido a la Comunidad de Madrid que en el edificio se construya un museo de la represión franquista, siguiendo el modelo del Museo do Aljube de Lisboa creado para la Policía política de la dictadura portuguesa. En 2023 se celebraron dos manifestaciones (el 16 de febrero y el 26 de junio) para reclamar la recuperación de este espacio para la memoria de la represión franquista, pero los diferentes Gobiernos regionales del PP, desde Esperanza Aguirre hasta Isabel Díaz Ayuso, se han negado sistemáticamente[65].

En este libro hemos intentado hacer un homenaje a los luchadores y luchadoras antifranquistas, poniendo nuestro granito de arena para que de una vez por todas —ya sea con una placa o construyendo un museo— se reconozca que en la Real Casa de Correos se cometieron torturas y crímenes atroces contra quienes luchaban por las libertades.

Epílogo
La escena del crimen

> Las características de la escena del crimen son los elementos distintivos de un escenario criminal, puestos en evidencia por las decisiones de comportamiento del delincuente con respecto a la ubicación de la víctima y del delito, y su subsiguiente significado para el delincuente[1].
>
> Vicente Garrido y Jorge Sobral

Más que un libro sobre arquitectura o historia, el investigador Pablo Alcántara ha escrito un relato forense de la escena del crimen (franquista) en España. La Puerta del Sol de Madrid, hoy en día una plaza achicharrante invadida por el turismo gentrificador, esconde una reiterada escena del crimen con la Policía política como protagonista y los crímenes de lesa humanidad como telón de fondo.

Nacida al servicio del poder, al igual que el conjunto de las ciencias sociales, la criminología viró hacia la crítica de la violencia de Estado. ¿Qué pasa cuando el criminal es el Estado? Desde esta perspectiva, resulta fundamental la investigación de la Policía política en la España del siglo XX. «¿Dónde estuvo la criminología mientras se producían los cientos de crímenes masivos de Estado que ocurrieron desde mediados del siglo XIX hasta nuestros días?», se preguntan algunos exponentes teóricos de la perspectiva crítica criminológica[2].

Una pregunta similar podemos hacernos sobre el papel de la investigación en España de la Brigada Político-Social. A diferencia de otros países democráticos de nuestro entorno, ha sido un asunto prácticamente desaparecido. Y eso que su trayectoria aporta valiosas claves sobre el devenir de España a partir de la Transición.

A pesar de las dificultades para acceder a los archivos públicos, un puñado de historiadores y periodistas, con mención especial al autor de este libro, han logrado rescatar del olvido el funcionamiento y los protagonistas de la represión policial franquista, algunos de cuyos agentes han permanecido plácidamente jubilados y pensionados, sin asumir responsabilidad penal alguna.

La Brigada Político-Social, de infausto recuerdo para sus víctimas, hunde sus raíces más lejanas en la Restauración, tal y como explica en detalle este libro. El tremendo desafío que el anarquismo insurgente planteó al Estado, tanto en España como en otros países europeos, supuso la creación de una moderna Policía política especializada en la persecución de la idea ácrata y encuadrada en una estructura militarizada e ineficaz, a la vista de los exitosos magnicidios perpetrados por la propaganda por el hecho[3] y de la fuerza descomunal del anarquismo en España hasta la Guerra Civil.

El año 1938 supuso un relevante punto de inflexión en la trayectoria de la naciente Policía política franquista con la inclusión oficial del judaísmo como objetivo. Se trata del periodo de influencia nazi a través de los distintos proyectos de cooperación bilateral entre los órganos de seguridad de la Alemania nazi y de la España franquista.

Con la victoria del bando sublevado, la Brigada Político-Social se convirtió en uno de los principales y más longevos instrumentos de la represión franquista, como una suerte de Policía Judicial del Tribunal Especial para la Represión de la Masonería y el Comunismo y, más tarde, del heredero Tribunal de Orden Público (TOP). Así, la Policía política se erigía, según la propia legislación, en la punta de lanza del Estado totalitario, con una «vigilancia permanente y total».

El uso de la tortura en los interrogatorios fue el rasgo definitorio de la Brigada Político-Social, en cuyas manos quedó gran parte de la diezmada izquierda española durante la posguerra y el resto de la dictadura. No se trataba de un servicio de información; era más bien una Policía «capaz únicamente de trabajar a base de confidentes y palizas», según la definición del escritor Jorge Semprún.

Hasta la publicación de los trabajos pioneros del periodista Antoni Batista, sobre la Brigada Político-Social apenas existía una antología de experiencias tortuosas por parte de numerosos detenidos en autobiografías publicadas, bien en el exilio o en el interior, especialmente tras la muerte del dictador. También quedaba un rastro en la memoria oral colectiva sobre las andanzas de «La Social».

Sin embargo, en los últimos tiempos y con un significativo retraso respecto a otros países, el estudio de la Policía política franquista ha avanzado notablemente, permitiendo conocer algunas de sus interioridades, especialmente a partir del acceso a la documentación del archivo del Ministerio del Interior.

Por la Dirección General de Seguridad de la Puerta del Sol pululaban elementos como el policía Roberto Conesa, una auténtica leyenda en la casa, que en 1958 fue adiestrado por la CIA[4], pasando página de manera natural del periodo de influencia de la Gestapo hacia las nuevas coordenadas de la Guerra Fría. La trayectoria de Conesa[5], cuyo expediente se «desclasificó» en 2020 (un cuarto de siglo después de su fallecimiento, como impone la normativa), aporta valiosas claves para entender el reciclaje de los órganos represivos franquistas en democracia y, singularmente, las más oscuras tramas de la violenta Transición, desde el papel de la ultraderecha en la estrategia de la tensión a la guerra sucia contra ETA[6].

Como no podía ser de otra manera, en esa nebulosa etapa de inconfesable utilización de los torturadores del franquismo aparecen nombres como el del comisario José Manuel Villarejo, máximo exponente de las cloacas ya en democracia, o del detestado inspector Antonio González Pacheco, más conocido como *Billy el Niño*.

Si bien Conesa fue uno de los rostros habituales en la Puerta del Sol, otros de sus discípulos habitaron las respectivas escenas del crimen en otras ciudades: en San Sebastián, el comisario Melitón Manzanas[7], asesinado por ETA en 1968; en la Jefatura Superior de Policía de Valencia, Manuel Ballesteros[8], quien llegaría a encabezar la lucha antiterrorista durante los Gobiernos del PSOE, o en la Via Laietana de Barcelona, el comisario Juan Creix[9].

Cada uno de ellos, además de un número desconocido de agentes rasos, dejó su particular huella en sus respectivas escenas del crimen. Sin embargo, el número total de agentes que se encuadraron en la Brigada Político-Social será una cifra probablemente desconocida a tenor de la respuesta del Gobierno a un senador que se interesó por el revelador dato[10].

La herencia de la Brigada Político-Social, ya con otras nomenclaturas, fue aprovechada sin demasiados escrúpulos a partir de la muerte de Franco. Muchos detenidos recuerdan que sus torturadores les explicaban que, en caso de cambio de régimen, ellos seguirían en la Policía. Tampoco fue un fenómeno exclusivo de España. El comisario Manuel Ballesteros, como si fuera un asiduo lector de Hannah Arendt, decía en una entrevista publicada en 1981: «Lo mío simplemente es profesionalidad. Y dentro de ella he actuado en la legalidad anterior: si el Partido Comunista era ilegal, teníamos que actuar contra él. Siempre me he sentido un policía honesto y profesional y nunca me he excedido de lo que marcaban las leyes, las de antes y las de ahora»[11]. («El criminal de Estado casi siempre se presenta como un moralista e incluso como un verdadero líder moral», dice el jurista y criminólogo argentino Eugenio Raúl Zafaroni)[12].

Aunque algunos no se libraron de los tribunales —Manuel Ballesteros fue condenado y, más tarde, absuelto por el Tribunal Supremo por su presunta implicación en uno de los primeros atentados de la guerra sucia contra ETA—, la mayoría se retiró de la Policía sin mayores incidencias.

El historiador Pablo Alcántara ha buceado en los archivos disponibles para trazar un auténtico tratado de arquitectura forense[13] que ayuda a conocer mejor los espacios de la represión franquista y, singularmente, la tétrica Dirección General de Seguridad. Las víctimas —o, más bien, las víctimas de las generaciones que aún viven— habrán reconocido con su lectura los espacios en los que fueron torturados.

Sin embargo, a pesar de la abundante prueba de cargo y de las ilustrativas experiencias en países como Argentina, las denuncias de las víctimas del franquismo en los últimos años han sido sistemáticamente archivadas en los tribunales. Además, el Tribunal Europeo de Derechos Humanos, última instancia jurídica para las víctimas, rechazó investigar las denuncias por las torturas de la dictadura[14]. Los crímenes de lesa humanidad no prescriben. Pero a veces sí.

En España, solo queda la arquitectura forense para seguir la pista de la escena del crimen franquista.

LUCAS MARCO
Periodista

Agradecimientos

Quiero dar las gracias a las muchas personas que me han inspirado y acompañado en la tarea de escribir este libro. Sin la memoria de mi bisabuelo, José Muñoz Muñoz, alcalde republicano de Valle de Abdalajís (Málaga) durante la Guerra Civil y exiliado durante el franquismo; sin la de mis abuelos, Diego, Ana, Jesús y Julia, emigrantes andaluces, madrileños y abulenses en Asturias, que se fueron de sus tierras para huir de la miseria, y sin las enseñanzas de mi profesor de Historia del instituto, José María, nunca me habría interesado por la memoria histórica de nuestro país. Gracias a Josué y Benito, ejemplos de maestros.

Gracias también a mis padres, Ramón e Inés, porque siempre me han apoyado en mis decisiones, en mis trabajos y en mis investigaciones. Sin ellos no estaría aquí. Al igual que a mi hermana Alba, que, desde el extranjero, siempre me ha dado todo su ánimo. También a mis tíos Julia, Miguel, José María y Aurora, y a mis primos David, Laura, Bea y Saúl. Gracias a todos por vuestro apoyo.

A mis amigos Mauro, Víctor, Sandra, Jano, Martín, Lucía, Alfonso, Alberto, Nuria, Laura, Raúl, Jose, Lucas, Galán, Eloy, Enol, Cristian, Manu, Xandru, Raquel, Borja, Simón, Agudin, Berto, Ale, Óscar, Alejandro, Quico, Bea, Jandro, Juan, Celia, Ana, Coral, Marina, Mariana, Anahi y Miguel Ángel. Gracias por estar siempre ahí, por hacerme pasar buenos momentos, por hacerme disfrutar y por estar también en las malas. Os quiero.

A mis compañeros en el Sindicato de Estudiantes, Libres y Combativas, Sindicalistas de Izquierda e Izquierda Revolucionaria. La militancia me ha aportado una visión del mundo y de la Historia como una herramienta para entender lo que pasa e intentar transformar las cosas en beneficio de la mayoría. Este libro va por todos los que han luchado y siguen luchando.

Mención especial a mi pareja, Isabel, compañera de vida y de amor. Conocerte y estar contigo desde febrero de 2023 ha sido lo mejor que me ha pasado. Gracias por ayudarme con este libro, animándome a seguir, planteando correcciones y recomendaciones y haciéndome muy feliz. Espero que recorramos un largo camino juntos de proyectos, pasiones e ilusiones. Amote. También agradecer a tu familia (a tus padres, Javier y Anabel; a tus hermanas, Susana, Cecilia y Adriana; a tus tíos, Yolanda, Cristina y Antonio, y a tus primos, Claudia y Gonzalo).

A los archiveros, cuyo trabajo es esencial en nuestra tarea de investigación. Sin ellos, sin los archivos, la Historia estaría completamente perdida. Recordatorio sentido para Henar Alonso, Isabel, Noelia, Sergio Gálvez, Elisa y Juan Cruz por todo lo que me han ayudado y aportado en mis investigaciones. Quiero también recordar a mis amigos de oposición, Felipe, Victoria, Violeta y Andrés, con quienes, a través del estudio de los archivos, hemos construido un valioso vínculo de confianza. Se os quiere.

Este estudio ha recibido también el apoyo de numerosos investigadores. Sin la maestría de Fernando Hernández Sánchez y Rubén Vega, mi codirector de tesis y mi director de TFG, respectivamente; de Pablo Martínez Corral, profesor de instituto en Asturias y amigo, y de Mariano Sánchez Soler, periodista e investigador, que me ha enseñado tanto sobre el oficio, no sería el historiador que soy ahora. También quiero mencionar a Alberto Vázquez, documentalista y dibujante, con el que he compartido tantos proyectos.

Gracias a Sabino Cuadra, Maximiliano Paiser, Juan Ramón Garai, Luis de Guezala, Javier Buces, Carlos Rodríguez, Luis de Guezala, Mikel Lorenzo y Jon Penche por toda la documentación e información que me han dado para este trabajo.

Quiero mencionar también a Víctor Aparicio, David Alegre, Arnau Fernández, Xulio García, Carlos Hernández, Arturo Zapico, Enrique Alejandre y Juan Antonio Ríos por todos los momentos compartidos reflexionando sobre Historia.

Gracias a Julián Vadillo, historiador, profesor y amigo, con quien he compartido charlas y libros, por realizar el prólogo de este trabajo de forma tan desinteresada. Gracias a Lucas Marco, periodista de *elDiario.es,* investigador y amigo, por realizar el epílogo de manera altruista.

Gracias a la editorial Espasa por confiar de nuevo en mi trabajo. Gracias a Lola Cruz por su apoyo y por darme siempre su cariño. Gracias a Desirée por estar siempre ahí. Gracias a Javier por participar en que el libro salga a la luz.

Por último, como el anterior libro, quiero dedicárselo a los luchadores antifranquistas y a los luchadores por la memoria histórica. En especial a Julio Pacheco, por conseguir denunciar a José Manuel Villarejo ante la justicia española por torturas durante el franquismo y ser escuchado por los tribunales. El primero de cien. En estos días en los que algunos quieren que volvamos a tiempos oscuros, investigar lo que ocurrió, recordarlo y reivindicar a quienes lucharon por un país mejor, por nuestras libertades y derechos, es más necesario que nunca. Gracias por todo. Esta es mi pequeña aportación.

ANEXOS

ANEXO I
RELACIÓN DE SIGLAS UTILIZADAS

Archivo del Ministerio del Interior (AMI)
Archivo General de la Administración (AGA)
Archivo General e Histórico de Defensa (AGHD)
Archivo General Militar de Ávila (AGMAV)
Archivo Histórico del PCE (AHPCE)
Archivo Histórico Nacional (AHN)
Asociación Republicana Militar (ARM)
Brigada Político-Social (BPS)
Centro Documental de la Memoria Histórica (CDMH)
Club de Amigos de la UNESCO (CAUM)
Comisiones Obreras (CC. OO.)
Confederación Española de Derechas Autónomas (CEDA)
Confederación Nacional del Trabajo (CNT)
Cuerpo General de Policía (CGP)
Defensa Interior (DI).
Dirección General de Seguridad (DGS)
Documento Nacional de Identidad (DNI)
Euskadi Ta Askatuta (ETA)
Federación Regional Española (FRE)
Federación Universitaria Democrática Española (FUDE)
Federación Universitaria Escolar (FUE)

Frente de Liberación Popular (FLP)
Frente Revolucionario Antifascista Patriota (FRAP)
Fundación Anselmo Lorenzo (FAI)
Fundación Pablo Iglesias (FPI)
Liga Comunista Revolucionaria (LCR)
Organización Contrasubversiva Nacional (OCN)
Partido Comunista de España (PCE)
Partido Socialista Obrero Español (PSOE)
Policía Internacional y de Defensa del Estado (PIDE)
Tribunal de Orden Público (TOP)
Unión de Juventudes Comunistas de España (UJCE)
Unión General de Trabajadores (UGT)
Unión Militar Española (UME)

Anexo II

Otros centros de detención y torturas durante el franquismo

Aunque la Dirección General de Seguridad fue el epicentro de la represión y el terror policial durante la dictadura franquista, ni mucho menos fue el único. Por toda la geografía del país hubo comisarías que se convirtieron en centros de tortura contra los militantes antifranquistas. En este anexo indicaremos los más representativos y explicaremos qué ha pasado con dichos edificios tras más de cuarenta años desde el final de la dictadura. Según el Gobierno, se han retirado todos los símbolos franquistas de las comisarías de Policía, aunque no de los centros de la Guardia Civil, donde aún quedan cuarenta y tres vestigios[1].

Comisaría de Via Laietana (Barcelona)

En el número 43 de la Via Laietana, en el centro de la Ciudad Condal, se ubicó uno de los edificios más siniestros de la Policía franquista. En tiempos de la Segunda República, allí estuvo la Jefatura Superior de Policía, y desde uno de sus balcones el presidente catalán Lluís Companys se dirigió al pueblo barcelonés tras el golpe de Estado del 18 de julio de 1936 para defender el régimen democrático. En enero de 1939, después de que los sublevados tomaran Barcelona, el edificio albergó la sede de la Comisaría de Cataluña de la Brigada de Investigación Social y la VI Brigada Regional de Información Social. En la primera planta se situaban los despachos; en los pisos superiores, las salas de interrogatorio, y en el sótano, los calabozos.

Los primeros comisarios fueron Pedro Polo Borreguero y Eduardo Quintela. Sin embargo, a mediados de los años cincuenta fue Juan Antonio Creix, uno de los policías más famosos de la BPS, quien se encargó de dirigir la jefatura policial catalana. Entre sus cuatro paredes sufrieron torturas militantes del PSUC, del nacionalismo catalán, estudiantes de la Universidad de Barcelona, intelectuales o militantes anarquistas, como Salvador Puig Antich, que fue la última persona ejecutada por garrote vil en nuestro país junto con Heinz Chez.

Durante la Transición, el edificio siguió —y sigue a día de hoy— ocupado por las fuerzas de orden público. Primero fue la comisaría central de la ciudad de Barcelona; después pasó a ser la sede de los Mossos d'Esquadra, y actualmente la utilizan unidades especializadas de la Policía Nacional. De hecho, durante el referéndum del 1 de octubre de 2017 y las movilizaciones por la independencia de Cataluña, este lugar se convirtió en escenario clave de protesta para las fuerzas independentistas.

También ha sido un espacio de disputa para reivindicar la memoria democrática. Desde hace décadas, diversas fuerzas memorialistas —de la izquierda y nacionalistas— piden que se resignifique como museo de la represión franquista. En 2017, Esquerra Republicana (ERC) llevó al Congreso una proposición no de ley para la «museización» de la comisaría. En 2021, el Ayuntamiento de Barcelona elaboró un informe para poner en marcha el proyecto, como ya se hizo con la Cárcel Modelo de la Ciudad Condal. Dos años antes (2019) se colocó una placa frente a la comisaría en la que se explica que el edificio fue el epicentro de las torturas durante el franquismo en Cataluña. Los sindicatos policiales criticaron la iniciativa y la placa ha sido vandalizada en varias ocasiones[2].

Jefatura Superior de Policía de Valencia

Primero estuvo en la calle de Tetuán 6 y después, desde 1946, en la calle de Samaniego. Los militantes antifranquistas la llamaban «el antiguo caserón», y allí se practicó la tortura incluso con silla eléctrica. Agentes como Antonio Cano, que fue jefe de la Brigada Político-Social de Valencia; Tomas Cosías, combatiente de la División Azul y ganador del Premio Planeta, y José Oleza se destacaron por sus brutales métodos en los interrogatorios a los detenidos. En 1972, el periódico *La Verdad,* órgano del PCE de Valencia, publicó una relación de miembros de la BPS en la ciudad.

A día de hoy, ninguno de esos edificios existe: en el de la calle de Tetuán hay un inmueble diseñado por el arquitecto Miguel Fisac, mientras que el de la calle de Samaniego fue destruido por una riada y actualmente alberga varios bloques de viviendas[3].

Jefatura Superior de Policía de Galicia (La Coruña)

Hasta 1958, la Policía gallega dependía de la Jefatura Superior de Vizcaya. Sin embargo, a partir de ese año, coincidiendo con el aumento de la protesta obrera y social, pasó a ser una sección independiente. En La Coruña actuaron policías como Paradela Castro, muy conocido por el antifranquismo gallego por sus métodos de tortura. Durante la Transición, fue nombrado jefe de Policía en Monforte de Lemos[4].

Comisaría de El Ferrol

El Ferrol fue un centro clave del movimiento obrero antifranquista, sobre todo durante los últimos años de la dictadura. En la comisaría de esa ciudad actuaron policías como Alfredo Fernández Cañoto, quien, en 1974, fue trasladado a Madrid para vigilar las actividades de la oposición en la Universidad y quien, durante la Transición, ejerció como jefe del servicio de escoltas del presidente Adolfo Suárez. El periódico clandestino del PCE en Galicia *A Voz do Pobo* criticó las torturas que se realizaban entre las cuatro paredes de las dependencias policiales ferrolanas. En 1972, la Policía Armada y la Guardia Civil asesinaron a dos jóvenes trabajadores (Amador Rey y Daniel Niebla) en una manifestación, y en 1975 fue asesinado Moncho Reboiras, dirigente de Unión del Pueblo Galego[5].

Comisaría de la Gavidia (Sevilla)

Situada en la plaza de la Gavidia, cerca del Conservatorio Superior de Música y de la capilla de las Esclavas del Divino Corazón, esta comisaría fue el centro de represión y torturas de la BPS en la capital andaluza durante los años sesenta y setenta del siglo pasado. En el documental realizado por CC. OO. titulado *Comisaría La Gavidia. Lugar de Memoria Democrática, varios militantes antifranquistas* (2018), varios militantes antifranquistas relatan sus experiencias en el siniestro edificio. Por ejemplo, para Kechu Aranburu dicha comisaría era «un sitio absolutamente emblemático para la gente que ha luchado», un lugar donde «se quiebra una parte de nuestra vida» y «se hace realidad y tangible la lucha por la libertad». En esa comisaría «todo era posible, te podías quedar allí, maltratos, tortura…». Entre sus cuatro paredes estuvo el histórico dirigente de CC. OO. Eduardo Saborido, que fue juzgado en el «Proceso 1001».

Durante la Transición, el centro pasó de ser la Comisaría de la BPS a serlo de la Jefatura Superior de la Policía Nacional y de la Capitanía General. En 2003 cerró de forma definitiva y en 2006 el Ayuntamiento de Sevilla compró el edificio al Ministerio del Interior.

El debate sobre qué hacer con este edificio continúa a día de hoy. Diversas asociaciones memorialistas, sindicatos y organizaciones de izquierda han pedido que se convierta en un museo. En 2017, la Junta de Andalucía lo catalogó como Lugar de Memoria, y se colocó una placa en la que se explica lo que allí ocurrió, pero los diferentes gobiernos locales que llegaron después —tanto del PP como del PSOE— han propuesto su derribo para convertirlo en un hotel de lujo o en un gimnasio. Por el momento, el edificio sigue abandonado y en estado de ruina[6].

Jefatura Superior de Policía de Oviedo

Situada frente al mítico Hotel Reconquista, en el ovetense paseo de Juan Benito Argüelles, durante la Segunda República fue la sede del Gobierno Civil de Asturias. El 18 de julio de 1936, Isidro Liarte Lausín, gobernador civil de la región y militante de Izquierda Republicana, intentó convencer al coronel Aranda para que se pusiera al lado de la República, lo que finalmente no hizo. Aranda tomó la ciudad y arrestó y fusiló a Liarte. A partir de ese momento, las columnas gallegas ocuparon el edificio.

Finalizada la Guerra Civil, este fue ocupado por la BPS. Agentes como Claudio Ramoso o Pascual Honrado de la Fuente se hicieron famosos por torturar a numerosos mineros antifranquistas, como Vicente Gutiérrez Solís, o a mujeres luchadoras, como Anita Sirgo.

Durante la Transición, el edificio pasó a ser la Jefatura Superior de la Policía de Oviedo. En las puertas de entrada aún queda un vestigio —dos escudos republicanos labrados en la piedra— de lo que un día fue. Ni la guerra, ni la represión franquista ni las torturas policiales pudieron acabar con él[7].

Comisaría de Gijón

Gijón —junto con las cuencas mineras— fue un importante foco del antifranquismo asturiano. En la calle de Cabrales de la ciudad se encontraba la sede de la BPS gijonesa, a donde fueron a parar numerosos opositores al régimen. Tras varias sesiones de malos tratos, allí murieron, el 22 de septiembre de 1946, los comunistas Casto García Roza y Ángel Sánchez Fernández. Actualmente, el edificio alberga la sede de la Dirección General de Arquitectura y Vivienda del Gobierno del Principado, pero, al menos, hay una placa que recuerda a los militantes antifranquistas asesinados[8].

La Quinta Pedregal (Avilés)

Situada en Avilés, una de las últimas ciudades asturianas en caer en manos de los franquistas (octubre de 1937), esta quinta fue residencia de José Manuel Pedregal, ministro de Hacienda en 1922 y miembro de la Real Academia de Ciencias Morales y Políticas. Cuando los sublevados tomaron el lugar, la casa se convirtió en una prisión preventiva —de la BPS y de la Guardia Civil— a la que fueron a parar los que habían luchado al lado de la República. Según el historiador Pablo Martínez Corral, autor del libro *La Quinta Pedregal,* unas mil doscientas personas fueron interrogadas y unas cuatrocientas cincuenta murieron asesinadas.

Durante la Transición, el edificio se convirtió en una pinacoteca y en el espacio donde guardar la colección de porcelana de Sèvres de José Luis García Aria. Actualmente está en venta, y diversas asociaciones de memoria histórica, junto con decenas de historiadores e investigadores, han pedido que se transforme en un museo sobre la represión franquista. De momento, el ayuntamiento no ha accedido a dicha petición, aunque en el exterior hay una placa que señala que se trata de un Lugar de Memoria[9].

Comisaría de Mieres

Situada en la calle de Ramón y Cajal número 13, cerca del ayuntamiento de la villa minera, entre sus cuatro paredes estuvieron presos cientos de mineros antifranquistas. El 12 de marzo de 1965, tras una movilización contra los despidos de las minas, varias decenas de mujeres asaltaron la comisaría para liberar a los detenidos que allí había, convirtiéndose en uno de los primeros enfrentamientos entre trabajadores y las fuerzas de orden público después de la Guerra Civil. Actualmente es un edificio de viviendas[10].

Jefatura Superior de Policía de Navarra

En la plaza de las Merindades, en el sótano y en la planta baja del edificio del Gobierno Civil, entrando por la calle de Paulino Caballero, se situaban las dependencias policiales de la Brigada Político-Social de Navarra. En la planta primera se realizaban los interrogatorios y las torturas, y en los sótanos estaban ubicadas las celdas. Entre 1960 y 1978, según un informe realizado por el Gobierno vasco, se produjeron ciento sesenta y nueve casos de tortura que se puedan demostrar documentalmente (pero seguro que fueron muchos más). Durante la Transición, el gobernador civil de Navarra tuvo que desmentir en varias ocasiones los casos de malos tratos entre sus cuatro paredes[11].

Actualmente es el edificio de la Delegación de Gobierno. En 2018 se promulgó la Ley Foral 29/2018, de 26 de diciembre, de Lugares de Memoria Histórica de Navarra, que obliga a que los puntos en los que ocurrieron hechos singulares tras el golpe de Estado del 18 de julio de 1936 y durante la dictadura franquista deben ser nombrados «Lugares de Memoria». La normativa hizo que, en septiembre de 2022, varios colectivos de Memoria, historiadores, investigadores, partidos políticos y sindicatos se unieran en la iniciativa *Egia Osoa* («Toda la Verdad») para solicitar que en los edificios donde estaban la Jefatura Superior de Policía y la de la Guardia Civil se colocara una placa donde se reconocieran que allí se practicó la tortura. De momento, el Gobierno navarro ha hecho caso omiso a estas peticiones[12].

Comisaría de San Sebastián

En la plaza de Pío XII de la ciudad donostiarra se encuentra el edificio que albergó la sede del Gobierno Civil y de la BPS durante el franquismo y los primeros años de la Transición. Allí actuó el famoso Melitón Manzanas, jefe de la BPS en la ciudad, conocido por sus crueles métodos de tortura, que fue asesinado por ETA el 2 de agosto de 1968. Actualmente, es la sede de la subdelegación del Gobierno de Guipúzcoa. El Gobierno autónomo ha cifrado en 4.113 los casos de tortura ocurridos entre 1960 y 2014 en todo el territorio del País Vasco[13].

Comisaría de Bilbao

Durante la dictadura franquista, la sede de la BPS de Bilbao se hallaba en la calle de Gordóniz, en el barrio de Indautxu, donde, a día de hoy, siguen estando las dependencias de la Policía Nacional, en las que se expiden DNI y pasaportes. Pero también estaba la comisaría del distrito de San Pablo de Bilbao, en la calle de María Muñoz, en el casco viejo, que actualmente es el Museo Vasco. En los dos edificios actuaron policías como José Sainz, uno de los máximos exponentes de la BPS nacional durante los últimos años del franquismo[14].

Comisaría de Málaga

Situada en el palacio de la Aduana, en las inmediaciones del parque de Málaga, durante el siglo XIX funcionó como Real Fábrica de Tabacos. Después de la victoria franquista, el edificio fue utilizado como sede del Gobierno Civil y de la BPS. Entre sus cuatro paredes estuvo el comunista Ramón Vías Fernández, que en su escrito «¡Yo acuso!» relató las torturas sufridas a manos de la Policía y de la Guardia Civil.

En los años sesenta, el cantante estadounidense Frank Sinatra, que rodaba la película *El coronel Von Ryan,* estuvo allí detenido por escándalo público. También fue arrestado —y torturado— el dirigente del PCE Manuel Ruiz Benítez, que en los últimos años ha pedido que el edificio sea reconocido como Lugar de Memoria por la Junta de Andalucía. Actualmente es el Museo de Málaga[15].

Comisaría de Granada

Durante los años sesenta, el régimen de Franco decidió construir, en plena plaza de los Lobos y junto al Jardín Botánico, un edificio de cinco plantas de carácter esencialmente funcional: en el semisótano se ubicaban los calabozos, y entre los demás pisos se repartían los despachos, donde se realizaban todos los trámites administrativos y policiales, incluidos los interrogatorios.

El patio era un habitáculo estrecho, cubierto por una uralita transparente que permitía la entrada de la luz, y a través de él se accedía a los calabozos y a los servicios. Había cinco celdas —de unos cinco metros cuadrados—, todas con un ventanuco al lado de la puerta y, como único mobiliario, dos bancos-cama de ladrillo alicatado. En los servicios no había sanitarios; tan solo un «agujero y posapiés», es decir, un pozo ciego en el suelo.

Después de la Transición, el edificio fue adquirido por la Universidad de Granada y actualmente está abandonado. Las asociaciones de memoria granadinas han solicitado que se convierta en un lugar de recuerdo a las víctimas y que se hagan visitas guiadas. En la entrada hay una placa que recuerda que allí estuvo la comisaría de la Policía franquista de la ciudad[16].

Comisaría de Valladolid

En enero de 1974, José Luis Cancho, estudiante y militante del PCE (i), antecedente del Partido del Trabajo, cayó desde la ventana del tercer piso de este edificio de triste recuerdo. En las torturas participaron los agentes José Antonio Benayas, Cipriano Belver, Manuel Cinos y Manuel Díaz Arribas, que no fueron juzgados porque se acogieron a la Ley de Amnistía de 1977[17].

Comisaría de Zaragoza

Situada en el paseo de María Agustín, cerca del casco antiguo, en esta comisaría fueron torturados centenares de militantes antifranquistas, como David Ubico, militante de CC. OO., que fue detenido el 23 de septiembre de 1975 y pasó nueve días durmiendo en una cama de piedra. Según su propio testimonio, «era levantarte por la mañana y llevarte directamente a una habitación, donde, entre risas, te empezaban a dar de hostias». Treinta y tres personas han denunciado ante la justicia argentina las torturas que allí se produjeron, ya que la justicia española se ha inhibido. A día de hoy, el edificio sigue siendo sede de la Jefatura de la Policía Nacional de la capital aragonesa[18].

Comisaría de Las Palmas de Gran Canaria

Después del golpe militar de julio de 1936, la Delegación de Orden Público de Gran Canaria se estableció en la calle de Luis Antúnez, en el barrio de Alcaravaneras, donde se acababa de construir un recinto para fines educativos gracias a la donación de Luis Antúnez Monzón, un canario que fue gobernador civil de Barcelona y de Córdoba, y que falleció en 1915. Actualmente es el Colegio La Salle, pero sus muros fueron testigos de inenarrables tormentos a cientos de detenidos durante la dictadura franquista.

La dirección estaba a cargo del delegado de Orden Público, el comandante García Uzuriaga, aunque también acudían falangistas a interrogar a ciertos detenidos. Uno de ellos fue Eufemiano Fuentes, hijo de un industrial tabaquero, conocido por los habitantes de la isla por ser uno de los cabecillas de las llamadas «brigadas del amanecer».

La Comisaria de Luis Antúnez dejó de usarse como tal a mediados de 1938 cuando los padres salesianos se establecieron en el centro. La Delegación de Orden Público pasó después al paseo de Madrid, al paseo de Chil y, finalmente, a la calle de Jerónimo Falcón, en la plaza de la Feria, en un amplio edificio donde también estuvo el Gobierno Civil durante la dictadura.

En el piso inferior se encontraba la Brigada de Investigación Criminal (BIC) y la BPS, con jefes tan destacados como Francisco Mejía Muñoz y Heliodoro Pérez Díaz. Entre sus agentes más «activos» se encontraban Francisco González García-Ocaña, Pedro Pertejo del Amo o Plácido Verdú Ramos[19].

Anexo III
Ejemplos de lugares de memoria

Como se ha visto en el anexo anterior, en la mayoría de los centros de detención del franquismo no hay ningún tipo de placa o señal que recuerde que allí se torturaba a detenidos políticos. En los últimos años, las asociaciones de memoria histórica y de víctimas del franquismo, junto con historiadores e investigadores, han pedido que se señalicen o se creen museos en esos lugares, como ya ocurre en algunos edificios de nuestro país o en otros países del mundo. A continuación, expongo algunos ejemplos ilustrativos.

Cárcel Modelo (Barcelona)

Situada en el extrarradio de la Ciudad Condal, ocupando dos islas del Eixample, la Cárcel Modelo se inauguró en 1904. Durante las primeras décadas del siglo XX albergaba, sobre todo, a presos comunes, aunque también estuvieron en ella anarquistas, comunistas, socialistas o nacionalistas catalanes. Después de la Guerra Civil, por esta cárcel pasaron miles de presos políticos —hombres y mujeres—. Durante la Transición se produjeron varios motines organizados por el Colectivo de Presos en Lucha (COPEL). En los años noventa se planteó su cierre, que finalmente se produjo en 2017. Tres años después, en 2020, el Ayuntamiento de Barcelona la abrió al público como espacio de memoria, con una exposición donde se cuenta la historia de la prisión, de los presos y de la represión franquista. También ha cobijado exposiciones temporales sobre la historia de Barcelona, sobre el anarcosindicalismo o sobre el papel de la mujer en la ciudad. Con el paso de los años se ha convertido en un ejemplo a seguir en todo el país[1].

Museo do Aljube (Lisboa)

En pleno centro de Lisboa, a pocos metros de la catedral, se encuentra uno de los principales centros de detención de la PIDE, la Policía política de la dictadura de António Oliveira Salazar. En el siglo XVI ya era un centro de detención y prisión de eclesiásticos; en el XIX pasó a ser un presidio para mujeres, y con la dictadura de Salazar y hasta 1965, la sede de la PIDE. Después de la Revolución de los Claveles (25 de abril de 1974), la Policía política portuguesa terminó sus días y trescientos cuarenta y cuatro agentes fueron condenados por delitos de tortura. En 2013, el Ayuntamiento de Lisboa decidió resignificar el centro como museo de la dictadura de Salazar, la represión política y las torturas de la PIDE. El edificio tiene seis plantas y en la segunda está la exposición sobre las torturas de la Policía política en lo que en su momento fueron las celdas clandestinas[2].

ESMA (Buenos Aires)

Unas cinco mil personas fueron secuestradas y torturadas entre 1976 y 1983 en la Escuela de Mecánica de la Armada de Buenos Aires, lo que la convirtió en el principal centro de detención ilegal de la dictadura argentina. Declarado Monumento Histórico Nacional en 2008, en 2015 se inauguró el Museo Sitio de Memoria

ESMA, uno de los grandes hitos de la política sobre la memoria del matrimonio Kirchner, pues repasa la historia de la dictadura argentina y la lucha de los movimientos por los derechos humanos, e invita a la recuperación de la memoria de los desaparecidos. Además, el edificio es hoy la sede de instituciones públicas y ONG que se dedican a la defensa de los derechos humanos, y alberga el Archivo Nacional de la Memoria. Tanto las Madres de Plaza de Mayo como la Asociación Madres de Plaza de Mayo gestionan sus respectivos centros culturales en el interior del antiguo centro de detención, tortura y exterminio[3].

Villa Grimaldi (Chile)

En los años noventa del siglo pasado, el antiguo centro de detención y tortura de la dictadura de Augusto Pinochet fue salvado de su demolición gracias a una gran movilización social que obligó a intervenir al Gobierno del moderado Patricio Aylwin. El edificio fue expropiado en 1994 por el Estado chileno y en 1997 se reconvirtió en el Parque por la Paz Villa Grimaldi. En 2004 fue declarado monumento nacional. Su gestión está en manos de la Corporación Parque por la Paz Villa Grimaldi, una entidad sin ánimo de lucro que se financia a través de socios, donaciones y subvenciones de instituciones públicas y privadas[4].

Auschwitz (Polonia)

En 1947, el Gobierno polaco decidió conservar el campo de exterminio nazi como lugar de memoria, a partir de la iniciativa de miles de supervivientes del Holocausto que comenzaron a organizarse para cuidar el espacio y evitar su destrucción. Cincuenta mil personas asistieron a la inauguración de la primera exposición que se realizó en sus instalaciones para dar a conocer los horrores del nazismo. En 1979, la Unesco declaró patrimonio de la humanidad las ciento noventa y una hectáreas de superficie que posee el recinto. En 2018 lo visitaron 2,15 millones de personas[5].

Museo Topografía del Terror (Berlín)

Entre 1933 y 1945, la Oficina Principal de Seguridad del Reich de las SS y la Gestapo tenían sus oficinas, celdas y calabozos en el edificio que hoy ocupa el museo Topografía del Terror de Berlín. Miles de opositores al régimen nazi pasaron por este recinto y tuvieron que soportar torturas y malos tratos inimaginables. En 2010 se abrió como museo, con quince salas de exposiciones sobre la dictadura de Hitler, la represión de la Gestapo y las SS, y el Holocausto. Recibe unos dos millones de visitantes al año[6].

Notas

1. Los orígenes de la Puerta del Sol, de la Real Casa de Correos y de la Policía (720-1847)

[1] Ramón Gómez de la Serna, *Historia de la Puerta del Sol,* Almarabu, Madrid, 1998, pág. 10.

[2] José del Corral, *El Madrid de los Austrias,* Avapiés, Madrid, 1991, págs. 15-16; Santos Juliá, David Ringrose y Cristina Segura, *Madrid. Historia de una capital*, Alianza, Madrid, 2000, págs. 17-19; Manuel Montero Vallejo, «Madrid antiguo y medieval», en Antonio Fernández García (dir.), *Historia de Madrid,* Instituto de Estudios Madrileños, Madrid, 2007, pág. 91; y S. N., «Nuevos hallazgos romanos cuestionan el origen árabe de Madrid», *El Confidencial,* 25 de octubre de 2019, https://www.elconfidencial.com/cultura/2019-10-25/restos-romanos-cuestionan-origen-arabe-madrid_2299660/.

[3] José del Corral, *El Madrid…,* ob. cit., págs. 16-17, y Manuel Montero Vallejo, «Madrid antiguo…», ob. cit., pág. 94.

[4] Ibíd., págs. 96-97.

[5] VV. AA., *Policía Municipal de Madrid. Siete siglos de Historia 1202-1987,* Ayuntamiento de Madrid, Madrid, 1987, págs. 14-15.

[6] Jorge Ávila, *Sangre azul. Historia de la Policía Nacional,* Edaf, Madrid, 2022, págs. 63-65.

[7] Ibíd., págs. 77-87.

[8] José del Corral, *El Madrid…,* ob. cit., págs. 18-20, y Manuel Montero Vallejo, «Madrid antiguo…», ob. cit., págs. 95-96.

[9] Sergio Claudio González García «Reapropiación política del espacio: la Puerta del Sol, memoria y rebeldía», en Jean François Macé y Mario Martínez Zauner, *Pasados de violencia política,* Anexo, Madrid, 2016, pág. 38.

[10] Antonio León De Pinelo, *Anales de la historia de Madrid,* Biblioteca Digital Hispánica, Biblioteca Nacional de España, en https://bdh.bne.es/bnesearch/CompleteSearch.do?showYearItems=&field=todos&advanced=false&exact=on&textH=&completeText=&text=Antonio+de+Le%c3%b3n+Pinelo&págeSize=1&págeSizeAbrv=30&págeNumber=2.

[11] Javier Tomé Bona, *Historia de la Puerta del Sol,* La Librería, Madrid, 2003, págs. 20-21.

[12] Ignacio Merino, *Biografía de la Puerta del Sol,* Kailas, Madrid, 2016, págs. 17-19; Ángel Sánchez Crespo, *El Madrid revolucionario y rebelde,* Guadarramistas, Madrid, 2019, págs. 11 y 12.

[13] Santos Juliá, David Ringrose y Cristina Segura, *Madrid…,* ob. cit., págs. 156-157. Ignacio Merino, *Biografía de la Puerta…,* ob. cit., págs. 85-87; y Federico Sainz Robles, «Madrid, capital de España. ¿Por qué?», en *Villa de Madrid,* núms. 15-16, 1959, págs. 12-13.

[14] Ignacio Merino, *Biografía de la Puerta…,* ob. cit., pág. 105.

[15] Narciso Alonso Cortés, *La muerte del conde de Villamediana,* Imprenta Colegio Santiago, Valladolid, 1928, págs. 5-8; Antonio Sánchez Crespo, *El Madrid rebelde…,* ob. cit., págs. 19-22.

[16] Aberto Castroviejas Salas, «Las revueltas populares en Madrid en la segunda mitad del siglo XVII», en *Revista Historia Autónoma*, núm. 3, 2013, págs. 47-57; y Ángel Sánchez Crespo, *El Madrid revolucionario…,* ob. cit., págs. 20-39.

[17] Juan Carrete, *Madrid, vida de la Puerta del Sol,* Instituto Juan Andrés, Madrid, 2021, págs. 17-23; y Ramón Gómez de la Serna, *La Puerta del Sol…,* ob. cit., págs. 17-23.

[18] Juan Carrete, *Madrid…,* ob. cit., págs. 15-17; Isabel Ramos Vázquez, «La represión de la prostitución en la Castilla del siglo XVII», *HID,* 32, 2005, págs. 279-280; Javier Tomé Bona, *Historia de la Puerta del Sol…,* ob. cit., págs. 31-34.

[19] Antonio Bonet Correo, «La Puerta del Sol, corazón y "cogollo" de Madrid», en *La Real Casa de Correos. Sede de la Presidencia de la Comunidad de Madrid*, Dirección General de Arquitectura y Vivienda. Consejería de Obras Públicas, Urbanismo y Transportes, Madrid, 2006, págs. 19-20; Colección singulares «Thurn und Taxis, una saga al servicio del correo», Ayuntamiento de Barcelona, en https://ajuntament.barcelona.cat/gabinetpostal/thurn-und-taxis-una-nissaga-al-servei-del-correu/?lang=es. Carlos Sambricio, «La Casa de Correos y de Postas», en Carlos Sambricio (coord.), *La Casa de Correos, un edificio en la ciudad,* Consejería de Política Territorial, Madrid, 1988, págs. 53-55.

[20] Antonio Bonet Correo, «La Puerta del Sol…», ob. cit., págs. 30-32; Carlos Sambricio, *La Casa de Correos…,* ob. cit., págs. 57-59; María Ángeles Toajas Roger, *La Casa Real de Correos en la Puerta del Sol,* ciclo de conferencias: la plaza de la Puerta del Sol, Ayuntamiento de Madrid, Madrid, 2000, págs. 13-14.

[21] Javier River Blanco, «Sobre Ventura Rodríguez y sus criterios de intervención arquitectónica en las preexistencias», en Fernando de Terán Troyano, *Ventura Rodríguez, arquitecto de la Ilustración,* Real Academia de Bellas Artes de San Fernando, Madrid, diciembre de 2017-abril de 2018, págs. 117-118.

[22] Pedro Navascués Palacio, «Jaime Marquet y la antigua Casa de Correos», en *Villa de Madrid*, núm. 24, 1962, págs. 68-70; Virginia Tovar Martín, «El arquitecto Jaime Marquet», en Carlos Sambricio, *La Casa de Correos…,* ob. cit., págs. 69-94.

[23] Ángel del Río, «El fantasma que deambula por la Casa de Correos», *La Razón*, 9 de junio de 2018, en https://www.larazon.es/local/madrid/el-fantasma-que-deambula-por-la-casa-de-correos-DM18634546/.

[24] Antonio Bonet Correo, «La Puerta del Sol…», ob. cit., pág. 20.

[25] Ignacio Merino, *Biografía…,* ob. cit., págs. 146-167.

[26] José López García, *El motín contra Esquilache: crisis y protesta popular en el Madrid del siglo* XVIII, Alianza, Madrid, 2006, págs. 110-115.

[27] Bando «Mando el rey nuestro señor», 10 de marzo de 1766, Biblioteca Digital Hispánica.

[28] José López García, *El motín…,* ob. cit., págs. 220-235; Ignacio Merino, *Biografía…,* ob. cit., págs. 166-168.

[29] José Antolín Nieto Sánchez, «Artesanos y conflictividad laboral: gremios, huelgas y primer asociacionismo en Madrid en la Edad Moderna», en Martí Marín i Cobera, Xavier Domènech i Sampere y Ricard Martínez i Muntada (eds.), *III International Conference Strikes and Social Conflicts: Combined historical approaches to conflict. Proceedings*, CEFID-UAB, Barcelona, 2016, págs. 55-64.

[30] Martín Turrado Vidal, *La Policía en la Historia contemporánea (1766-1986),* Ministerio de Justicia e Interior, Madrid, 1995, págs. 26-33; y Jorge Ávila, *Sangre azul…,* ob. cit., págs. 103-107.

[31] Nuño Negro, *Un monstruo indestructible. Policía y orden público en el Estado español (siglo* XIX-XX*),* Cuadernos de Contrahistoria, Madrid, 2018, págs. 56-57.

[32] Nuño Negro, *Un monstruo indestructible…,* ob. cit., págs. 57-58; y «Pragmática sanción de S. M. en fuerza de ley, por la qual se prescribe el orden con que se ha de proceder contra los que causen bullicios o conmociones populares», año 1774, Biblioteca Digital, Banco de España.

[33] Jorge Ávila, *Sangre azul…,* ob. cit., págs. 107-109; y Martín Turrado Vidal, *La Policía…,* ob. cit., págs. 34-36.

[34] Nicolle de la Croix, *Geografía moderna. Traducida y aumentada con una Geografía nueva de España por el doctor Josef Jordan y Frago*, vol. II, Joachim Ibarram, Madrid, 1779, págs. 313-315, en Juan Carrete, *Madrid…,* ob. cit., págs. 64-65.

[35] Juan Pro, *La construcción del Estado en España*, Alianza, Madrid, 2021, págs. 88-89.

[36] Eduardo González Calleja, *Política y violencia en la España contemporánea I. Del Dos de Mayo al Primero de Mayo (1808-1903),* Akal, Madrid, 2020, págs. 26-29.

[37] Emilio de Tamarit, *Memoria Histórica del día 2 de mayo de 1808 en Madrid*, establecimiento tipográfico Andrés Peña, Madrid, 1851. Archivo Digital Ayuntamiento de Madrid, en http://www.memoriademadrid.es/buscador.php?accion=VerFicha&id=217386.

[38] Eduardo González Calleja, *Política y violencia…,* ob. cit., págs. 28-31; Emilio de Tamarit, *Memoria Histórica…,* ob. cit., pág. 15; Ángel Fernández de los Ríos, *Guía de Madrid*, Oficinas de la Ilustración Española y Americana, Madrid, 1876, págs. 162-163. Archivo Digital Ayuntamiento de Madrid, en http://www.memoriademadrid.es/buscador.php?accion=VerFicha&id=217386; Ignacio Merino, *Biografía…,* ob. cit., págs. 181-183.

[39] Juan Pro, *La construcción…,* ob. cit., págs. 103-106; y Nuño Negro, *Un monstruo…,* ob. cit., págs. 59-60.

[40] Ángel Fernández de los Ríos, *Guía…,* ob. cit., págs. 163-164; y Nuño Negro, *Un monstruo…,* ob. cit., págs. 64-66.

[41] Manuel Balbé, *Orden público y militarismo en la España constitucional (1812-1983),* Alianza, Madrid, 1983, págs. 87-88; y Nuño Negro, *Un monstruo…,* ob. cit., págs. 62-63.

[42] Manuel Balbé, *Orden público…,* ob. cit., págs. 88-89.

[43] José Eugenio Fernández Barallobre, *Historia de la policía nacional*, La Esfera de los Libros, Madrid, 2021, págs. 30-34; y Suplemento a la Gaceta de Madrid, Real Decreto creación de la Superintendencia de Policía, 13 de enero de 1824, págs. 25-29, *Gaceta de Madrid*, en https://www.boe.es/buscar/ayudas/gazeta_ayuda.php#contenidoAyuda.

[44] Jorge Ávila, *Sangre azul…,* ob. cit., págs. 128-129.

[45] Manuel Balbé, *Orden público…,* ob. cit., págs. 91-93.

[46] Nuño Negro, *Un monstruo…,* ob. cit., págs. 72-73.

[47] Ángel Fernández de los Ríos, *Guía…,* ob. cit., pág. 264; Juan Pro, *La construcción…,* ob. cit., págs. 383-385.

[48] Manuel Balbé, *Orden público…,* ob. cit., págs. 106-113.

[49] Nuño Negro, *Un monstruo…,* ob. cit., págs. 175-177; y Juan Pro, *La construcción…,* ob. cit., pág. 386.

[50] Manuel Balbé, *Orden público…,* ob. cit., págs. 120-121.

[51] Juan Pro, *La construcción…,* ob. cit., págs. 470-475.

[52] S. N., «Madrid, 20 de enero», *El Mensagero de las Cortes,* miércoles 21 de enero de 1835, págs. 1-4, en Hemeroteca Digital, Biblioteca Nacional, en https://www.bne.es/es/catalogos/hemeroteca-digital; y Eduardo González Calleja, *Política y violencia…,* ob. cit., págs. 218-219.

[53] S. N., «Madrid, 20 de enero», *El Eco del Comercio,* 21 de enero de 1835, Hemeroteca Digital, Biblioteca Nacional, págs. 1-2; S. N., «Madrid, 30 de enero», *Revista Española,* 30 de enero 1835, Hemeroteca Digital, Biblioteca Nacional, pág. 2, en https://www.bne.es/es/catalogos/hemeroteca-digital. Isabel Tauzín Castellanos, «De emigrado a rebelde: José Canterac, un militar indeseable en busca de la identidad perdida», *Revista de Investigaciones Sociales UNMSM-IIHS,* vol. 22, núm. 40, Lima, 2015, págs. 179-194 [2019], págs. 179-183.

[54] Ángel Sánchez Prieto, *Madrid…,* ob. cit., págs. 100-107.

[55] Sebastián Miñano, *Diccionario geográfico-estadístico de España y Portugal,* tomo V, Madrid, 1826-1828, págs. 337-338, en Juan Carrete, *Madrid. Vida…,* ob. cit., pág. 73.

[56] S. N., «Traslación», *El Clamor Público,* 1 de octubre de 1847, pág. 4, Hemeroteca Digital, Biblioteca Nacional, en https://www.bne.es/es/catalogos/hemeroteca-digital.

2. Del Ministerio de la Gobernación a la Dirección General de Seguridad (1847-1939)

[1] Daniel Aquillé, *España con honra,* La Esfera de los Libros, Madrid, 2023, págs. 100-102; e Ignacio García de Paso, «El 1848 español. ¿Una excepción europea?», *Ayer,* núm. 106, 2017, págs. 187-192.

[2] S. N., «Sucesos de ayer por la tarde en la capital», *La Esperanza,* 27 de marzo de 1848, pág. 1, y S. N., «Del mismo», *El Clamor Público,* 9 de mayo de 1848, pág. 2, en Hemeroteca Digital, Biblioteca Nacional, en https://www.bne.es/es/catalogos/hemeroteca-digital.

[3] Ángel Sánchez Crespo, *El Madrid…,* ob. cit., págs. 108-110.

[4] José Cepeda Adán, «Los sitios de Madrid en el siglo XIX», *Cuadernos de Historia Moderna y Contemporánea,* núm. 3, Madrid, 1982, págs. 87-90; José Fernando Marino Merchán y Óscar Ignacio Mateos de Cabo, «La Vicalvarada: 140 años después. Aproximación del significado jurídico-constitucional del Bienio Progresista», *Revista de las Cortes Generales,* Madrid, 1994, págs. 123-125; y Ángel Sánchez Crespo, *El Madrid…,* ob. cit., págs. 112-116.

[5] Pedro Tomé, *Memorias de la Puerta del Sol,* Madrid, 2 de agosto de 1855, Archivo Digital Ayuntamiento de Madrid.

[6] Pedro Navascués Palacio, «Lucio del Valle y la solución urbana de la Puerta del Sol», Fundación Juanelo Turriano, Madrid, 2015, págs. 108-111; e Ignacio Merino, *Biografía…,* ob. cit., págs. 223-230.

[7] S. N., «El origen revolucionario de tomar las uvas en la Puerta del Sol», *La Vanguardia,* 31 de diciembre de 2020, en https://www.lavanguardia.com/cultura/20201231/6158843/origen-revolucionario-uvas-puerta-del-sol-madrid.html; e Ignacio Merino, *Biografía…,* ob. cit., págs. 271-273.

[8] Francisco Villoslada, «Madrid, 11 de abril de 1865», *El Pensamiento Español,* 11 de abril de 1865, pág. 1, en Hemeroteca Digital, Biblioteca Nacional, en https://www.bne.es/es/catalogos/hemeroteca-digital; y Eduardo González Calleja, «Rebelión en las aulas: un siglo de movilizaciones estudiantiles en España (1865-1968)», *Ayer,* núm. 59, 2005, págs. 26-27.

[9] Ignacio Merino, *Biografía…,* ob. cit., págs. 234-237; y Ángel Sánchez Crespo, *El Madrid…,* ob. cit., págs. 120-127.

[10] Ministerio de Guerra, «Relación de los hechos ocurridos el 22 del actual», *La Esperanza,* Madrid, 26 de junio de 1866, pág. 3, Hemeroteca Digital, Biblioteca Nacional.

[11] Daniel Aguilé, *España…,* ob. cit., págs.120-125; y Museo del Romanticismo, *La Gloriosa, la revolución que no fue,* Madrid, 2018, págs. 3-4.

[12] S. N., «La Gaceta pública», *El Pabellón Nacional,* 3 de octubre de 1868, pág. 1, en Hemeroteca Digital, Biblioteca Nacional.

[13] Teresa Abelló Güell, *El movimiento obrero en España, siglos XIX y XX,* Hipótesis, Barcelona, 1997, págs. 13-27; Manuel Núñez de Arena y Manuel Tuñón de Lara, *Historia del movimiento obrero español,* Nova Terra, París, 1970, págs. 19-33; y Julián Vadillo Muñoz, *Historia de la CNT,* Los Libros de la Catarata, Madrid, 2021, págs. 29-39.

[14] Jorge Ávila, *Sangre azul…,* ob. cit., págs. 140-143; y Martín Turrado Vidal, *La Policía…,* ob. cit., págs. 128-129.

[15] Manuel Balbé, *Orden público…,* ob. cit., págs. 159-164.

[16] Jorge Ávila, *Sangre azul…*, ob. cit., págs. 141-142, Nuño Negro, *Un monstruo…*, ob. cit., págs. 80-81; y Martín Turrado Vidal, *La Policía…*, ob. cit., págs. 129-131.

[17] Jorge Ávila, *Sangre azul…*, ob. cit., págs. 143-145; Manuel Balbé, *Orden público…*, ob. cit., págs. 171-179; Nuño Negro, *Un monstruo…*, ob. cit., págs. 81-82; y Martin Turrado Vidal, *La Policía…*, ob. cit., págs. 129-132.

[18] Manuel Balbé, *Orden público…*, ob. cit., págs. 188-193; y Nuño Negro, *Un monstruo…*, págs. 82-83.

[19] Manuel Balbé, *Orden público…*, ob. cit., págs. 206-220; Nuño Negro, *Un monstruo…*, ob. cit., págs. 84-89; y Martín Turrado Vidal, *La Policía…*, ob. cit., págs. 135-137.

[20] Teresa Abelló Güell, *El movimiento obrero…*, ob. cit., págs. 30-36; y Julián Vadillo Muñoz, *Historia…*, ob. cit., págs. 36-44 y 67.

[21] Real Decreto, 26 de marzo de 1858, núm. 85, *Gaceta de Madrid,* pág. 1.

[22] S. N., «El subdelegado», *El Eco del Comercio,* 25 de agosto de 1836, pág. 2; S. N., «Honores», *El Clamor Público,* 25 de febrero de 1847, pág. 4; S. N., «Ministerio de la Gobernación», *La Época,* 5 de abril de 1858; y S. N., «De la época», *La Corona,* 15 de noviembre de 1858, pág. 2, en Biblioteca Digital Hispánica.

[23] Eduardo González Calleja, *Política y violencia…*, ob. cit., págs. 499-501; y Jorge Ávila, *Sangre azul…*, ob. cit., pág. 151.

[24] Martín Turrado Vidal, *La Policía…*, ob. cit., págs. 145-146.

[25] Nuño Negro, *Un monstruo…*, ob. cit., pág. 97.

[26] Real Decreto por el que se crea la Dirección General de Seguridad, *Gaceta de Madrid,* 27 de octubre de 1886, núm. 300, pág. 283, página oficial del *BOE.*

[27] Real Academia de la Historia, «Antonio Dabán Ramírez de Arellano», en https://dbe.rah.es/biografias/5693/antonio-daban-ramirez-de-arellano.

[28] S. N., «El Ejército y la Dirección General de Seguridad», *El Correo Militar,* 14 de febrero de 1887, pág. 2, Biblioteca Digital Hispánica.

[29] S. N., «Crónica», *El Espíritu Nacional, La Ilustración Nacional,* 10 de abril de 1888, pág. 2, Biblioteca Digital Hispánica.

[30] Ministerio de la Gobernación, Ley de Reuniones, 15 de junio de 1880, FC-M.º_INTERIOR-A, 5, exp. 1, AHN.

[31] Chris Ealham, *La lucha por Barcelona. Clase, cultura y conflicto: 1898-1937,* Crítica, Barcelona, 2005, págs. 78-82; y Julián Vadillo, *Historia…*, ob. cit., págs. 81-104.

[32] Eduardo Montagut, «Los socialistas ante el republicanismo a comienzos del siglo XX», en https://www.nuevatribuna.es/articulo/historia/socialistas-republicanismo-comienzos-siglo-xx/20190118105754159321.html.

[33] Luis Gargallo Vaamonde y Pedro Oliver Olmo, «Tortura gubernativa y Estado liberal», en Pedro Oliver Olmo (coord.), *La tortura en la España contemporánea,* Los Libros de la Catarata, Madrid, 2020, págs. 46-49.

[34] Nuño Negro, *Un monstruo…,* ob. cit., págs. 133-134.

[35] Subsecretaría del Ministerio de la Gobernación, «Proyectos y notas sobre la reorganización de la Policía». Carta al Ministerio de la Guerra y a Alberto Aguilera, 1892-1893, FC_M.º-INTERIOR_A46, exp. 1, AHN.

[36] Subsecretaría del Ministerio de la Gobernación. Apuntes al Ministerio de la Gobernación de la Comandancia de la Guardia Civil y proyecto de reorganización del policía de Waldo López Rodríguez, 1899, FC_M.º-INTERIOR_A46, exp. 2, AHN.

[37] Orden Público, Ministerio de la Gobernación. Sucesos de Río Tinto, FC-M.º_INTERIOR_A Leg. 52, exp. 2, AHN.

[38] Subsecretaría del Ministerio de la Gobernación. Carta del subsecretario de gobernación al gobernador civil de Madrid, 24 de marzo de 1891, y circular sobre asociaciones anarquistas, 1892, FC_M.º-INTERIOR_A, exp. 12, AHN.

[39] Subsecretaría del Ministerio de la Gobernación. Carta circular reservada del Ministerio de la Gobernación a los gobernadores civiles, 23 de enero de 1892, FC-M.º_INTERIOR, A.2., exp. 15, AHN.

[40] Subsecretaria del Ministerio de la Gobernación. Circular confidencial del Ministerio de la Gobernación sobre los anarquistas. Madrid, 14 de diciembre de 1892, FC-M.º_INTERIOR, A.2., exp. 17, AHN.

[41] Subsecretaría del Ministerio de la Gobernación. Circular confidencial del Ministerio de la Gobernación a los gobernadores civiles, 22 de agosto de 1897, FC-M.º_INTERIOR, A.2., exp. 17, AHN.

[42] Subsecretaría del Ministerio de la Gobernación. Planta de policía especial. FC_Mº-INTERIOR_A46, exp. 2, AHN.

[43] Subsecretaría del Ministerio de la Gobernación. Sección de orden público. Instrucciones reservadas para el cumplimiento de la real orden circular del 9 del actual, 1903. FC_Mº-INTERIOR_A, 46, exp. 12, AHN.

[44] Enrique Aguilar Gavilán, «El asesinato de Canalejas y el proyecto frustrado de nacionalización de la monarquía», *Revista Ámbitos,* núm. 28, 2012, págs. 82-84.

[45] S. N., «Asesinato de José Canalejas», *La Época,* 12 de noviembre de 1912, pág. 1, Biblioteca Digital Hispánica; y Enrique Blanco y Adelardo Fernández, *Asesinato y entierro de José Canalejas,* corto restaurado por la Filmoteca Española, en https://www.youtube.com/watch?v=9mq8XCooL5k&ab_channel=JuanPabloArenas.

[46] Real Decreto para crear la Dirección General de Seguridad, 28 de noviembre de 1912, núm. 333, págs. 548-550, en https://www.boe.es/buscar/gazeta.php.

[47] S. N., «Don Ramón Méndez Alanís», *La Policía Científica,* 25 de mayo de 1914, año II, núm. 45, págs. 3-5, Biblioteca Digital Hispánica.

[48] José Eugenio Fernández Barallobre, *Historia…,* ob. cit., págs. 192-193.

[49] Pablo Iglesias, «Vida política», *Vida Socialista,* 8 de diciembre de 1912, pág. 2, en Hemeroteca Digital Hispánica.

[50] Ricardo Robledo Hernández, «El trienio bolchevique de Díaz Morral: conflictividad y reformismo agrario», *Sociedad de Estudios de Sociedad Agraria,* núm. 1901, mayo de 2019, págs. 3-6; Julián Vadilo, Muñoz, *Historia…,* ob. cit., págs. 144-146.

[51] S. N., «Inauguración del nuevo edificio», *Heraldo de Madrid,* 7 de octubre de 1913, pág. 4, en Hemeroteca Digital, Biblioteca Nacional.

[52] León Trotsky, *Mis peripecias por España*, Reino de Cordelia, Madrid, 2012 (revisión de un libro de 1929, traducción de Andreu Nin), pág. 17.

[53] Subsecretaría de la Dirección General de Seguridad. Anarquismo, 1919, FC-M.°_INTERIOR, A.2, exp. 16, AHN.

[54] Subsecretaría del Ministerio de la Gobernación. Anarquismo, 26 de febrero de 1919 y 21 de julio de 1919, FC-M.°_INTERIOR, A.2, exp. 16, AHN.

[55] Subsecretaría del Ministerio de la Gobernación. Anarquismo, 10 de abril de 1919. FC-M.°_INTERIOR, A.2, exp. 16, AHN.

[56] Chris Ealham, *La lucha por…,* ob. cit., págs. 58-59.

[57] Ramón María del Valle-Inclán, *Luces de bohemia,* De Bolsillo, Barcelona, 2021 (obra de 1920), pág. 66.

[58] José Rico de Estasen, «El asesinato de Eduardo Dato», *Revista Guardia,* en https://gcivil.orex.es/local_repository/koha_upload/95f949b995a7fe9ca6343f-896ba1e457_EL%20ASESINATO%20DE%20EDUARDO%20dATO.pdf.

[59] Subsecretaría de la Dirección General de Seguridad. Asesinato de Eduardo Dato, 1921, FC_M.°-INTERIOR_A46, exp. 12, AHN.

[60] Alejandro Quiroga, *Miguel Primo de Rivera. Dictadura, populismo y nación,* Crítica, Barcelona, 2022, págs. 81-86.

[61] Gregorio Aguayo Marañón, «Según el Gobierno se preparaba en España un movimiento sedicioso», *La Libertad,* 25 de diciembre de 1923, pág. 5, Biblioteca Digital Hispánica.

[62] Eduardo González Calleja, *La España de Primo de Rivera,* Alianza, Madrid, 1923, págs. 100-123; y Alejandro Quiroga, *Miguel Primo de Rivera…,* ob. cit., págs. 95-126.

[63] Entrevista a Maruja Mallo en *A Fondo,* RTVE, en https://www.rtve.es/play/videos/a-fondo/fondo-maruja-mallo/4995675/.

[64] Alejandro Quiroga, *Miguel Primo de Rivera…,* ob. cit., págs. 250-252.

[65] Emilio Mola, *Lo que yo supe. Un año en la dirección general de seguridad,* Bergua, Madrid, 1932, págs. 10-113.

[66] Sumario 295/1931, contra Emilio Mola Vidal. Sucesos ocurridos en la Facultad de Medicina y el Hospital Clínico de San Carlos, 25 de marzo de 1931, Tribunal_Supremo_Reservado, exp. 29, AHN.

[67] Sergio Vaquero Martínez, «Entre la republicanización y la militarización. Las transformaciones de las fuerzas policiales durante la II República, 1931-1936», *Leer Historia,* núm. 70, 2017, págs. 80-82.

[68] Chris Ealham, *La lucha por…,* ob. cit., págs. 130-134; y Fernando Jiménez Herrera, *El mito de las checas. Historia y memoria de los comités revolucionarios,* Comares, Granada, 2021, págs. 33-38.

[69] S. N., «Detención del comité de huelga en Zaragoza», *El Sol,* 14 de agosto de 1931, pág. 6; y S. N., «Descubrimiento de depósitos de explosivos», *La Vanguardia,* 22 de mayo de 1932, pág. 22.

[70] Sergio Vaquero Martínez, «Entre la republicanización y la militarización…», ob. cit., págs. 84-86; y Fernando Jiménez Herrera, *El mito…,* ob. cit., págs. 34-36.

[71] DGS, Informe Revolución de Octubre de 1934, FC-M.º_INTERIOR-POLICIA-H. 750, AHN.

[72] S. N., «Junta de Defensa de Madrid», *ABC,* 10 de noviembre de 1936, pág. 13.

[73] Ángel Viñas, «Un agente estalinista, cerebro del asesinato de Nin», *El País,* 22 de abril de 2007, en https://elpais.com/diario/2007/04/22/domingo/1177213961_850215.html.

[74] DGS, Estructura de la columna de los servicios de orden y Policía de Madrid, sign. 44/3513, AGA.

[75] S. N., «Próximo traslado de la Dirección General de Seguridad», *La Vanguardia,* 19 de septiembre de 1939, pág. 4.

3. El «Belsen español» (1939-1953)

[1] Gutmaro Gómez Bravo, *Hombres sin nombre. La reconstrucción del socialismo en la clandestinidad (1939-1970),* Cátedra, Madrid, 2021, págs. 77-78; Manuel Ortiz Heras, *La violencia política en la dictadura franquista,* Bomarzo,

Albacete, 2013, págs. 33-37; Julio Gil Pecharromán, *Con permiso de la autoridad: La España de Franco,* Temas de Hoy, Madrid, 2008, pág. 39.

[2] Carlos Hernández de Miguel, *Los campos de concentración de Franco,* Ediciones B, Barcelona, 2019, págs. 9-49 y 72.

[3] Gutmaro Gómez Bravo, *Hombres sin nombre…,* ob. cit., págs. 77-78; y Paul Preston, *El Holocausto español. Odio y exterminio en la Guerra Civil y después,* Debate, Barcelona, 2011, pág. 659.

[4] Benito Díaz Díaz, «Tiempos de violencia desigual: guerrilleros contra Franco (1939-1952)», *Vínculos de la Historia,* núm. 5, 2016, págs. 106-107.

[5] Pedro Montoliú, *Madrid en la posguerra,* La Librería, Madrid, 2021, págs. 69-70.

[6] DGS, Sobre el atentado al Caudillo, 1939, FC-M.º_INTERIOR-POLICIA-, exp. 1025, pág. 373, AHN.

[7] Pedro Montoliú, *Madrid en la posguerra…,* ob. cit., págs. 70-71.

[8] Pablo Alcántara Pérez, *La lucha contra el franquismo en Asturias,* Fundación Federico Engels, Madrid, 2020, págs. 24-25; Fernando Hernández Sánchez, *La frontera salvaje. Un frente sombrío en lucha contra Franco,* Pasado y Presente, Madrid, págs. 19-29; Ramón García Piñeiro, *Luchadores del ocaso,* KRK, Oviedo, 2015, pág. 23; y Alejandro Rodríguez, «El origen de la guerrilla antifranquista. La federación de guerrillas de León-Asturias y las agrupaciones guerrilleras, 1941-1945», en Alejandra Ibarra, *No es país para jóvenes,* Universidad del País Vasco, Vitoria, 2012, págs. 4-6.

[9] Carlos Fernández Rodríguez, *La reorganización y oposición del PCE al franquismo,* tesis doctoral, Universidad Complutense de Madrid, Madrid, 2017, págs. 430-432.

[10] Columna de Operaciones de Asturias, «Instrucciones para el Delegado de Orden Público», Fundación Nacional Francisco Franco, en Pablo Alcántara Pérez, *La Secreta de Franco. La Brigada Político-Social durante la dictadura,* Espasa, Barcelona, 2022, págs. 135-136.

[11] Francisco Espinosa, Guillermo Portilla y Ángel Viñas, *Castigar a los rojos. Acedo Colunga, el gran arquitecto de la represión franquista,* Crítica, Barcelona, 2022, págs. 35-39 y 51.

[12] Ibíd., págs. 55-59.

[13] Javier Rodríguez González, «La represión franquista y la memoria pública», Homenaje a Joaquín González Vencín, 2005, pág. 477.

[14] Manuel Álvaro Dueñas, «Por misterios de la ley y la voluntad: la jurisdicción especial de responsabilidades políticas (1939-1945)», tesis doctoral, Universidad Autónoma de Madrid, Madrid, 1997, págs. 173-174.

[15] Manuel Balbé, *Orden público…,* ob. cit., págs. 441-447.

[16] Julio de Antón, *Historia de la policía española,* Unilibro, Madrid, 2000, págs. 331-333; Gutmaro Gómez Bravo y Jorge Marco, *La obra del miedo. Violencia y sociedad en la España franquista (1936-1950),* Península, Barcelona, 2010, págs. 159-163; Alejandro Pérez Olivares, *Madrid cautivo. Ocupación y control de una ciudad (1936-1948),* Publicaciones Universitat de València, Valencia, 2020, págs. 38-42.

[17] Daniel Oviedo Silva, *El enemigo a las puertas. Porteros y prácticas acusatorias en Madrid (1936-1945),* Comares, Granada, 2023, págs. 169-173 y 203-209.

[18] Ibíd., pág. 167.

[19] Biografía de José Ungría Jiménez, en http://guerracivildiadia.blogspot.com/2013/03/jose-ungria-1890-1968.html.

[20] Arturo García Álvarez-Coque, «Los estados mayores del Ejército antes del 18 de julio», *Studia Historica,* núm. 39, 2021, págs. 228-229.

[21] Fernando Puell de la Villa, «La actuación de los servicios de inteligencia ante la batalla del Ebro», dosier en *A los ochenta años de la batalla del Ebro,* Rúbrica Contemporánea, Madrid, 2019, págs. 29-30.

[22] *ABC,* 8 de abril de 1939, en Gutmaro Gómez y Jorge Marco, *La obra…,* ob. cit., págs. 169-170.

[23] Ley reorganizando la Dirección General de Seguridad, núm. 269, 26 de septiembre de 1939, págs. 5333-5334; y Esquema organizativo de la Dirección General de Seguridad, exp. 680, Fundación Nacional Francisco Franco (FNFF).

[24] Orden organizando las cuatro Comisarías Generales dependientes de la Dirección General de Seguridad, núm. 281, de 8 de octubre de 1939, pág. 5646, *BOE,* en https://www.boe.es/buscar/gazeta, y Esquema organizativo de la Dirección General de Seguridad, exp. 680. FNFF.

[25] Esquema Organizativo de la Dirección General de Seguridad, exp. 680, FNFF.

[26] FO, 371/24.160/12.312/2921/41, National Archives (Londres), en Gutmaro Gómez y Jorge Marco, *La obra…,* ob. cit., pág. 172.

[27] Biografía de José Finat y Escrivá de Romaní, en https://dbe.rah.es/biografias/9656/jose-finat-y-escriva-de-romani.

[28] Fernando Hernández Holgado, «Ejecuciones en el Madrid de posguerra (1939-1944)», en Fernando Hernández Holgado y Tomás Montero Aparicio, *Morir en Madrid (1939-1944). Las ejecuciones masivas del franquismo en la capital,* Antonio Machado Libros, Madrid, 2020, pág. 29; S. N., «Disposiciones del Boletín Oficial del Movimiento», *ABC*, 28 de septiembre de 1938, pág. 40; S. N., «El próximo traslado de los restos de José Antonio a El Escorial», *ABC,* 24 de noviembre de 1939, pág. 1; y S. N., «Noticias de Madrid», *ABC,* 30 de julio de 1940, pág. 6.

[29] Manuel Ros Agudo, *La guerra secreta de Franco,* Crítica, Barcelona, 2002, pág. 81; S. N., «Del extranjero», *ABC,* 4 de septiembre de 1940, pág. 6; S. N., «Una gran figura del Tercer Reich en España», *ABC,* 20 de octubre de 1940, pág. 1; S. N., «La estancia del reichsfuhrer Heinrich Himmler», *ABC,* 23 de octubre de 1940, pág. 5.

[30] S. N., «El conde de Mayalde, embajador de España en Berlín», *ABC,* 15 de julio de 1941, pág. 6.

[31] S. N., «Madrid. Cárceles de mujeres», 26 de septiembre de 1940, y *España Popular,* 26 de septiembre de 1949, pág. 6, Prensa Histórica Clandestina.

[32] Juicio Sergio Álvarez Ibáñez, sumario 17283, caja 22/9, Archivo General Histórico de Defensa (AGHD), y biografía de Sergio Álvarez Ibáñez, en https://fpabloiglesias.es/entrada-db/alvarez-ibanez-sergio/.

[33] Marc Pons, «El régimen franquista fusila a Lluís Companys», *El Nacional,* 15 de octubre de 2022, en https://www.elnacional.cat/es/efemerides/regimen-franquista-fusila-lluis-companys-president-catalunya-marc-pons_899979_102.html.

[34] Gutmaro Gómez Bravo, *El exilio interior. Cárcel y represión en la España franquista,* Taurus, Madrid, 2009, págs. 107-110.

[35] Francisco Espinosa, Guillermo Portilla y Ángel Viñas, *Castigar…,* ob. cit., págs. 104-105.

[36] Ibíd., págs. 110-118, y *BOE,* Dirección General de Seguridad, 12 noviembre de 1941, pág. 8834; 9 de abril de 1942, pág. 2683; 13 de mayo de 1942, pág. 2475; 14 de marzo de 1943, pág. 2350; 14 de agosto de 1943, pág. 8123; 11 de noviembre de 1943, pág. 11049; 5 de enero de 1944, pág. 437; 11 de febrero de 1944, pág. 1232; 15 de abril de 1944, pág. 3002; 16 de mayo de 1944, pág. 3844; 14 de junio de 1944, pág. 4672; 15 de agosto de 1944, pág. 6206; 13 de noviembre de 1944, pág. 8520; 16 diciembre de 1944, pág. 9438; 10 de abril de 1945, pág. 3101; 9 de enero de 1945, pág. 491; 12 de febrero de 1945, pág. 1368; 21 de marzo de 1945, pág. 2220; 5 de mayo de 1945, pág. 3892; 19 de junio de 1945, pág. 5070; 13 de agosto de 1945, pág. 1132; 11 de octubre de 1945, pág. 2456; 13 de enero de 1946, pág. 386; 13 de febrero de 1946, pág. 1184; 17 de marzo de 1946, pág. 2090; 16 de abril de 1946, pág. 2822; 11 de julio de 1946, pág. 5525; 13 de febrero de 1947, pág. 1070, en https://www.boe.es/buscar/ayudas/gazeta_ayuda.php.

[37] DGS, Servicio de Información, febrero de 1942, «Información de Alemania (ofensiva soviética y actuación de nuestra división)», FNFF, exp. 27197.

[38] DGS, Servicio de Información, marzo de 1942, «Información de Francia», FNFF, exp. 27210.

[39] DGS, «Nota de la DGS sobre Espionaje», s/f, exp. 9312, FNFF.

[40] S. N., «Nombramientos de altos cargos», *ABC,* 10 de mayo de 1941, pág. 1.

[41] S. N., «La reconstrucción de España», *ABC,* 27 de septiembre de 1982, pág. 14.

[42] S. N., «En defensa de la moral en playas y piscinas», *ABC,* 10 de julio de 1941, pág. 10.

[43] S. N., «Toma de posesión del nuevo director general de Seguridad», *ABC,* 2 de julio de 1942, pág. 17; y S. N., «Necrológicas», *ABC,* 28 de septiembre de 1972, pág. 50.

[44] S. N., «Bergen-Belsen», en *Enciclopedia del Holocausto,* en https://encyclopedia.ushmm.org/content/es/article/bergen-belsen.

[45] Ramón Vías Fernández, «Yo acuso», en http://www.buscameenelciclodelavida.com/2013/08/yo-acuso.html.

[46] S. N., «Franco y la Falange, herederos de Goebbels», *Nuestra Bandera,* noviembre de 1945, pág. 5, Prensa Histórica Clandestina.

[47] S. N., «Contra el terror franquista y las bárbaras torturas en Gobernación», *España Popular,* núm. 281, febrero de 1946, pág. 6, Prensa Histórica Clandestina.

[48] Jesús Izacaray, «El "Belsen" en la Puerta del Sol», *España Popular,* núm. 282, marzo de 1946, pág. 6.

[49] S. N., «Madrid, ejemplo y bandera», *Nuestra Bandera,* núm. 12, noviembre de 1946, pág. 7; S. N., «Una vibrante y conmovedora carta desde la cárcel de Alcalá de Henares», *España Popular,* núm. 328, enero de 1947, pág. 4; y S. N., «El martirio de los treinta y dos detenidos en Madrid», *Mundo Obrero,* diciembre de 1953, pág. 8.

[50] S. N., «Un acto en la Dirección General de Seguridad», *ABC,* 2 de enero de 1947, pág. 9.

[51] S. N., «El cuerpo de Policía conmemora el día de su patrón, el Santo Ángel de la Guarda», *ABC,* 3 de marzo de 1943, pág. 13; y S. N., «Entrega de un emblema de Falange al director general de Seguridad», *ABC,* 16 de noviembre de 1943, pág. 16.

[52] S. N., «El ministro de Gobernación inaugura la Escuela de Policía», *ABC,* 12 de febrero de 1946, pág. 20.

[53] Pablo Alcántara, *La Secreta…,* ob. cit., págs. 113-114.

[54] José Mariano Agudelo Blanco, «Atentado comunista en Cuatro Caminos. Madrid 1945: cohesión interna y propaganda externa para el régimen de Franco. Algunas discrepancias entre las fuentes», *Revista Clases de Historia,* núm. 335, 2012,

págs. 10-12; Fernando Hernández Sánchez, *Los años de plomo. La reconstrucción del PCE bajo el primer franquismo,* Crítica, Barcelona, 2015, págs. 197-203; Andrés Trapiello, *Madrid 1945. La noche de Cuatro Caminos,* Destino, Barcelona, 2022, págs. 214-222. El documentalista y escritor asturiano Alberto Vázquez acaba de sacar un libro-DVD sobre la historia de José Vitini, aportando información desconocida sobre su persona, su presencia en Francia y su militancia antifranquista.

55 Andrés Trapiello, *Madrid 1945…,* ob. cit., págs. 225-310; Carlos Fernández Rodríguez, *Los otros camaradas…,* ob. cit., págs. 1009-1026; y Fernando Hernández Sánchez, *Los años…,* ob. cit., págs. 312-314.

56 Saúl Fernández, «Héroe en Francia, bandido en España», 21 de febrero de 2007, en https://www.lne.es/aviles/2007/02/21/heroe-francia-bandido-espana-21925512.html; y Fernando Hernández Sánchez, *Los años…,* ob. cit., págs. 120-121.

57 Juicio contra Cristino García Granda y otros, legajo 7015, Archivo Histórico de la Defensa.

58 DGS, «Cristino García Granda», AHN, págs. 20-23.

59 Ibíd., págs. 13-15.

60 Fernando Hernández Sánchez, *Los años…,* ob. cit., págs. 220-221; Eduardo Sánchez Biedma, Represión Franquista, caja 44, carp. 47, Archivo Histórico del PCE (AHPCE); S. N., «Es preciso salvar a Agustín Zoroa», *Mundo Obrero,* 14 de noviembre de 1946, pág. 1.

61 S. N., «Las inquietudes cometidas en la instrucción del proceso contra Satué y sus compañeros», *Mundo Obrero,* diciembre de 1948, pág. 3; y S. N., «El camarada Antonio Ballesteros asesinado por la Policía de Franco», *Mundo Obrero,* noviembre de 1948, pág. 3.

62 Fernando Hernández Sánchez, *Los años…,* ob. cit., págs. 221-230.

63 Recientemente, la Fundación Anselmo Lorenzo ha publicado un libro titulado *El movimiento libertario español visto por la Policía franquista* (2023), de Francisco Xavier Redondo Abal, donde se aportan los Boletines de la Brigada Político-Social desde 1941 a 1960, en los que se analiza la actividad del movimiento libertario durante el franquismo. Se trata de una obra de obligada consulta para la represión contra los anarquistas en este periodo.

64 DGS, Boletín de Información Anti-Marxista, «Actividad clandestina de la confederación nacional del trabajo», septiembre-octubre de 1944, en Francisco Xavier Redondo Abal, *El movimiento libertario,* ob. cit., págs. 88-89; y Ángel Herrerín López, «La represión contra la CNT (1939-1949)», *Historia Contemporánea,* núm. 28, 2004, págs. 377-378.

[65] Ángel Herrerín López, «La represión…», ob. cit., pág. 378.

[66] Eduardo Romanos, «Emociones, identidad y represión: el activismo anarquista durante el franquismo», *Reis 134,* abril-junio de 2011, págs. 89-90.

[67] DGS, Boletín de Informativo de Investigación Social, «Actividades anarquistas», 13 de diciembre de 1948; «Actividades de la CNT», 5 de abril de 1949, y «Actividades del movimiento libertario español», 2 de junio de 1949, en Francisco Xavier Redondo Abal, *El movimiento…,* ob. cit., págs. 133-145.

[68] Ángel Herrerín, «La represión…», ob. cit., págs. 381-384; y Eduardo Romanos, «Emociones…», ob. cit., pág. 90.

[69] S. N., «Enrique Marco, gravemente enfermo», *España Libre,* junio de 1949, pág. 1, Prensa Histórica Clandestina.

[70] Gutmaro Gómez Bravo, *Hombres sin nombre…,* ob. cit., págs. 90-100.

[71] Dirección PSOE, «La represión franquista actual contra el Partido Socialista Obrero Español y la Unión General de Trabajadores», Fundación Pablo Iglesias, AE-636-3.

[72] Pablo Alcántara, *La Secreta…,* ob. cit., págs. 139-141; Nicolás Sánchez Albornoz, *Cárceles y exilios,* Anagrama, Barcelona, 2012, pág. 90; y Nacho del Río «Historia de la única fuga del Valle de los Caídos: así escaparon dos estudiantes de la represión de Franco en 1948», en https://www.lasexta.com/noticias/nacional/historia-fuga-precedentes-valle-caidos-asi-escaparon-dos-estudiantes-represion-franco-1948_201910245db14bf90cf2bb128e26f31a.html.

[73] Miguel Martínez del Arco, *Memoria del frío,* Hoja de Lata, Gijón, 2021, págs. 165-167.

[74] S. N., «Golpe por golpe», *España Popular,* 4 de julio 1947, pág. 3; y S. N., «Declaraciones de un corresponsal extranjero desde Madrid», *España Popular,* noviembre de 1946, pág. 4, Prensa Histórica Clandestina.

[75] S. N., «Els falangistes no poden dissimular el desenvolupament de las lluites guerrilleres», *Lluita,* marzo de 1947, pág. 4, Prensa Histórica Clandestina.

[76] Daniel Díaz Cano, *Estudio de caso sobre la represión franquista,* trabajo final de grado, Universidad Autónoma de Madrid, Madrid, 2019-2020. Doy las gracias a Daniel y a su tutor, Fernando Valdés Fernández, por permitirme leer este valioso trabajo y darme a conocer esta historia.

[77] Juicio a Mariano Fernández Garde y otros, sumario 129871, leg. 7051, año 1947, AGHD.

[78] S. N., «El primer año en la Dirección General de Seguridad», *Revista Policía,* enero de 1950, pág. 2, Hemeroteca Municipal Conde Duque.

[79] DGS, «La actividad político-social en España en 1949», en Francisco Xavier Redondo Abal, *El movimiento libertario…,* ob. cit., págs. 148-155; Pablo

Alcántara, *La Secreta…,* ob. cit., págs. 138-139 y 200-201; y Boletines de Investigación Social de 1950, 1951 y 1952, en la web del investigador Juan José del Águila, en https://justiciaydictadura.com/relacion-de-boletines-informativos-de-la-brigada-politico-social/.

[80] Policía Nacional, Historia de los documentos de identidad, págs. 9-11, en https://www.dnielectronico.es/PDFs/Historia_de_los_documentos_de_identidad.pdf; y S. N., «El documento nacional de identidad», *La Vanguardia,* 25 de enero de 1952, pág. 20.

[81] S. N., «Los alemanes residentes en España como refugiados políticos», *La Vanguardia,* 7 de mayo de 1950, pág. 30.

[82] S. N., «Ayer tomó posesión el nuevo director general de Seguridad», *ABC,* 4 de agosto de 1951, pág. 9.

4. La DGS durante la década bisagra del franquismo (1953-1963)

[1] Miguel Ángel del Arco Blanco, «¿Se acabó la miseria? La realidad socioeconómica en los años cincuenta», en Miguel Ángel del Arco y Claudio Hernández, *Esta es la España de Franco. Los años cincuenta del franquismo (1951-1959),* Prensas de la Universidad de Zaragoza, Zaragoza, 2020, págs. 50-51.

[2] Ibíd., págs. 58-62, y Xavier Domènech, *Lucha de clases, franquismo y democracia,* Akal, Madrid, 2022, págs. 122-124.

[3] Abdón Mateos, *Exilio y clandestinidad. La reconstrucción de la UGT (1939-1977),* UNED, Madrid, 2002, págs. 305-306.

[4] Leg. 02977, causa 328 contra Centeno, Tomás y otros, AGHD y Fundación Pablo Iglesias.

[5] S. N., «Detención de una banda de forajidos y estafadores», *ABC,* 28 de febrero de 1953, pág. 30.

[6] «Informe de Máximo Rodríguez a la CE a mi llegada a Francia desde España», 3 de agosto de 1953. AE 653/21, AFPI, en Gutmaro Gómez Bravo, *Hombres sin nombre…,* pág. 243.

[7] Rodolfo Llopis, «Después de asesinarlo, quieren deshonrarlo», *El Socialista,* 12 de marzo de 1953, pág. 1.

[8] «Nota biográfica» y «A todas las conciencias libres», *El Socialista,* 4 de febrero de 1954, pág. 1; y Gutmaro Gómez Bravo, *Hombres sin nombre…,* ob. cit., pág. 243.

[9] Ibíd., pág. 244.

[10] Abdón Mateos, *Exilio y clandestinidad…,* ob. cit., pág. 60.

[11] Ibíd., pág. 100.

[12] S. N., «El martirio de los treinta y dos detenidos en Madrid», *Mundo Obrero,* 15 de diciembre de 1953, pág. 8, Prensa Histórica Clandestina.

[13] DGS, «Situación y proyectos del extremismo español», 31 de enero de 1954, págs. 1-2, en https://justiciaydictadura.wordpress.com/2017/04/18/relacion-provisional-de-los-boletines-informativos-de-la-brigada-politico-social-bps-que-actualmente-estan-en-el-archivo-privado-de-juan-jose-del-aguila/.

[14] S. N., «Salvemos la vida de Luis Arribas y Telesforo Torres», *Mundo Obrero,* marzo de 1954, pág. 2.

[15] DGS, Inspección General de Policía Armada y Tráfico, Escrito del General Inspector al director general de Seguridad, FNFF, págs. 1-2.

[16] Mónica García Fernández, «Entre la norma y el deseo: amor, género y sexualidad en la España de los años cincuenta», en Miguel Ángel del Arco y Claudio Hernández, *Esta es…,* ob. cit., págs. 240-244.

[17] S. N., «Normas sobre la moralidad en las playas», *ABC,* 18 de junio de 1954, pág. 24.

[18] S. N., «Miscelánea del día», *La Vanguardia,* 20 de febrero de 1955, pág. 7.

[19] Fernando Hernández Sánchez, *El torbellino rojo. Auge y caída del Partido Comunista de España,* Pasado y Presente, Barcelona, 2022, págs. 40-41.

[20] S. N., copia de un escrito recibido por la organización FET de las JONS, carp. 42-08851, «Enrique Múgica», Gabinete de Enlace, Ministerio de Información y Turismo, AGA, pág. 3, y entrevista personal a Julio Diamante, 20 de abril de 2017.

[21] DGS, 18 de noviembre de 1955, nota informativa sobre un lanzamiento de hojas, FNFF, exp. 7706.

[22] Pablo Lizcano, *La generación del 56: La Universidad contra Franco,* Grijalbo, Madrid, 1981, págs. 137-141; y Roberto Mesa, *Jaraneros y alborotadores: Documentos sobre los sucesos estudiantiles de febrero de 1956 en la Universidad Complutense de Madrid,* Editorial Complutense de Madrid, Madrid, 1982, págs. 69-98.

[23] Andrea Fernández Montesinos, *Hijo de vencedores y vencidos: los sucesos de febrero de 1956 en la Universidad Central,* memoria de máster, Universidad Complutense, 2008, págs. 78-79; y Paul Preston, *Franco, Caudillo de España,* DeBolsillo, Barcelona, 2010, págs. 704-707.

[24] Entrevista personal a Julio Diamante, 20 de abril de 2017.

[25] José Luis Losa, *Caza de rojos,* Espejo de Tinta, Madrid, 2005, págs. 119-124; y S. N., «Ante la detención de Juan Antonio Bardem», *España Libre,* febrero de 1956, pág. 5, Prensa Histórica Clandestina.

[26] Herbert Struz e Isabel Lyttelton, «Ayuda en dólares que sirve de tortura», *Solidaridad Obrera,* 13 de diciembre de 1956, pág. 4, Prensa Histórica Clandestina.

[27] Juan José del Águila, *El TOP: la represión de la libertad*, 2.ª ed. ampliada, Fundación Abogados de Atocha, Madrid, 2020, págs. 42-46.

[28] Ibíd., págs. 48-56.

[29] S. N., «Carlos Arias Navarro», *ABC,* 25 de noviembre de 1944, pág. 12.

[30] S. N., «Arias Navarro, el fiscalito de Málaga», *Revista Posible,* núm. 125, 2-8 de junio de 1977, págs. 2-4; y R. B., «Los 4.300 del "Carnicerito" de Málaga», *Público,* 29 de junio de 2009, en https://www.publico.es/actualidad/300-del-carnicerito-malaga.html#:~:text=La%20represi%C3%B3n%20en%20M%C3%A-1laga%20se,sobrenombre%20de%20Carnicerito%20de%20M%C3%A1laga.

[31] S. N., «Don Carlos Arias Navarro, director general de Seguridad», 25 de junio de 1957, *ABC,* pág. 32.

[32] S. N., «La autoridad debe corregir sin pasión y premiar con justicia», *ABC,* 27 de junio de 1957, pág. 33.

[33] S. N., «Concesión de condecoraciones con motivo del 18 de julio», *ABC,* 18 de julio de 1957, pág. 33.

[34] S. N., «La vista de la causa contra José Manuel Jarabo», *La Vanguardia,* 1 de febrero de 1959, pág. 6; y Juan Antonio Bardem, *La huella del crimen,* 1984, RTVE, en https://www.rtve.es/play/videos/la-huella-del-crimen/jarabo/5837364/.

[35] Xavier Domènech, *Lucha de clases…,* ob. cit., págs. 88-89; en Rubén Vega (coord.), *El movimiento obrero en Asturias durante el franquismo: 1937-1977,* KRK, Fundación Juan Muñiz Zapico, Madrid, 2013, págs. 263-264; y Pere Ysás, «La imposible paz social. El movimiento obrero y la dictadura franquista», en *Historia del Presente,* núm. 9, 2007, págs. 9-10.

[36] Francisco Erice Sebares, *Militancia clandestina y represión,* Trea, Oviedo, 2017, págs. 22-25.

[37] Félix Hernández, «La Jornada de Reconciliación Nacional del 5 de mayo de 1958», *Espacio, tiempo y forma,* serie V, vol. 20, 2008, págs. 282-284.

[38] Francisco Erice Sebares, *Militancia clandestina…,* ob. cit., págs. 75-78.

[39] Proceso de los 44 jóvenes, Represión franquista, caja 42, carp. 2, AHPCE; y Pablo Alcántara, *La Secreta…,* ob. cit., págs. 145-146.

[40] DGS, 1958, mayo, «Informe Dirección General de Seguridad sobre el llamado día de Reconciliación Nacional», exp. 3668, FNFF.

[41] S. N., «La jornada en las calles y plazas de Madrid», *España Popular,* junio de 1958, pág. 3, Prensa Histórica Clandestina.

[42] Simón Sánchez Montero y su grupo, 1959, caja 42, carp. 4, AHPCE, pág. 8; y Pedro Calvo Hernando, *Simón Sánchez Montero, Cambio 16,* Madrid, 1977, págs. 9-37.

[43] Luis Lucio Lobato, Archivo Histórico del PCE. Declaración del detenido Luis Lucio Lobato, consejo de guerra Simón Sánchez Montero y otros, AGHD.

[44] José Luis Losa, *Caza…,* ob. cit., págs. 241-243.

[45] Francisco Erice Sebares, *Militancia clandestina…,* ob. cit., pág. 126.

[46] Simón Sánchez Montero y su grupo, 1959, caja 42, carp. 4, AHPCE, pág. 6.

[47] Jose Luis Laso, *Caza…,* ob. cit., pág. 265-266.

[48] S. N., «La ejemplar conducta de Simón Sánchez Montero ante la Policía», *Mundo Obrero,* 15 de septiembre de 1959, pág. 4.

[49] Simón Sánchez Montero y su grupo, 1959, caja 42, carp. 4, AHPCE, pág. 7.

[50] S. N., «Denunciamos», *Nuestras Ideas,* diciembre de 1959, pág. 3, Prensa Histórica Clandestina.

[51] Pablo Apelluz y Óscar Chaves, Estudio introductorio a *Puerta del Sol,* de Ricardo Bastid, Diputació Valenciana, 2022, págs. 10-32.

[52] La novela se puede leer en http://memoriahistorica.dival.es/wp-content/uploads/paraweb.pdf. Quiero dar las gracias a Pablo Apelluz, Óscar Chaves y Milde Tomás por recuperar el libro.

[53] S. N., «Exhortación sobre turismo y moralidad», *La Vanguardia,* 13 de julio de 1961, pág. 26; y S. N., «Marcha a Nueva York del director general de Seguridad», *ABC,* 8 de octubre de 1960, pág. 62.

[54] S. N., «Se suspende por dos años el artículo 14 del Fuero de los Españoles», *ABC,* 9 de junio de 1962, pág. 1.

[55] Gregorio Morán, *Miseria y grandeza del PCE,* Akal, Madrid, 2018, págs. 627-628.

[56] Francisco Erice Sebares, «La muerte de Grimau: crimen legal e impunidad política», *Crónica Popular,* abril de 2013; Gregorio Morán, *Miseria y grandeza...,* ob. cit., págs. 626-629; Ángel Ruiz Ayúcar, *El Partido Comunista. 37 años de clandestinidad,* San Martín, Madrid, 1976, págs. 316-318.

[57] DGS, Comisaría General de Investigación Social, «Julián Grimau. Miembro del Comité Central del Partido Comunista», exp. 53103_556, AHN, pág. 6; y Gregorio Morán, *Miseria y grandeza…,* ob. cit., pág. 629.

[58] Fernando Jáuregui y Pedro Vega, *Crónica del antifranquismo,* Planeta, Barcelona, 2007, págs. 309-311.

[59] Fernando Hernández Sánchez, *El torbellino…,* ob. cit., págs. 148-151; y Fernando Hernández Sánchez, «La doble historia del doctor Sentí», 22 de abril

de 2020, *El Salto,* en https://www.elsaltodiario.com/memoria-historica/doble-historia-doctor-senti-julian-grimau?&utm_medium=social&utm_campaign=web&utm_source=whatsapags.

[60] Fernando Hernández Sánchez, *El torbellino…,* ob. cit., págs. 152-153.

[61] DGS, Comisaría General de Investigación Social, «Julián Grimau. Miembro del Comité Central del Partido Comunista», exp. 53103_556, págs. 3 y 9, AHN.

[62] Fernando Hernández Sánchez, «Julián Grimau, el último fusilado de una guerra civil interminable», *Mundo Obrero,* 21 de abril de 2023, en https://www.mundoobrero.es/2023/04/21/julian-grimau-el-ultimo-fusilado-de-una-guerra-civil-interminable/.

[63] S. N., «¡Uníos todos para que Julián Grimau sea el último español torturado!», *Mundo Obrero,* diciembre de 1962, pág. 2.

[64] Francisco Erice Sebares, «La muerte…», ob. cit.; y Gregorio Morán, *Miseria y grandeza...,* ob. cit., págs. 631-632.

[65] Francisco Erice Sebares, *Militancia clandestina…,* ob. cit., pág. 257.

[66] S. N., «La causa de Grimau, vista para sentencia», *ABC,* 19 de abril de 1963, págs. 48-49.

[67] Francisco Erice Sebares, «La muerte…», ob. cit.; y Gregorio Morán, *Miseria y grandeza...,* ob. cit., pág. 630.

[68] S. N., «Declaración del Comité Ejecutivo ante el asesinato de Grimau», *Mundo Obrero,* abril de 1963, pág. 1, Prensa Histórica Clandestina.

[69] Fernando Hernández Sánchez, *El torbellino…,* ob. cit., pág. 161; y Teresa Amiguet, «Atentar contra Franco se castiga con la pena de muerte», *La Vanguardia*, 22 de septiembre de 2022, en https://www.lavanguardia.com/hemeroteca/20220922/8538951/atentar-franco-comp.html.

[70] Carlos Fonseca, *Garrote vil para dos inocentes. El caso de Granado-Delgado,* Temas de Hoy, Madrid, 1998, págs. 80-100; y Eduardo Bravo, «Granados y Delgado, los anarquistas ejecutados por piropear a unas muchachas», en http://www.agenteprovocador.es/publicaciones/granados-y-delgado-los-anarquistas-ejecutados-por-piropear-a-unas-muchachas.

[71] DGS, Granados y Delgado, FC-M.º_INTERIOR_POLICIA_H, exp. 13952, AHN.

[72] S. N., «Han sido detenidos en Madrid los autores del atentado del pasado día 29», *ABC,* 3 de agosto de 1963, pág. 39; y S. N., «Los autores del atentado eran terroristas profesionales», *ABC,* 4 de agosto de 1963, pág. 62.

[73] S. N., «Dos crímenes nuevos del fascismo», *El Rebelde,* septiembre de 1963, pág. 1, Fundación Anselmo Lorenzo.

[74] S. N., «Comunicado del Comité Ejecutivo del Partido Comunista de España», septiembre de 1963, *Mundo Obrero*, pág. 4, Prensa Histórica Clandestina; y S. N., «Dos crímenes nuevos del fascismo», septiembre de 1963, *El Rebelde,* pág. 1, Fundación Anselmo Lorenzo.

[75] Félix Villagrasa y Octavio Alberola, «Resumen histórico del Grupo pro revisión del proceso Granados-Delgado», *Hispania Nova,* núm. 7, 2007, págs. 11-18; y Pablo Alcántara, *La Secreta…,* ob. cit., págs. 210-212.

[76] Juan José del Águila, *El TOP…,* ob. cit., págs. 215-241.

5. La DGS durante el tardofranquismo (1964-1975)

[1] Julio Gomariz, *Los últimos zarpazos,* Fundación Federico Engels, Madrid, 2023, pág. 15. En este libro aparece un listado completo de los once mil presos políticos que hubo en el tardofranquismo, clasificados por la comunidad autónoma de nacimiento.

[2] Stuart Christie, *Franco me hizo terrorista,* Temas de Hoy, Madrid, 2005, págs. 30-35; y DGS, Diligencias núm. 3276 por actividades terroristas contra Stuart Christie y Fernando Carballo Blanco, agosto de 1964, FC-Mº_INTERIOR_POLICIA_H, exp. 7065, AHN.

[3] Ibíd.

[4] Lubyanka era el centro de detención del KGB, la Policía política soviética en Moscú.

[5] Stuart Christie, *Franco…,* ob. cit., págs. 50-64.

[6] Ibíd., págs. 65-98.

[7] S. N., «Christie y Carballo condenados a 20 y 30 años» y «Campaña de protestas por las condenas de Christie-Carballo», *Ruta,* órgano de la F. I. J. L., octubre de 1964, págs. 1-2, Archivo Anselmo Lorenzo.

[8] S. N., «Los nuevos altos cargos», *ABC,* 10 de abril de 1965, pág. 76.

[9] Joaquín Bardavío y Justino Sinova, *Todo Franco: franquismo y antifranquismo de la A a la Z,* Plaza & Janés, Madrid, 2000, págs. 80-81.

[10] Stuart Christie, *Franco…,* ob. cit., pág. 72.

[11] Juan Carlos Jiménez Redondo, *El otro caso Humberto Delgado,* Junta de Extremadura, Mérida, 2003, págs. 11-109.

[12] Gabinete de Enlace, «Humberto Delgado», (03) 107.001: 42, 00841, AGA.

[13] Subsecretario del Ministerio de la Gobernación, «Nota del subsecretario de la Gobernación, Luis Rodríguez Miguel», mayo de 1965, 22625, y «Carta del embajador en Lisboa», mayo de 1965, 22626, FNFF.

[14] Juan Carlos Jiménez Redondo, *El otro caso…,* ob. cit., págs. 225-230; Despacho Ibáñez Martín, «Malestar del Gobierno portugués por el magistrado español», mayo de 1966, FNFF; y Gabinete de Enlace, «Humberto Delgado», (03) 107.001: 42, 00841, AGA.

[15] Juan Carlos Jiménez Redondo *El otro caso…,* ob. cit., págs. 255-275.

[16] S. N., «El hombre más peligroso de Europa vivió en Mallorca», *Majorca Bulletin,* 6 de enero de 2023, en https://www.majorcadailybulletin.com/holiday/life-style/2023/06/01/113575/europe-most-dangerous-man-lived-mallorca.html; y Néstor Cenizo, «Nazis en la Costa del Sol», *elDiario.es,* 26 de septiembre de 2021, en https://www.eldiario.es/andalucia/malaga/nazis-costa-sol-decenas-criminales-encontraron-refugio-costa-malaguena_1_8339629.html.

[17] Ana Ramírez, «El general nazi que estrelló su avión en España y se refugió en un pueblo sevillano», *El Confidencial,* 11 de octubre de 2019, en https://www.elconfidencial.com/cultura/2019-10-11/leon-degrelle-nazi-refugiado-espana-sevilla-226_2279360/.

[18] DGS, «Léon Degrelle», FC-M.º_INTERIOR_POLICIA_pág. 71144, AHN.

[19] Ministerio de Información y Turismo, Gabinete de Enlace, Léon Degrelle, AGA, 42,08801, AGA.

[20] S. N., «Orden de busca y captura contra Léon Degrelle», *ABC,* 7 de febrero de 1970, pág. 23; S. N., «La Costa del Sol, punto de reunión de grandes personajes», *ABC,* 11 de octubre de 1984, pág. 39; Ministerio de Información y Turismo, Gabinete de Enlace, Léon Degrelle, AGA, 42,08801, AGA; Dirección General de Seguridad, «Léon Degrelle», FC-Mº_INTERIOR_POLICIA_pág. 71144, AHN; y David Alegre Lorenz, «Los antiguos colaboracionistas en la Guerra Fría. Reconstrucción y actualización de la extrema derecha europea 1945-1989», en Javier Rodrigo (ed.), *Posguerras civiles europeas 1939-1950: una historia comparada,* Alianza, Madrid, 2023, págs. 379-385.

[21] DGS, «Informe sobre las reuniones de funcionarios del Cuerpo General de Policía, afectos al servicio de información y de investigación social, de plantillas correspondientes a distritos universitarios y con derivaciones en ellos, celebradas los días 7 y 8 de septiembre de 1965, sobre los problemas estudiantiles del curso 1965-1966», FC-Mº_INTERIOR_ POLICIA_H, exp. 53109_133, AHN, y FNFF, págs. 8-48; Pablo Alcántara, *La Secreta…,* ob. cit., págs. 149-154; y Marc Baldó Lacomba, Miguel Ángel Ruiz Carnicer y Elena Sandoica Hernández, *Estudiantes contra Franco: oposición política y movilización estudiantil,* La Esfera de los Libros, Madrid, 2007, págs. 158-160.

[22] S. N., «Disturbios en los comedores de estudiantes de la ciudad universitaria», *ABC,* 31 de enero de 1967, pág. 33.

[23] Mariano Sánchez Soler, *La larga marcha ultra. Desde la muerte de Franco a Vox,* Roca Editorial, Barcelona, 2022, págs. 39-42.

[24] Entrevista a Margarita Martín Muñoz, militante estudiantil antifranquista en el FRAP, 9 de mayo de 2023.

[25] Entrevista a Julio Gomariz, militante estudiantil antifranquista en el FRAP, 9 de mayo de 2023.

[26] S. N., «Raimon no cantará en Madrid», *Libertad para España,* primera quincena de marzo de 1967, pág. 4, Prensa Histórica Clandestina; y Manuel Espín, «Nunca olvidaré aquel 18 de mayo de 1968: 50 años del concierto de Raimon», *El Confidencial,* 18 de mayo de 2018, en https://www.elconfidencial.com/cultura/2018-05-18/raimon-al-vent-complutense-1968-estudiantes-contra-franco_1564897/.

[27] S. N., «Juzgan a estudiantes en Madrid», *España Republicana,* julio de 1965, pág. 7, Prensa Histórica Clandestina; S. N., «Sanciones contra 68 profesores y 27 estudiantes», *Libertad para España,* septiembre de 1966, pág. 1; y entrevista personal a Margarita Martín Muñoz, 9 de mayo de 2023.

[28] S. N., «La batalla está emprendida», *Mundo Obrero,* noviembre de 1968, pág. 4.

[29] S. N., «Suicidio de un joven», *ABC,* 1 de febrero de 1967, págs. 57-58; S. N., «La trágica muerte del estudiante Rafael Guijarro», *Mundo Obrero,* febrero de 1967, pág. 8; y Ángel Nero, «Rafael Guijarro, *Que volen aquesta gent?*», *Nueva Revolución,* 21 de junio de 2022, en https://nuevarevolucion.es/rafael-guijarro-que-volen-aquesta-gen/.

[30] DGS, «Informe de Manuel Enrique Ruano Casanova», págs. 4-28; AHN, «Del diario de Enrique Ruano», *ABC,* 23 de enero de 1969, pág. 16; «Enrique Ruano», *ABC,* 30 de mayo de 1969, pág. 18.

[31] «Enrique Ruano ha sido asesinado por la Policía», *Mundo Obrero,* febrero de 1969, pág. 5, José Yoldi, «Absueltos por falta de pruebas los policías acusados de la muerte de Ruano», *El País,* 25 de julio de 1996, en https://elpais.com/diario/1996/07/25/espana/838245619_850215.html; y Pablo Alcántara, *La Secreta…,* ob. cit., págs. 157-158.

[32] Íñigo López Simón, *Los olvidados. Marginalidad urbana y fenómeno quinqui en España,* Marcial Pons, Madrid, 2022, págs. 35-64.

[33] S. N., «Detención de una banda de ladrones», 4 de mayo de 1962, *ABC,* pág. 104; y S. N., «Aún no ha sido detenido uno de los malhechores que se resistieron a la Policía en Madrid», 13 de mayo de 1965, *ABC,* pág. 41.

[34] José María Moreiro, «Los quinquis», *ABC,* 20 de abril de 1969, pág. 147.

[35] Servando Rocha, *Todo el odio que tenía dentro,* La Felguera, Madrid, 2021, págs. 169-174.

[36] Ibíd., págs. 175-177.

[37] Juan Antonio Ríos Carratalá, *Ofendidos y censores. La lucha por la libertad de expresión (1975-1984),* Renacimiento, Sevilla, 2022, págs. 7-8 y 59-62.

[38] S. N., «El CAUM, uno de los centros de resistencia cultural antifranquista más importante de España, celebra su cincuentenario», en https://info.nodo50.org/IMG/pdf/breve_historia_del_CAUM.pdf.

[39] S. N., «Reapertura del Club de Amigos de la UNESCO», *ABC,* 17 de octubre de 1976, pág. 22.

[40] Gabinete de Enlace, Ministerio de Información y Turismo, «Rafael Taibo Carballo», AGA, 42, 08836, 19, AGA.

[41] Dirección General de Policía, «María Victoria Taibo Calenti», exp. 73835, AHN.

[42] Viveca Tallgren, «El exilio de Fernando Arrabal y su relación con España», en Patrizia Botta, Aviva Garribba, María Luisa Cerrón Puga y Debora Vaccari, *Rumbos del hispanismo en el umbral del Cincuentenario de la AIH*, vol. 4, Instituto Cervantes, Madrid, 2012, págs. 392-396.

[43] Gabinete de Enlace, Ministerio de Información y Turismo, «Fernando Arrabal», AGA, 42, 8837, AGA.

[44] Biografía de Gonzalo Arias en https://www.ahimsav.com/gonzalo-arias.

[45] Gonzalo Arias, *Los encartelados,* Ruedo Ibérico, París, 1968, págs. 28-33.

[46] Gabinete de Enlace, Ministerio de Información y Turismo, «Gonzalo Arias», AGA, 42, 8837, AGA.

[47] S. N., «Manifiesto de Monserrat», *Información Española,* diciembre de 1970, pág. 2, Prensa Histórica Clandestina.

[48] Gabinete de Enlace, Ministerio de Información y Turismo, «José Manuel Caballero Bonald», AGA, 42, 08801, AGA.

[49] Gabriel Carrión, *Fichados. Los archivos secretos del franquismo,* Almuzara, Córdoba, 2020, págs. 130-134.

[50] José Hurtado Sánchez, «Curas y obreros contra la dictadura franquista», *Anuario de la Historia de la Iglesia Andaluza,* vol. II, 2009, págs. 351-355; y Ander Goyoga, «La única cárcel de curas del mundo estaba en Zamora», *La Vanguardia*, 17 de diciembre de 2021, en https://www.lavanguardia.com/cultura/20211217/7934851/unica-carcel-curas-mundo-zamora.html.

[51] Juan Antonio Delgado de la Rosa, «Sacerdotes presos en la cárcel concordataria de Zamora y en la cárcel de Carabanchel», *Revista Internacional de Pensamiento Político,* vol. 11, 2016, págs. 456-459; y S. N., «Suma y sigue», *Información Española,* febrero de 1974, pág. 12, Prensa Histórica Clandestina.

[52] Juan Antonio Delgado de La Rosa, «José María Llanos, un jesuita fundador», *CAURIENSIA,* vol. XII, 2017, págs. 344-356.

[53] Gabinete de Enlace, Ministerio de Información y Turismo, «José María Llanos», 42, 08878, AGA.

[54] Tamara López Fernández, «Aunque me cueste la vida. El aborto en Lugo durante el franquismo (1945-1966)», *Arenal,* núm. 29, junio-diciembre de 2022, págs. 650-655; y Barbijaputa, «Historia del aborto en España», en https://radiojaputa.com/historia-feminismo/historia-del-aborto-en-espana/.

[55] S. N., «La Policía descubre una organización dedicada a practicar abortos», *ABC,* 18 de mayo de 1972, pág. 43.

[56] *BOE,* Ley 16/1970, de 6 de agosto, de Peligrosidad Social, en https://www.boe.es/boe/dias/1970/08/06/pdfs/A12551-12557.pdf; S. N., «Escandalizaban en la calle, vestidos con ropas femeninas», *La Vanguardia*, 16 de marzo de 1973, pág. 45; y Emilio de Benito, «5.000 vidas fichadas», *El País,* 20 de diciembre de 2004, en https://elpais.com/diario/2004/12/20/sociedad/1103497204_850215.html.

[57] Fernando Olmeda, *El látigo y la pluma. Homosexuales en la España de Franco,* Dos Bigotes, Madrid, 2023 (reed. de 2003), págs. 39-40 y 54.

6. El canto final de la dictadura: el terror se ceba en la Real Casa de Correos

[1] Fernando Jáuregui y Pedro Vega, *Crónica…,* ob. cit., pág. 487; y Pablo Alcántara, *El águila gris: la policía política durante la dictadura franquista en Asturias y Madrid (1956-1976),* tesis doctoral, ob. cit., págs. 311-314.

[2] S. N., «Jornada de lucha», *Mundo Obrero,* 27 de enero de 1967, pág. 2.

[3] S. N., «La situación laboral de Madrid», *ABC,* 31 de enero de 1967, pág. 63; y S. N., «La victoria del 1.º de febrero», *Mundo Obrero,* 1 de febrero de 1967, pág. 4.

[4] Juan Moreno, «Una cronología de CC. OO. durante el franquismo», *Nueva Tribuna,* 2016, págs. 12-13.

[5] S. N., «El convenio de Pegaso», *Hora de Madrid,* núm. 4, febrero de 1969, pág. 2.

[6] Gabinete de Enlace, Ministerio de Información y Turismo, «Orden público. Madrid. Manifestaciones», 42, 09112, AGA; y S. N., «La semana política», *ABC,* 2 de agosto de 2023, pág. 19.

[7] Pere Ysás, *Disidencia y subversión,* Crítica, Barcelona, 2004, págs. 104-106.

[8] DGS, Boletín Informativo, «Marcelino Camacho Abad», FC-M.º_INTERIOR_POLICIA_H, exp. 279505, AHN.

[9] Marcelino Camacho, *Confieso que he luchado,* Atrapasueños, Sevilla, 2016, págs. 57-97.

[10] DGS, Boletín Informativo, «Marcelino Camacho Abad», FC-M.º_INTERIOR_POLICIA_H, exp. 279505, AHN.

[11] Marcelino Camacho, *Confieso…,* ob. cit., págs. 158-159.

[12] Ibíd., pág. 159.

[13] DGS, Boletín Informativo, «Marcelino Camacho Abad», FC-M.º_INTERIOR_POLICIA_H, exp. 279505, AHN.

[14] Marcelino Camacho, *Confieso…,* ob. cit., págs. 271-272.

[15] DGS, Boletín Informativo, «Marcelino Camacho Abad», FC-M.º_INTERIOR_POLICIA_H, exp. 279505, AHN.

[16] S. N., «La suspensión del artículo 18», *Información Española,* junio de 1971, pág. 6.

[17] S. N., «Los sucesos en la DGS», *Mundo Obrero,* junio de 1973, pág. 2.

[18] https://www.rtve.es/play/audios/ayer/ayer-cadillac-carrillo-francisco-duenas-02-03-14/2433236/, en Fernando Hernández Sánchez, *El torbellino…,* ob. cit., pág. 29.

[19] S. N., «Intentos de intimidación», *Mundo Obrero,* junio de 1966, pág. 6; y S. N., «Obreros de la construcción de Madrid: estamos con vosotros», *Mundo Obrero,* septiembre de 1971, pág. 4.

[20] Pedro Feria Vázquez, «Francisco Romero Martín», *Andalucía en la Historia,* Dosier Antifranquistas, julio de 2017, págs. 14-17; y Gregorio Morán, *Miseria y grandeza…,* ob. cit., págs. 860-863.

[21] Entrevista personal a Víctor Díaz Cardiel, 20 de septiembre de 2023.

[22] Entrevista personal con Chato Galante, 15 de abril de 2017.

[23] Entrevista personal con Felisa Echegoyen, 20 de abril de 2017.

[24] Entrevista personal a Ángela Gutiérrez, 15 de abril de 2023.

[25] DGS, Comisaría General de Investigación Social, «Boletín Extraordinario», 20 de mayo de 1969, AHN, y https://justiciaydictadura. wordpress.com/2017/04/18/relacion-provisional-de-los-boletines-informativos-de-la-brigada-politico-social-bps-que-actualmente-estan-en-elarchivo-priva-

do-de-juan-jose-del-aguila/; José Luis Ibáñez Salas, «Los estados de excepción bajo el franquismo», *Nueva Tribuna,* 30 de octubre de 2020, en https://www.nuevatribuna.es/articulo/cultura---ocio/estados-excepcion-franquismo-toques-queda/20201029171051180711.html; y Pere Ysás, *Disidencia…,* ob. cit., págs. 131-139.

[26] Entrevista a José Benito, 20 de junio de 2018, en Pablo Alcántara, *La Secreta…,* ob. cit., pág. 189.

[27] Iker Casanova Alonso, *Historia de ETA (1958-2008),* Txalaparta, Navarra, 2007, págs. 17-20; Antonio Elorza, José María Garmendia y Florencio Domínguez, *La Historia de ETA,* Temas de Hoy, Madrid, 2000, págs. 77-78 y 97; y Víctor Manuel Javato González, «ETA. Origen e ideología», *Ab Initio,* núm. 3, 2011, págs. 153-155.

[28] DGS, Boletín de Investigación Social, «Movimiento Nacionalista Vasco. Desarticulación de actividades de ETA», 23 de enero de 1964, núm. 3, exp. 53106, AHN, págs. 1-18; David Mota Zurdo, *En manos del Tío Sam. Estados Unidos y ETA,* Comares, Granada, 2021; Pablo Domínguez Román, «Orígenes de ETA y su desarrollo durante el franquismo», *Revista de Clases de Historia,* núm. 3, marzo de 2010, págs. 9-10; y Pablo Alcántara *La Secreta…,* ob. cit. págs. 190-192.

[29] S. N., «Director General de Seguridad», *ABC,* 2 de febrero de 1974, págs. 22 y 23.

[30] José Sainz González, *Testimonios de un policía español,* autoedición, abril de 1993, pág. 1.

[31] Ibíd., pág. 320.

[32] DGS, Inspección General de Personal, «Expediente de Conrado Delso», ob. cit., págs. 31-32; y «Conrado Delso en listado con otros», caja 6, condecoraciones, AGMI, pág. 4, en Pablo Alcántara, *La Secreta…,* ob. cit., pág. 248.

[33] José Sainz, *Testimonios…,* ob. cit., págs. 357-358.

[34] S. N., «Arias Navarro preside las exequias de la funcionaria de la DGS», *ABC,* 15 de septiembre de 1974, pág. 5.

[35] Eva Forest, *Testimonios de lucha y resistencia,* Mugalde, Hendaya, 1978, págs. 49-55.

[36] https://www.publico.es/politica/billy-nino-torturaba-lidia-falcon-ya-no-pariras-mas-puta.html; Pablo Alcántara, *La Secreta…,* ob. cit., pág. 250; Lidia Falcón O'Neil, *Viernes 13 en la calle del Correo,* Planeta, Barcelona, 1981, págs. 15-80; y Eva Forest, *Testimonios de lucha,* ob. cit., págs. 65-72.

[37] «Un hombre y una mujer ejecutaron el atentado de la calle del Correo», *ABC,* 28 de septiembre de 1974, pág. 31; «Cartas de Santiago Carrillo al director

del *Ya», Mundo Obrero,* octubre de 1974, pág. 2; y José Sainz González, *Testimonio…,* ob. cit., págs. 366-367.

[38] Fabián Mauri, *José Ramón Piñeiro. Comisario General. Brigada Político-Social,* Montaner, Barcelona, 1998, págs. 196-201.

[39] Luis Puigcercús Vázquez, *Propaganda ilegal. Itinerarios de prisiones 1972-1975,* Garaje, Madrid, 2018, págs. 43-47.

[40] S. N., «Nota oficial. 1 de Mayo», *Información Española,* mayo de 1973, en https://web.archive.org/web/20120620105954/http://www.frap.es/, en Pablo Alcántara, *La Secreta…,* ob. cit., págs. 251-252.

[41] Entrevista personal a Matilde Muñoz, 15 de abril de 2023.

[42] Entrevista personal a Pablo Mayoral, 15 de mayo de 2023.

[43] Ibíd., y testimonios de Manuel Blanco Chivite y Vladimiro Tovar García, en Manuel Muniesa, *FRAP: Memoria oral de la resistencia antifranquista,* Quarentena, Madrid, 2015, págs. 142-143 y 243.

[44] Entrevista a Margarita Martín Muñoz, 18 de abril de 2023.

[45] Entrevista personal a Julio Gomariz, 17 de abril de 2023.

[46] Entrevista personal a Rosa García Alcón, 15 de abril de 2023.

[47] Entrevista personal a Julio Pacheco Yepes, 15 de abril de 2023.

7. La Real Casa de Correos en la Transición y después

[1] David Ballester, *Las otras víctimas. Violencia policial en la Transición (1975-1982),* Prensa de la Universidad de Zaragoza, Zaragoza, 2022, pág. 84; y Sebastián Faber, *Franco desenterrado. La segunda Transición Española,* Pasado y Presente, Barcelona, 2021, págs. 29-30.

[2] Xavier Domènech, *Lucha de clases…,* ob. cit., pág. 246.

[3] Enrique González de Andrés, *1976, el año que vivimos peligrosamente,* Postmetrópolis, Madrid, 2021, págs. 14-17.

[4] Marcello Caprarella, *Crónica de (una) capital en tránsito,* Postmetrópolis, Madrid, 2016, págs. 88-92.

[5] Fernando Hernández Sánchez, *El torbellino…,* ob. cit., pág. 227; y Víctor Taibo, «Enero de 1976. Rebelión social en Madrid», *El Militante,* 6 de junio de 2013, en https://www.izquierdarevolucionaria.net/index.php/internacional/1021-historia/teoria/8469-enero-de-1976-rebelion-social-en-madrid.

[6] Marcello Caprarella, *Crónica…,* ob. cit., págs. 170-176; y Fernando Hernández, *El torbellino…,* ob. cit., pág. 234.

[7] Sophie Baby, *El mito de la Transición pacífica,* Akal, Madrid, 2018, págs. 474-475 y 489; David Ballester, *Las otras víctimas…,* ob. cit., págs. 44-45; y Mariano Sánchez Soler, *La Transición sangrienta,* Península, Barcelona, 2010, págs. 310-312.

[8] Sophie Baby, *El mito…,* ob. cit., págs. 507-510; y David Ballester, *Las otras víctimas…,* ob. cit., págs. 217-228.

[9] S. N., «Cuarto día del juicio Matesa» *ABC,* 12 de abril de 1975, pág. 25; y S. N., «Víctor Castro Sanmartín», *ABC,* 20 de diciembre de 1975, pág. 8.

[10] S. N., «Declaraciones del gobernador sobre el estado de excepción», *ABC,* 29 de abril de 1975, pág. 76; S. N., «Don Emilio Rodríguez Román», *ABC,* 24 de julio de 1976, págs. 8-9; y S. N., «Toma de posesión de seis altos cargos en los ministerios», *ABC,* 24 de julio de 1976, pág. 10.

[11] David Ballester, *Las otras víctimas…,* ob. cit., págs. 110-111.

[12] S. N., «Mariano Nicolás García», *ABC,* 10 de abril de 1976, págs. 21-22.

[13] Pablo Alcántara, *La Secreta…,* ob. cit., págs. 272-279; S. N., «Orden público: nuevos nombres para nuevos problemas», *Blanco y Negro,* 1 de enero de 1977, pág. 20; y Ana González, «El ascenso de los policías ultras», *Interviú,* 5 de junio de 1980, págs. 6-7, Biblioteca Nacional.

[14] S. N., «Ayer falleció a los ochenta años el ex presidente del Gobierno Arias Navarro», *ABC*, 28 de noviembre de 1989, pág. 22.

[15] S. N., «Prieto Martínez, director del Centro de Estudios Constitucionales», *ABC,* 10 de noviembre de 1977, pág. 6; S. N., «Audiencias con el rey», *ABC,* 7 de septiembre de 1979, pág. 10; S. N., «El juicio del 23-F», *ABC,* 13 de mayo de 1982, pág. 32; y S. N., «Condecoraciones», *ABC,* 10 de septiembre de 1986, pág. 34.

[16] DGS, «Marcelino Camacho Abad», FC-M.º_INTERIOR_POLICIA_H, exp. 279505, AHN; y S. N., «La Dirección General de Seguridad anuncia la detención de un centenar de personas», *La Vanguardia,* 9 de diciembre de 1975, pág. 1.

[17] S. N., «Nota oficial de la Dirección General de Seguridad», *La Vanguardia,* 21 de enero de 1976, pág. 6; y S. N., «Rumores sobre una posible militarización de Correos», *ABC,* 9 de julio de 1976, pág. 15.

[18] S. N., «Relativa tranquilidad en la jornada del primero de mayo», *ABC,* 2 de mayo de 1977, pág. 11.

[19] Gabinete de Enlace, «Lola Gaos», 44/08846, AGA.

[20] S. N., «Multa de 250.000 pesetas al pintor Genovés», *La Vanguardia,* 21 de marzo de 1976, pág. 11.

[21] S. N., «Los detenidos en Ciudad Lineal, en libertad», *Informaciones,* 19 de enero de 1976, pág. 20.

[22] S. N., «La DGS afirma que no hubo agresión», *La Vanguardia,* 10 de febrero de 1976, pág. 38; S. N., «Réplica de los periodistas señores Roibás y Lavandeira», *La Vanguardia,* 17 de febrero de 1976, pág. 38; y S. N., «Nota de la Asociación de la Prensa», *ABC,* 4 de mayo de 1976, pág. 96.

[23] S. N., «Don Enrique Barón prestó declaración ante la DGS», *La Vanguardia,* 23 de marzo de 1976, pág. 10.

[24] S. N., «El señor Sánchez Montero, miembro del PCE, detenido en Madrid», *La Vanguardia,* 21 de febrero de 1976, pág. 8; S. N., «Otra vez la tortura», *Mundo Obrero,* 28 de abril de 1976, pág. 3; y S. N., «Reforma y represión», *Mundo Obrero,* 5 de mayo de 1976, pág. 16.

[25] Fabián Mauri, *José Ramón Piñeiro…,* ob. cit., págs. 277-278.

[26] S. N., «Rueda de prensa de Santiago Carrillo», *Ya,* 11 de diciembre de 1976, pág. 16.

[27] S. N., «Nota de la Dirección General de Seguridad», *Informaciones,* 23 de diciembre de 1976, pág. 20; y Fabián Mauri, *José Ramón Piñeiro…,* ob. cit., pág. 283.

[28] Entrevista a Santiago Carrillo en el documental de Victoria Prego *La Transición,* en https://www.youtube.com/watch?v=IjWk4QGNrig&t=2401s.

[29] S. N., «Manifestación por la libertad de Carrillo», *ABC,* 23 de diciembre de 1976, pág. 15.

[30] Fabián Mauri, *José Ramón Piñeiro…,* ob. cit., págs. 281-284; y Declaraciones de Martín Villa y Santiago Carrillo en el documental de Victoria Prego *La Transición,* ob. cit.

[31] Pau Casanellas, *Morir matando. El franquismo ante la práctica armada (1968-1977),* Los Libros de la Catarata, Madrid, 2014, págs. 183 y 277; y David Ballester, *Las otras víctimas…,* ob. cit., págs. 102-103.

[32] Mariano Sánchez Soler, *La larga marcha…,* ob. cit., págs. 46-60.

[33] DGS, «Arturo Ruiz», FC-M.º_INTERIOR_POLICIA_H, exp. 24661, AHN.

[34] Pedro Costa Muste, «Pasaba por policía», *Interviú,* núm. 44, págs. 20-23; y Mariano Sánchez Soler, *La larga marcha…,* ob. cit., págs. 77-78.

[35] Mariano Sánchez Soler, *La larga marcha…,* ob. cit., págs. 79-80.

[36] S. N., «Blas Piñar se entrevistó con el director general de Seguridad», *Informaciones,* 16 de marzo de 1977, pág. 10; y Mariano Sánchez Soler, *La larga marcha…,* ob. cit., págs. 81-82.

[37] S. N., «Carlos García Juliá, condenado por el asesinato de los abogados de Atocha, candidato por Falange en Bilbao», *Público.es,* 27 de abril de 2023, en https://www.publico.es/politica/carlos-garcia-julia-condenado-asesinato-abogados-atocha-candidato-falange-bilbao.html.

[38] Debate de la Ley de Amnistía en el Congreso del diputado comunista Marcelino Camacho Abad el 14 de octubre de 1977, en https://www.ersilias.com/amnistia-de-1977-discurso-de-marcelino-camacho-pronunciado-el-14-de-octubre-de-1977/.

[39] David Ballester, *Las otras víctimas…,* ob. cit., págs. 223-224.

[40] S. N., «Tribunal internacional contra los crímenes del franquismo», *Vanguardia Obrera,* 9-15 de diciembre de 1978, págs. 3-10; Patricia Campelo, «El Tribunal Internacional contra el franquismo trató de frenar una transición basada en el olvido», *Público.es,* 2 de diciembre de 2013, en https://www.publico.es/politica/tribunal-internacional-franquismo-trato-frenar.html; y entrevista personal a Pablo Mayoral, a quien doy las gracias por toda la información aportada sobre esta cuestión.

[41] David Ballester, *Las otras víctimas…,* ob. cit., págs. 227-228.

[42] Emilio Laheira, «Muerto a palos en Carabanchel», *Interviú,* 23 de marzo de 1978, págs. 10-14; y https://www.lavozdelarepublica.es/2020/03/el-anarquista-agustin-rueda-sierra-fue.html.

[43] Mariano Sánchez Soler, *La larga marcha…,* ob. cit., págs. 93-106.

[44] José Catalán Deus, «La Policía me hizo esto», *Interviú,* 12 de julio de 1979, págs. 77-80.

[45] David Ballester, *Las otras víctimas…,* ob. cit., anexo II, págs. 822-824.

[46] S. N., «Rosón informa el Congreso sobre la muerte del presunto grapo José España Vivas», *ABC,* 12 de julio de 1980, pág. 6.

[47] David Ballester, *Las otras víctimas…,* ob. cit., anexo II, págs. 824-825.

[48] David Ballester, *Las otras víctimas…,* ob. cit., anexo II, págs. 699-701.

[49] Declaración pública de testigos presenciales del estado físico de Joseba Arregui, en https://www.naiz.eus/media/asset_publics/resources/000/260/213/original/20160214_joxe_arregi_lekukoak.pdf.

[50] S. N., «Rosón: por unos cuantos policías no se puede juzgar a todo un cuerpo», *ABC,* 18 de enero de 1981, págs. 3-4.

[51] Danilo Albín, «Los policías que torturaron hasta la muerte a Joxe Arregi nunca fueron apartados de sus cargos», *Público.es,* 13 de febrero de 2018, en https://www.publico.es/politica/dia-tortura-policias-torturaron-muerte-joxe-arregi-apartados-cargos.html.

[52] David Ballester, *Las otras víctimas…,* ob. cit., anexo II, págs. 720-730.

[53] Pablo Alcántara, *La Secreta…,* ob. cit., pág. 290.

[54] Arturo Lezcano, *Madrid, 1983,* Libros del K. O., Madrid, 2021, págs. 81-83.

[55] Ibíd., págs. 95-97, y Mariano Sánchez Soler, *Una hojarasca de cadáveres,* Alrevés, Madrid, 2023, págs. 99-101.

[56] Entrevista a Javier Valenzuela en el documental *Pacto de silencio,* en https://www.rtve.es/play/videos/pacto-de-silencio/episodio-1/6894254/. El documental trata en profundidad este tema, con imágenes inéditas del juicio a los policías que participaron en los hechos.

[57] Arturo Lezcano, *Madrid, 1983…,* ob. cit., págs. 100-102.

[58] Mariano Sánchez Soler, *Una hojarasca…,* ob. cit., pág. 105.

[59] Declaración de Ángel Manzano durante el juicio por el caso El Nani, en *Pacto de silencio,* https://www.rtve.es/play/videos/pacto-de-silencio/episodio-1/6894254/.

[60] Arturo Lezcano, *Madrid, 1983…,* ob. cit., págs. 104-108; Mariano Sánchez Soler, *Una hojarasca…,* ob. cit., págs. 111-116; y S. N., «Pacto de silencio: Cronología de los hechos del "caso el Nani"», RTVE.ES, 2 de junio de 2023, en https://www.rtve.es/television/20230602/cronologia-caso-nani-pacto-silencio/2447208.shtml.

[61] S. N., «Leguina quiere el despacho en el kilómetro cero», *La Vanguardia,* 27 de enero de 1985, pág. 19.

[62] Juan Carlos Sanz, «Leguina desaloja a la policía de la antigua DGS», 5 de noviembre de 1991, *El País,* en https://elpais.com/diario/1991/11/06/madrid/689430265_850215.html.

[63] Cristina Herráez, «15 grados más en la Puerta del Sol que en un parque cercano: el "peligro para la salud" de las "plazas duras"», en *Nius,* 28 de abril de 2023, en https://www.niusdiario.es/sociedad/medio-ambiente/20230428/calor-plazas-duras-puerta-sol-formula-peligrosa-salud_18_09378386.html.

[64] Sergio Claudio Hernández, «Reapropiación político del espacio…», ob. cit., págs. 27-35.

[65] Guillermo Martínez, «Más de 600 rondas de la dignidad en la Puerta del Sol: "Queremos que se juzgue al franquismo criminal"», *Público.es,* 15 de julio de 2022, en https://www.publico.es/politica/600-rondas-dignidad-puerta-sol-queremos-juzgue-franquismo-criminal.html.

Epílogo. La escena del crimen

[1] Vicente Garrido y Jorge Sobral, *La investigación criminal. La psicología aplicada al descubrimiento, captura y condena de los criminales,* Nabla Ediciones, Barcelona, 2008, pág. 135.

[2] Camilo Ernesto Bernal Sarmiento, Sebastián Cabezas Chamorro, Alejandro Forero Cuéllar, Iñaki Rivera Beiras e Iván Vidal Tamayo, «Más allá de la criminología. Un debate epistemológico sobre el daño social, los crímenes inter-

nacionales y los delitos de los mercados», en Iñaki Rivera Beiras (coord.), *Delitos de los Estados, de los mercados y daño social,* Anthropos, Barcelona, 2014, pág. 36.

[3] La propaganda por el hecho era como se llamaba desde una corriente del anarquismo a las tácticas del terrorismo contra la patronal y las autoridades estatales.

[4] Lucas Marco y Pablo Alcántara, «La CIA formó a la Brigada Político-Social: entrenó dos meses a Conesa en sabotaje y anticomunismo en Washington», *elDiario.es,* 17 de enero de 2020.

[5] Lucas Marco y Pablo Alcántara, «Roberto Conesa, el experto en infiltraciones de la Brigada Político-Social: sale a la luz el tétrico expediente del policía 25 años después de su muerte», *elDiario.es,* 16 de enero de 2020.

[6] Lucas Marco y Pablo Alcántara, «El turbio papel del comisario Conesa en la Transición: el maestro de Billy el Niño y de Villarejo en la cloaca policial», *elDiario.es,* 18 de enero de 2020.

[7] Lucas Marco y Pablo Alcántara, «Expediente Melitón Manzanas: el currículum en la Brigada Político-Social del protagonista de "La línea invisible" que marcó el inicio de la violencia de ETA», *elDiario.es,* 25 de abril de 2020.

[8] Lucas Marco, *Simplemente es profesionalidad. Historias de la Brigada Político-Social de València,* Institució Alfons el Magnànim, Valencia, 2019, pág. 123.

[9] Antoni Batista, *La carta. Historia de un comisario franquista,* Debate, Barcelona, 2010.

[10] Lucas Marco, «El Gobierno deniega a un senador la lista de agentes de la Brigada Político-Social de la dictadura franquista: "Son datos históricos no automatizados"», *elDiario.es,* 28 de abril de 2020.

[11] Fernando Orgambides, Entrevista a Manuel Ballesteros, *El País,* 19 de mayo de 1981.

[12] Eugenio Raúl Zafaroni, presentación al libro de Wayne Morrison, *Criminología, civilización y nuevo orden mundial,* Anthropos, Barcelona, 2012, pág. 21.

[13] Eyal Weizman, *Arquitectura forense. Violencia en el umbral de detectabilidad,* Bartlebooth, 2020.

[14] Lucas Marco, «Estrasburgo rechaza investigar las denuncias por las torturas del franquismo», *elDiario.es,* 8 de julio de 2022.

Anexo II. Otros centros de detención y torturas durante el franquismo

[1] S. N., «La Policía nacional elimina todos los vestigios franquistas de las comisarías de Policía», *El Confidencial digital,* en https://www.elconfidencialdigital.com/articulo/el_chau-chau/policia-nacional-elimina-todos-simbolos-franquistas/20200824205702156428.html.

[2] Xavi Fernández Guerrero, «Via Laietana 43: La casa de la tortura de la Brigada Político-Social», *Archivos de la Historia,* 17 de diciembre de 2020, en https://archivoshistoria.com/via-laietana-43-la-casa-de-la-tortura-de-la-brigada-politico-social/; y Pau Rodríguez, «Así quiere "museizar" Barcelona la comisaría de Via Laietana, centro de torturas durante el franquismo», *elDiario.es,* 19 de noviembre de 2021, en https://www.eldiario.es/catalunya/quiere-museizar-barcelona-comisaria-via-laietana-centro-torturas-durante-franquismo_1_8503306.html.

[3] Lucila Aragó Carrión, José María Azkárraga Testor y Juan Salazar Bonet (coord.), *Guía de Valencia del primer franquismo (1939-1946),* UPV, Valencia, 2021, págs. 334-336. Gracias a Lucas Marco, autor del libro *Simplemente profesionalidad: la Brigada Político-Social en Valencia*, por darme la información.

[4] Cilia Torna, «Paradela, o "Billy el Niño", da comisaría da Coruña», *Nós Diario,* 20 de mayo de 2023, en https://www.nosdiario.gal/articulo/memoria/paradela-billy-nino-da-comisaria-da-coruna/20230520082212169207.html.

[5] Xosé Ramón Ermida, «Cañoto, un duro na BPS de Ferrol», *Nós Diario,* 9 de octubre de 2022, en https://www.nosdiario.gal/articulo/memoria/canoto-duro-bps-ferrol/20221009121238154208.html.

[6] Juan Miguel Baquero, «Comisaría de la Gavidia: la memoria del centro de tortura del franquismo», *elDiario.es,* 18 de enero de 2018, en https://www.eldiario.es/sevilla/comisaria-gavidia-memoria-franquismo-sevilla_1_2919567.html; y María José Guzmán, «De centro de tortura a hotel de lujo: Sevilla recupera la comisaría de la Gavidia», *El Confidencial,* en https://www.elconfidencial.com/espana/andalucia/2022-07-27/comisaria-gavidia-sevilla-torturas-hotel-lujo_3466950/.

[7] Guillermo Guiter, «¿Quién consiguió burlar a la Policía política durante cuarenta años?», *La Voz de Asturias,* 18 de abril de 2021, en https://www.lavozdeasturias.es/noticia/oviedo/2021/04/16/escudos-burlaron-policia-politica-durante-cuarenta-anos/00031618557084278831992.html; y Azahara Villacorta, «Los torturadores de la dictadura siguen impunes», *El Comercio,* 7 de noviembre de 2021, en https://www.elcomercio.es/sociedad/torturadores-dictadura-impunes-20211107002208-ntvo.html.

[8] R. V., «Flores para evocar a Casto», *La Nueva España,* 30 de mayo de 2011, en https://www.lne.es/gijon/2011/05/30/flores-familia-evocar-casto-21092040.html.

[9] Pablo Martínez Corral, *La Quinta Pedrega. Memoria y olvido en Avilés,* autoedición, 2016. Se puede leer en https://quintapedregal.org/spip.php?article6.

[10] Pablo Alcántara, *La Secreta…,* ob. cit., 2022.

[11] Fermín Goñi, «El gobernador civil de Navarra desmiente que se torture en la comisaría de Pamplona», *El País,* 7 de noviembre de 1979, en https://elpais.com/diario/1979/11/07/espana/310777203_850215.html.

[12] Manifiesto *Egia Osoa,* «Iniciativa para que la antigua comisaría de Policía y el cuartel de la Guardia Civil de Pamplona, centros de detención, malos tratos y tortura durante el franquismo sean declaradas Lugares de Memoria»; *Egia Osoa,* «Solicitud de declaración e inscripción de la antigua comisaría de Policía de Pamplona/Iruñea como lugar de la memoria histórica de Navarra de conformidad con lo dispuesto en la Ley Foral 29/2018, de 26 de diciembre»; y S. N., «Piden que la antigua Comisaría y el cuartel de la Guardia Civil de Pamplona sean lugares de memoria», *Noticias de Navarra,* 7 de octubre de 2022, en https://www.noticiasdenavarra.com/politica/2022/10/07/piden-antigua-comisaria-cuartel-guardia-6092671.html. Gracias a Sabino Cuadra, uno de los portavoces de dicha iniciativa, por darme toda la información.

[13] Petxo Idogia, «El Gobierno Vasco documenta 4.113 casos de tortura entre 1960 y 2014», *Viento Sur,* 23 de diciembre de 2017, en https://vientosur.info/el-gobierno-vasco-documenta-4-113-casos-de-tortura-entre-1960-y-2014/. Gracias a Juan Ramón Garai, Luis de Guezala y Carlos Rodríguez por la información.

[14] Gracias a Juan Ramón Garai, Mikel Lorenzo y Jon Penche por la información.

[15] Ramón Vías Fernández, «¡Yo acuso!», en http://www.buscameenelciclodelavida.com/2013/08/yo-acuso.html; y Alfonso Vázquez, «Palizas y calabozos en el antiguo palacio de la Aduana», *La Opinión de Málaga,* 17 de mayo de 2017, en https://www.laopiniondemalaga.es/malaga/2017/05/17/palizas-calabozos-antiguo-palacio-aduana-28213407.html.

[16] «Comisaría de la plaza de los Lobos», en https://www.mapamemoriagranada.es/lugares/segundo-franquismo/99-comisaria-de-la-plaza-de-los-lobos; y S. N., «Piden que se conserve la comisaría de la plaza de los Lobos de Granada como lugar de memoria», *Granada Hoy,* 18 de enero de 2022, en https://www.granadahoy.com/granada/Plaza-Lobos-comisaria-lugar-memoria-Granada_0_1648636097.html.

[17] Enrique Berzal, «El caso del estudiante que saltó por la ventana de la comisaría», *El Norte de Castilla,* 2 de agosto de 2014, en https://www.elnortedecastilla.es/valladolid/201408/02/caso-estudiante-salto-ventana-20140731172613.html.

[18] Sergio H. Valgañón, Guiomar Latorre, Andrea López Casanova y Guillermo Rodríguez, «Las últimas voces de la memoria: Zaragoza sigue buscando justicia para las víctimas del franquismo», *El Salto,* 17 de agosto de 2020, en https://www.elsaltodiario.com/zero-grados/las-ultimas-voces-de-la-memoria.-zaragoza-sigue-buscando-justicia-para-las-victimas-del-franquismo.

[19] S. N., «La Salle, especie de horror franquista», en https://www.lavozdelarepublica.es/2020/01/la-salle-espacio-del-horror-franquista.html. Gracias a Maximilio Paiser, militante antifranquista y de asociaciones memorialistas en Las Palmas de Gran Canaria, por la información aportada.

Anexo III. Ejemplos de lugares de memoria

[1] «La Historia de la Model», en https://www.lamodel.barcelona/es/la-model/la-historia-de-la-model.

[2] Pablo Alcántara, «Este es el museo portugués sobre la resistencia y la libertad que España aún no tiene», *Nortes,* 25 de abril de 2020, en https://www.nortes.me/2020/04/25/este-es-el-museo-portugues-sobre-la-resistencia-y-la-libertad-que-espana-aun-no-tiene/.

[3] Diego Díaz, «De espacios de represión a lugares de memoria», *El Salto,* 24 de octubre de 2019, en https://www.elsaltodiario.com/memoria-historica/despues-exhumacion-franco-espacios-represion-convertidos-lugares-memoria.

[4] Ibíd.

[5] Ibíd.

[6] «Topografía del terror», en https://www.museumsportal-berlin.de/es/museos/topographie-des-terrors/.

Bibliografía

Abelló Güell, Teresa, *El movimiento obrero en España, siglos XIX y XX,* Hipótesis, Barcelona, 1997.

Alcántara Pérez, Pablo, *La lucha contra el franquismo en Asturias,* Fundación Federico Engels, Madrid, 2020.

— *La Secreta de Franco. La Brigada Político-Social durante la dictadura,* Espasa, Barcelona, 2022.

Aquillé, Daniel, *España con honra,* La Esfera de los Libros, Madrid, 2023.

Ávila, Jorge, *Sangre azul. Historia de la Policía Nacional,* Edaf, Madrid, 2022.

Baby, Sophie, *El mito de la Transición pacífica,* Akal, Madrid, 2018.

Balbé, Manuel, *Orden público y militarismo en la España constitucional (1812-1983),* Alianza, Madrid, 1983.

Ballester, David, *Las otras víctimas. Violencia policial en la Transición (1975-1982),* Prensa de la Universidad de Zaragoza, Zaragoza, 2022.

Bastid, Ricardo, *La Puerta del Sol,* Losada, Buenos Aires, 1960.

Camacho, Marcelino, *Confieso que he luchado,* Atrapasueños, Sevilla, 2016.

Caprarella, Marcello, *Crónica de (una) capital en tránsito,* Postmetrópolis, Madrid, 2016.

Carrete, Juan, *Madrid, vida de la Puerta del Sol,* Instituto Juan Andrés, Madrid, 2021.

CHRISTIE, Stuart, *Franco me hizo terrorista,* Temas de Hoy, Madrid, 2005.

DEL ÁGUILA, Juan José, *El TOP: la represión de la libertad,* 2.ª ed. ampliada, Fundación Abogados de Atocha, Madrid, 2020.

DEL ARCO, Miguel Ángel y HERNÁNDEZ, Claudio, *Esta es la España de Franco. Los años cincuenta del franquismo (1951-1959),* Prensas de la Universidad de Zaragoza, Zaragoza, 2020.

DOMÈNECH, Xavier, *Lucha de clases, franquismo y democracia,* Akal, Madrid, 2022.

EALHAM, Chris, *La lucha por Barcelona. Clase, cultura y conflicto: 1898-1937,* Crítica, Barcelona, 2005.

ERICE SEBARES, Francisco, *Militancia clandestina y represión,* Trea, Oviedo, 2017.

ESPINOSA, Francisco, PORTILLA, Guillermo y VIÑAS, Ángel, *Castigar a los rojos. Acedo Colunga, el gran arquitecto de la represión franquista,* Crítica, Barcelona, 2022.

FERNÁNDEZ BARALLOBRE, José Eugenio, *Historia de la policía nacional,* La Esfera de los Libros, Madrid, 2021.

FERNÁNDEZ GARCÍA, Antonio (dir.), *Historia de Madrid,* Instituto de Estudios Madrileños, Madrid, 2007.

FOREST, Eva, *Testimonios de lucha y resistencia,* Mugalde, Hendaya, 1978.

GOMARIZ, Julio, *Los últimos zarpazos,* Fundación Federico Engels, Madrid, 2023.

GÓMEZ BRAVO, Gutmaro, *El exilio interior. Cárcel y represión en la España franquista,* Taurus, Madrid, 2009.

— *Hombres sin nombre. La reconstrucción del socialismo en la clandestinidad (1939-1970),* Cátedra, Madrid, 2021.

GÓMEZ BRAVO, Gutmaro y MARCO, Jorge, *La obra del miedo. Violencia y sociedad en la España franquista (1936-1950),* Península, Barcelona, 2010.

GONZÁLEZ CALLEJA, Eduardo, *Política y violencia en la España contemporánea I. Del Dos de Mayo al Primero de Mayo (1808-1903),* Akal, Madrid, 2020.

González de Andrés, Enrique, *1976, el año que vivimos peligrosamente*, Postmetrópolis, Madrid, 2021.

González García, Sergio Claudio, «Reapropiación política del espacio: la Puerta del Sol, memoria y rebeldía», en Jean François Macé y Mario Martínez Zauner, *Pasados de violencia política*, Anexo, Madrid, 2016.

Hernández Holgado, Fernando y Montero Aparicio, Tomás, *Morir en Madrid (1939-1944). Las ejecuciones masivas del franquismo en la capital,* Antonio Machado Libros, Madrid, 2020.

Hernández Sánchez, Fernando, *Los años de plomo. La reconstrucción del PCE bajo el primer franquismo (1939-1953),* Crítica, Barcelona, 2015.

— *El torbellino rojo. Auge y caída del Partido Comunista de España*, Pasado y Presente, Barcelona, 2022.

Jiménez Herrera, Fernando, *El mito de las checas. Historia y memoria de los comités revolucionarios,* Comares, Granada, 2021.

Juliá, Santos, Ringrose, David y Segura, Cristina, *Madrid. Historia de una capital,* Alianza, Madrid, 2000.

Lezcano, Arturo, *Madrid, 1983,* Libros del K. O., Madrid, 2021.

López García, José, *El motín contra Esquilache: crisis y protesta popular en el Madrid del siglo XVIII,* Alianza, Madrid, 2006.

López Simón, Íñigo, *Los olvidados. Marginalidad urbana y fenómeno quinqui en España,* Marcial Pons, Madrid, 2022.

Losa, José Luis, *Caza de rojos,* Espejo de Tinta, Madrid, 2005.

Mauri, Fabián, *José Ramón Piñeiro. Comisario General. Brigada Político-Social,* Montaner, Barcelona, 1998.

Merino, Ignacio, *Biografía de la Puerta del Sol,* Kailas, Madrid, 2016.

Montoliú, Pedro, *Madrid en la posguerra,* La Librería, Madrid, 2021.

Morán, Gregorio, *Miseria y grandeza del PCE,* Akal, Madrid, 2018.

Negro, Nuño, *Un monstruo indestructible. Policía y orden público en el Estado español (siglos XIX-XX),* Cuadernos de Contrahistoria, Madrid, 2018.

Oliver Olmo, Pedro (coord.), *La tortura en la España contemporánea,* Los Libros de la Catarata, Madrid, 2020.

Oviedo Silva, Daniel, *El enemigo a las puertas. Porteros y prácticas acusatorias en Madrid (1936-1945),* Comares, Granada, 2023.

Pérez Olivares, Alejandro, *Madrid cautivo. Ocupación y control de una ciudad (1936-1948),* Publicaciones Universitat de València, Valencia, 2020.

Pro, Juan, *La construcción del Estado en España,* Alianza, Madrid, 2021.

Quiroga, Alejandro, *Miguel Primo de Rivera. Dictadura, populismo y nación,* Crítica, Barcelona, 2022.

Redondo Abal, Francisco Xavier, *El movimiento libertario español visto por la Policía franquista,* Fundación Anselmo Lorenzo, Madrid, 2023.

Ríos Carratalá, Juan Antonio, *Ofendidos y censores. La lucha por la libertad de expresión (1975-1984),* Renacimiento, Sevilla, 2022.

Rocha, Servando, *Todo el odio que tenía dentro,* La Felguera, Madrid, 2021.

Sainz González, José, *Testimonios de un policía español,* autoedición, abril de 1993.

Sambricio, Carlos (coord.), *La Casa de Correos, un edificio en la ciudad,* Consejería de Política Territorial, Madrid, 1988.

Sánchez Crespo, Ángel, *El Madrid revolucionario y rebelde,* Guadarramistas, Madrid, 2019.

Sánchez Soler, Mariano, *La Transición sangrienta,* Península, Barcelona, 2010.

— *La larga marcha ultra. Desde la muerte de Franco a Vox,* Roca Editorial, Barcelona, 2022.

— *Una hojarasca de cadáveres,* Alrevés, Madrid, 2023.

Tomé Bona, Javier M., *Historia de la Puerta del Sol*, La Librería, Madrid, 2003.

Turrado Vidal, Martín, *La Policía en la Historia contemporánea (1766-1986),* Ministerio de Justicia e Interior, Madrid, 1995.

VADILLO MUÑOZ, Julián, *Historia de la CNT,* Los Libros de la Catarata, Madrid, 2021.

VV. AA., *La Real Casa de Correos. Sede de la Presidencia de la Comunidad de Madrid,* Dirección General de Arquitectura y Vivienda. Consejería de Obras Públicas, Urbanismo y Transportes, Madrid, 2006.

YSÁS, Pere, *Disidencia y subversión,* Crítica, Barcelona, 2004.

Fuentes de archivo

- Documentación del Ministerio de la Gobernación, Subsecretaría, Dirección General de Seguridad, Tribunal Supremo y Boletines de Investigación Social en el Archivo Histórico Nacional.
- Gabinete de Enlace en el Archivo General de la Administración.
- Dirección General de Seguridad, Fundación Nacional Francisco Franco.
- Consejos de guerra, en el Archivo General Histórico de Defensa.
- Fondos de oposición antifranquista, Archivo Histórico del PCE, Fundación Pablo Iglesias y Fundación Anselmo Lorenzo.
- Hemeroteca de la Biblioteca Nacional.

Fuentes de archivo en webs

- Biblioteca Digital Hispánica y Hemeroteca Digital en la Biblioteca Nacional de España.
- Archivo Digital del Ayuntamiento de Madrid.
- Gazeta de Madrid y Boletín Oficial del Estado (BOE).
- Prensa Histórica Clandestina.
- Archivo Linz de la Transición Española.
- Hemeroteca de *ABC* y de *La Vanguardia.*
- Real Academia de la Historia.

Entrevistas personales

JULIO DIAMANTE: militante del PCE en los años cincuenta y cineasta.

VÍCTOR DÍAZ CARDIEL: dirigente del PCE desde los años sesenta y militante desde mediados de los cincuenta. Dirigió huelgas en la fábrica Euskalduna, en Villaverde (Madrid). Después pasó a la clandestinidad, convirtiéndose en dirigente del PCE en Madrid en el tardofranquismo y en la Transición. Fue miembro del Comité Central y del Comité Ejecutivo del PCE.

FELISA ECHEGOYEN: militante de la LCR en los años setenta.

CHATO GALANTE: militante de la LCR en los años setenta. Fue presidente de La Comuna, asociación de expresos del franquismo.

ROSA GARCÍA ALCÓN: militante del FRAP y de la FUDE en los años setenta. Actualmente es miembro de La Comuna, asociación de expresos del franquismo.

JULIO GOMARIZ: militante del FRAP en los años setenta. Escribió su autobiografía y el libro *Los últimos zarpazos,* sobre los presos de los últimos años del franquismo.

ÁNGELA GUTIÉRREZ: militante de la LCR en los años setenta.

MARGARITA MARTÍN MUÑOZ: militante del FRAP en los años setenta.

PABLO MAYORAL: militante del FRAP en los años setenta. Fue condenado a muerte en 1975, aunque finalmente la pena le fue conmutada. Después, como militante del PCE (m-l), fue uno de los impulsores durante la Transición del tribunal contra los crímenes del franquismo. Actualmente, es presidente de la asociación de presos del franquismo La Comuna.

MATILDE MUÑOZ: militante del PCE (m-l) y del FRAP en los años sesenta y setenta.

JULIO PACHECO: militante del FRAP y la FUDE en los años setenta. Ha denunciado a José Manuel Villarejo por torturas durante el franquismo.

Índice onomástico